福祉国家の再検討

白鳥 令 編

日本政治総合研究所叢書 4

新評論

目　次

序章　福祉国家の構造的次元 …………………………………白鳥　令　5
　　　　　　　　　　　　　　　　　　　　　　（五味　太始訳）

第1部　北欧

第1章　欧州福祉国家の政治的再建……………シュタイン・クーンレ　17
　　　　　　　　　　　　　　　　　　　　　　（白鳥　浩訳）
　　第1節　問題の所在――欧州の新しい状況――　17
　　第2節　欧州福祉国家の地位　18
　　第3節　欧州共通の福祉の挑戦　23
　　第4節　欧州社会保障システムに向けて？　28
　　第5節　スカンジナビア(あるいは北欧)福祉モデルはいずこへ？　30
　　第6節　異なる制度的な文脈における福祉の再形成　34
　　第7節　欧州福祉国家の将来――（再び）世界のモデルか？――　43

第2章　デンマーク
デンマークにおける福祉国家の発展と現状
　　…………………………ニールス・プロウ，ヨーウェン・セナーゴー　57
　　　　　　　　　　　　　　　　　　　　　　（吉武　信彦訳）
　　第1節　はじめに　57
　　第2節　デンマークにおける福祉国家の創設と発展　59
　　第3節　基本構造　62
　　第4節　福祉国家に対する人々の支持　74
　　第5節　議論　75

第3章　スウェーデン（1）

スウェーデン福祉国家の現在の諸問題と将来
　　　………………………………スヴェン・E・オルソン=ホート　81
　　　　　　　　　　　　　　　　　　　（小川　有美訳）
　　第1節　はじめに——変化する世界の中のスウェーデン・モデル——　81
　　第2節　スウェーデンの社会福祉システム　85
　　第3節　今日のスウェーデン福祉国家に対する挑戦　91
　　第4節　結論——堅固なものすべて宙に溶け去るか？——　102

第4章　スウェーデン（2）
大量失業・高齢化時代へのスウェーデン的戦略
　　　………………………………グン・フランセーン・ユング　108
　　　　　　　　　　　　　　　　　　　（小川　有美訳）

第5章　フィンランド
1990年代におけるフィンランドの経済危機と社会政策
　　　………………………………ハンヌ・ウーシタロ　113
　　　　　　　　　　　　　　　　　　　（佐藤　陵一訳）
　　第1節　はじめに　113
　　第2節　1990年代における各国の経済実績の比較　114
　　第3節　社会・経済政策　116
　　第4節　政策の結果　124
　　第5節　暫定的な結論　133

第2部　アジア

第6章　日本
21世紀における新しい福祉国家のモデルに向かって……丸尾　直美　141
　　　　　　　　　　　　　　　　　　　（五味　太始訳）
　　第1節　はじめに　141
　　第2節　日本の福祉国家モデル　142
　　第3節　市場システム、計画システム、社会システム　145

第4節　福祉国家における高齢者人口の影響　149
　　第5節　税と社会保障の重荷　153
　　第6節　資産政策と資産再配分　157
　　第7節　日本のマネジメント・モデルを再構築するために　160

第7章　タイ（1）
タイにおける現代福祉制度の出現……………デチャ・サングカワン　163
　　　　　　　　　　　　　　　　　　　　　　（齋藤　友之訳）
　　第1節　はじめに　163
　　第2節　最初の社会福祉計画　163
　　第3節　ピブーン政権下の社会福祉制度の発展　167
　　第4節　軍事官僚体制下での労働福祉政策　170

第8章　タイ（2）
タイにおける社会福祉……………………プラチュアブ・ナムチプ　177
　　　　　　　　　　　　　　　　　　　　　　（齋藤　友之訳）
　　第1節　はじめに　177
　　第2節　タイにおける社会福祉の現状　178
　　第3節　タイにおける福祉国家の潮流　182
　　第4節　結論　183

第9章　フィリピン（1）
住民のエンパワーメント——代替的社会福祉計画——
　　…………………………………………ミラグロス・I・イアネス　185
　　　　　　　　　　　　　　　　　　　　　　（菅谷　広宣訳）
　　第1節　フィリピンにおける貧困の状況　185
　　第2節　過去の福祉計画に対する評価　187
　　第3節　現行の福祉計画　188
　　第4節　新たなる福祉の遠景　189
　　第5節　統合された福祉政策　190
　　第6節　社会改革へ向けた住民のエンパワーメント　192

第10章　フィリピン（2）
胎児期の福祉国家は死産へと向かうのか？
　　　　　　　　　　　………………………アルフレド・C・ロブレス・ジュニア　199
　　　　　　　　　　　　　　　　　　　　　　（菅谷　広宣訳）
　　第1節　胎児期の福祉国家から……　199
　　第2節　福祉国家は死産へ向かうのか？　201
　　第3節　結語　203

付　章　韓国
均衡福祉国家への新戦略──未来へのノート──…………鄭　基源　205
　　　　　　　　　　　　　　　　　　　　　　（孫　尚仁訳）
　　第1節　はじめに　205
　　第2節　韓国福祉政策の現状　205
　　第3節　福祉国家としての韓国の歩み　207
　　第4節　福祉の課題　209
　　第5節　韓国福祉モデルの基本原則　209
　　第6節　均衡を保った福祉国家への新戦略　210

あとがき──市民度指数・人権指数・ひとり当りGNP──…………白鳥　令　215
人名索引 …………………………………………………………………………… 227
事項索引 …………………………………………………………………………… 228
著訳者紹介 ………………………………………………………………………… 231

序章　福祉国家の構造的次元

白鳥　令
（五味　太始訳）

(I)

　1983年秋、日本政治総合研究所は、国際シンポジウム「福祉国家の経験とその将来」を開催した。このシンポジウムに提出された論文はオックスフォード大学出版局から『福祉国家―東と西―』*というタイトルで1986年に刊行されている。また邦訳も新評論から『世界の福祉国家―課題と将来―』**として1990年に出版されている。

　このシンポジウムでは、高度に工業の発達した六ヶ国の福祉サービスについて比較研究がなされた。先に掲げた書物から引用すると、このシンポジウムにおいては、「高度な物質的豊かさを同程度に有しているこれらの諸国（アメリカ・日本・スカンジナビア諸国・イギリス・西ドイツ・イスラエル）において、福祉の供給はどのように異なっているか、が考察された」[1]。その結果はすべての国において同様ではなかった。そこで、福祉関連の公共政策は、民間による福祉の供給も含めて、類似しているのかそれとも相違しているのか、あるいはまたどのような環境の下で類似と相違が生じているのかが調べられた。

　一連の共通する疑問から比較研究が行われた。そして、その回答が同じであるかどうかが検証された。最初の疑問は国家と社会の性質についてであった。福祉の定義は、これらの諸国間で大きく異なってはいなかった。これら全ての国において、人々は、福祉とは厚生福利の増進、教育の充実、生活や所得の保障であるべきだということに同意していた。この意味において我々は、個々人や家族の基本的な関心は政治的価値からではなく、普遍的な人間の価値から生じていると言うことができる。しかしながら、我々が福祉を供給する制度的メカニズムを調べたとき、政府によるのか、あるいは政府から独立した民間の組織によるのかにより、福祉の供給は国によって大きく異なっていた。

　この福祉を供給する制度的メカニズムにおける相違は、それぞれの国による

社会と国家の性質の多様性によって生じていた。アメリカとスカンジナビア諸国は、社会がどの程度共通の関心と責任を持つ単一のコミュニティとしてみられるかによって、著しい対称性を示していた。アメリカ人が個人の関心と個人の責任から社会的関係をみているのに対して、スカンジナビア諸国においては社会的連帯を重視する意味合いが大きかった。スカンジナビア諸国においては、それ故、福祉は国家の請け負う集合的な社会的連帯であった。

国家の性質も国によって大きく異なっている。ヨーロッパ諸国と日本にとって、国家の概念は、社会の善と病理に責任を持つ隅々にまで行き渡った制度である。対照的に、イスラエルでは、個々人のアイデンティティはイスラエルという国の集合的なコミットメントから派生している。アメリカ人とイギリス人はともに、社会における積極的な担い手としての国家に強力な愛着を有していない。

第二番目の疑問、例えば現代の福祉の供給を生み出している発展の過程とは何かと問うたとき、我々は国による相違を見出した。政治的価値を含めた政治的また歴史的諸要因がその大規模な相違を生み出していると系統だてて説明された。我々の着眼点が政治的価値から公的事業計画へと移行するとき、主要な類似点が現れることになる。アメリカと日本とは反対に、ヨーロッパ諸国における福祉の国家による供給の差異は、完全に同じという訳ではなく部分的に相違するものであった。

(II)

この関連で「混合福祉」という概念が提示された。前に掲げた書物の編者の一人である英国ストラスクライド大学のリチャード・ローズ（Richard Rose）教授は、次のような方法で「社会における福祉の全体量（TWS）」を定式化した。

$$TWS = H + M + S$$

リチャード・ローズはこの方程式を次のように説明している。

社会における福祉の総量（TWS）は、H（家族によって生産されてい

る福祉）とM（市場において売買されている福祉）とS（国家によって生産されている福祉）の総和という簡素な方法によって記述しうる[2]。

また彼は次のような方法で「混合福祉」の概念を定義している。

　所与の社会における混合福祉は、この三つの部門（H•M•S）のそれぞれによって生産される財とサービスの比率によって特徴づけられる。この混合比は様々な形態をとっている。例えば、両極端の事例として、一つの部門によって財とサービスが独占的に供給される場合と、三つの部門がそれぞれ三分の一ずつ供給する場合があげられる。
　福祉の総量における変化を理解するためには、生産三部門における主要な変化を理解しなければならない。つまり、家族の伝統的役割の変化、産業革命による福祉生産の貨幣経済化、国家による福祉生産の財政計上化である[3]。

混合福祉の概念それ自体が曖昧で、うまく定義されていないとしても、それは様々な諸国の福祉の供給メカニズムを比較するのには有益な手段であり、また様々な諸国の福祉国家の発展段階を理解するのにも便利である。

(III)

1983年のシンポジウムの最終的な関心——社会における福祉の将来——は、より基本的な疑問に対応するものであった。アメリカ、日本、ヨーロッパ諸国の経験からこのシンポジウムに提出された論文は、ポスト資本主義社会についての安易な一般化に対する継続的な警告を提示するものであった。さらに、それらの論文は現代社会が類似よりも相違しつつある可能性を考察するための基盤を提示するものであった。工業化に対する伝統的アプローチでは、全ての国家が遅かれ早かれ同一直線上を追随していくとみられていた。上記六ヶ国の福祉研究は、国による福祉供給の減少が必ずしも社会における福祉の減少をもたらすという理論的に不適切な想定に警告を発するものであった。このシンポジウムに提出された論文に基づいて編集された前掲書の序説において、共編者の

一人は、「もしスカンジナビア諸国が国家がどのような福祉を供給しうるか（そして市民は何のために納税するのか）というモデルであるとするならば、そのとき教育、福利厚生、高齢者保障の行き届いた日本は高水準の国家による公的福祉の供給なしに社会が何をなしうるのかという反例になる」[4]とさえ記述している。

　この点との関連で、私は「市民度指数」（Civil Index）という分析を提示した。私は、もし広範な分野で福祉を統合していく必要性が強調されるべきであるとするなら、「福祉国家を論ずるよりもむしろ福祉社会の将来を論ずることの方がふさわしい」[5]と考え、次のような議論を展開した（図序―1参照）。

　　福祉国家という概念は、市民生活における自由、寛容、友愛、豊かさ、自立という概念を内包する現代国家における「市民」（citizenship）という価値と完全に一致している。現代的な意味における市民の概念は、自治、豊かさ、相互扶助、自由という言葉によって代表される四つに分類される価値の重複した領域のなかに見出し得る。これらの価値は、もし我々が一つの集合名詞でそれらを呼ぶとしたら、「今日の人々の福祉」として表現しうるだろう[6]。

　この「市民」という統合概念を用いて、私は、福祉という視点から社会発展の代替的な方法を導き出そうとした。また日本において福祉社会を発展させていくための意識的な政策努力の必要性に対して人々の注意を向けさせようとした。

　図序―2は、縦軸においては1972年の一人当りの国民総生産をあらわす国際比較データを、また横軸には68項目の社会指標から主成分分析よって生み出された市民的生活の質（市民度）の指数を示している。

　この図序―2において、生産の拡大と市民生活の質の改善との間の組み合わせに、明らかに二つのパターンが識別できる。興味深い事実は、1970年において日本は生産志向型と福祉志向型という二つの発展の道の分岐点に位置しているということである。1970年に日本は、国民総生産政策で急速な成長の最高点に到達し、同時に西欧工業諸国において標準とされる福祉に追いつくために福祉政策の展開を精力的にスタートさせた。また、1970年以来、日本は、東京に

序章　福祉国家の構造的次元　9

図序—1　「市民」の概念図

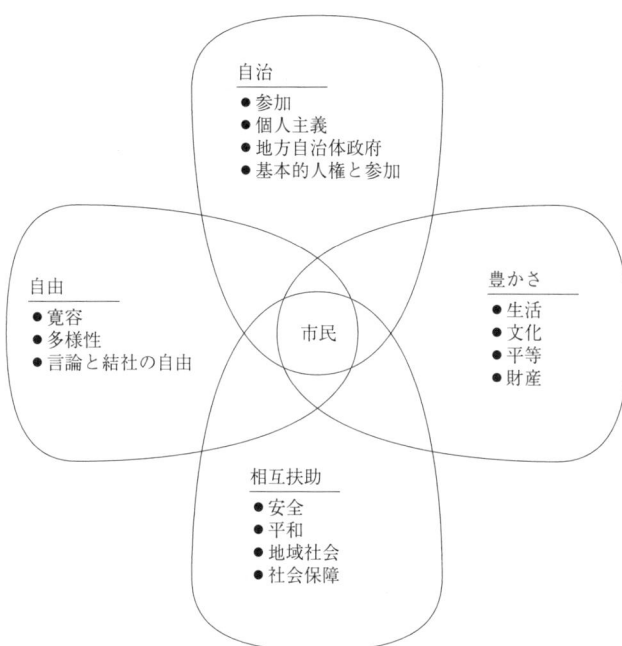

図序—2　発展の二つのパターン——「市民度」と1人当たりGNP

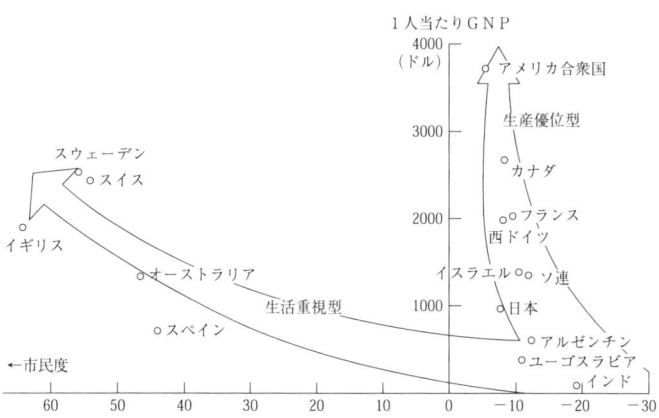

おいて大規模な排気ガス汚染の被害に対処しなければならなくなった。

図序―2は、生産量の拡大が、自動的にこれら諸国を福祉サービスの充実へと導かないことを明白に示している。国民総生産の拡大が一方向的に福祉国家を生じさせることはない。いかなる国も、国民総生産の急速な成長が最高点に達したときに、福祉国家を実現するための意識的な政策努力を行使することが必要となる。それ故に、発展途上諸国において福祉国家の概念を論議することが必要になる。さらに、我々の論議において必要となるものは、社会構造の変化に伴って政策を転換することである。我々が先進福祉国家において現在直面している多くの課題は、かつてはそれでよかったしまた社会的に大きな価値があったけれども、あまりにも長期間古い福祉政策に固執していることによってその価値を失い、新たな問題を生み出すことになった一連の政策から生じている。

一つの事例として福祉国家の財政問題を取り上げてみよう。かつて我々は社会を経済的関係において三角形の形態として考えてきた。金持ちは数において少数であったし、貧しい人たちは数において多数を占めていた。それ故に、ここに経済的関係で見れば頂点が鋭角な三角形の社会という考え方を生じさせた理由がある。これはまさに1950年代の日本社会の現実であった。

このタイプの社会において、民主主義（あるいは民主的支配）は、多数の貧しい人たちが存在するにもかかわらず、完全に機能する。金持ちは自らの富を用いて自らの利益を実現しようとするが、数においては少数派である。それ故に、政治は彼らに注意を払わないだろう。もし社会の底辺の多数派が貧しいとしても、彼らは数においては多数派であるから、数の力を用いて自らの利益を実現させるだろう。多数派の利益は少数派の利益よりも正義であり正統性を持っている。政治家は、貧しい人たちが多数派なので、貧しい人たちの利益に配慮することになるだろう。「多数者支配」としての民主主義は、この社会の形態において最もうまく機能し、また正義をも達成する。

先進諸国の第二次世界大戦以後の歴史をみるとき、政治的・経済的状況のなかに二つの特徴が見出せる。まず、ほとんど全ての高度工業諸国家において、我々は1973年の石油の輸出停止まで比較的安定した持続的な経済成長をみることができる。同時に、これらの諸国において、基本的な政府の政策は「福祉国家」の政策であった。このことは、スカンジナビア諸国においても、イギリス

においても(「揺篭から墓場まで」)、アメリカにおいても(ジョンソン大統領の「偉大な社会」)事実であった。日本の場合、「自由民主党は福祉国家の完成を期す」という1955年に作られた自民党の綱領のなかにそのスローガンを見出せる。

結果として、持続的成長によって作り出された「新しい富」の全ては、「福祉国家政策」に伴い多数派の貧しい人たちにより多く再配分された。他方、少数派の金持ちはその所得から非常に高い累進税を徴収された。金持ちは不満であったが、少数派であった。他方、多数派の貧しい人たちは、重い税金を払う必要がなかったので、政治に満足していた。政治は、三角形型に形成された社会において累進課税制度をもって安定していた。

しかしながら、富がこの制度の下で貧しい人たちにより多く再配分されたので、底辺の貧しい人たちも裕福になり、より高い位置に移動していった。日本の場合、三角形型の社会は、わが国の高度成長が頂点に到達した1970年までにダイアモンド型の社会となった。このダイアモンド型社会においては、中産階級の人々が多数を占めており、金持ちと貧しい人たちはダイアモンドの頂点と底辺にいる少数派となった。

ダイアモンド型社会においては、たとえ高齢化社会の到来に直面したとしても、税率を高くすることはできない。経済の急速な成長の時代以前には、ダイアモンド社会における多数派の中産階級は底辺にいた。経済の急速な成長の時代が終了すると、彼らは今の経済的地位から脱落することを恐れるようになった。彼らは社会における現在の位置にすがりつき、現状維持に固執する。彼らは利己的であり、社会の底辺にいる貧しい人たちに関心を払わない。社会の底辺にいる貧しい人たちは今や自分の利益だけを考え、少数派に陥り、政治家は彼ら

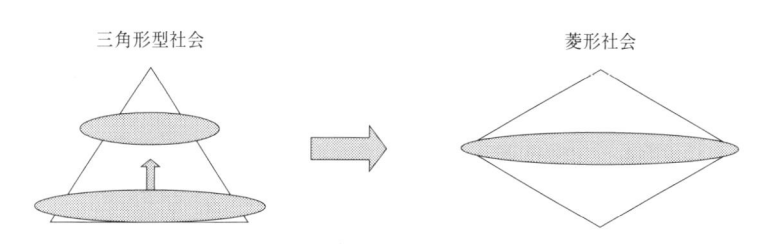

図序—3 三角形社会から菱形社会へ—多数派の移動—

三角形型社会　　　　　　　　　菱形社会

の利益には配慮しなくなっている。このダイアモンド型社会において「多数者支配」（デモクラシー）としての民主主義に従うとすれば、貧しい少数派の人たちの利益は、率直に言って無視されることになってしまう。多数者支配としての民主主義はこの社会においてはうまく機能しえない。多数派が自らの将来について心配し、税金の増額について神経質になっているからである。政府は、直接税制度に行き詰まったとしても、いかなる歳入の増加をも図ることができない。

　しかしながら、政府は、多数派の人たちが間接税を払うことができるので、ダイアモンド型社会においては間接税を導入できる。間接税制度は、逆進性があり、貧しい人たちを苦しませる。貧しい人々は間接税の導入には不満を抱くであろうから、政府は、貧しい人たちが多数を占めている三角形型の社会では間接税制度を導入できない。他方、ダイアモンド型社会においては、貧しい人たちが少数派になるので、政府は間接税制度を導入し、より多くの歳入を確保しうる。このことが、ほとんど全ての先進諸国において間接税制度が導入されている理由である。

　三角形型の社会における福祉国家の政策は、貧しい人たちが多数派だったので、その多数派のための政策であった。しかしながら、もし社会が三角形型社会からダイアモンド型社会へと変化して来たとするならば、我々は多数派のための政策から少数派のための政策へと福祉国家の政策を変更する必要がある。ダイアモンド型社会において、生活扶助金のような政府の福祉サービスを必要とする貧しい人たちは今は少数派である。福祉国家の大規模な財政的窮乏が生じているのは、政府がこのような社会構造の変化に気づかず、いまだに「多数者への福祉」を継続しているからである。いかなる政府も早急に社会構造の変化に耳を傾け、この変化に伴った福祉政策の劇的な転換を図る必要がある。

(Ⅳ)

　最後に、福祉国家を論ずることは単に福祉サービスの供給増について論ずることではないということを知ることが必要なのかもしれない。福祉国家を論ずることは、社会の総体のパターンを論ずることである。我々は、北欧諸国が福祉サービスの供給という点だけで先進国なのではないという事実にもっと注意

を払うべきなのかもしれない。

　北欧諸国はまた、環境問題に人々が多くの関心を持っている諸国であり、「フリー・コミューン」のような新しい枠組みが地方政府において実現されている諸国であり、男女の平等が最も達成されている諸国であり、政府予算に占める第三世界へ配分される開発援助の最も多い諸国でもある。福祉国家の生み出した成果は、医療システムや高齢者年金制度の充実だけではないのである。

　　注
　＊　Eds. Richard Rose and Rei Shiratori, The Welfare State East and West, Oxford/New York : Oxford University Press, 1986.
　＊＊　リチャード・ローズ・白鳥令編著　木島賢・川口洋子訳『世界の福祉国家－課題と将来－』新評論、1990年.
　1)　Eds. Richard Rose and Rei Shiratori, *op.cit*., p.7（リチャード・ローズ・白鳥令編著　木島賢・川口洋子、前掲書 p.10／11）.
　2)　Eds. Richard Rose and Rei Shiratori, *op.cit*., p.18（リチャード・ローズ・白鳥令編著　木島賢・川口洋子、前掲書 p.25）.
　3)　Eds. Richard Rose and Rei Shiratori, *op.cit*., p.18（リチャード・ローズ・白鳥令編著　木島賢・川口洋子、前掲書 p.25）.
　4)　Eds. Richard Rose and Rei Shiratori, *op.cit*., p.11（リチャード・ローズ・白鳥令編著　木島賢・川口洋子、前掲書 p.16－17）.
　5)　Eds. Richard Rose and Rei Shiratori, *op.cit*., p.194（リチャード・ローズ・白鳥令編著　木島賢・川口洋子、前掲書 p.243）.
　6)　Eds. Richard Rose and Rei Shiratori, *op.cit*., p.195（リチャード・ローズ・白鳥令編著　木島賢・川口洋子、前掲書 p.243）.

第1部　北　欧

第1章　欧州福祉国家の政治的再建

シュタイン・クーンレ

（白鳥　浩訳）

第1節　問題の所在――欧州の新しい状況――

　「21世紀への期待を再調整しなさい。超国家の時代でも、全ての国家の終焉でもないことが起ころうとしているのです」（『エコノミスト』、1995年12月23日から1996年1月5日号）。

　「福祉国家は限界に来ている」[1]、そして「……勇気ある少数の人は欧州が自らの福祉国家を再建するのではなくて、旧来の体系が全く修理不可能なものになる前に、もっと慎ましく、そして手近な構造を構築するべきではないかとすら考えているのである」[2]。これらは、近年のマス・メディアにおける欧州福祉国家の地位に関する典型的なコメントの一例である。

　「福祉国家」の発展は、「国民国家」の発展とこれまで密接にリンクされている。というのも、福祉国家は国民国家の発展の頂上に位置するものである。国民国家の権威ある「独占的」な経済そして政治的権限が、危機にさらされたならば、福祉国家に何が起こるであろうか。幾つかの観点において、（西欧）国家、――あるいは国家政府が――社会（税金、行政のコントロール、私的領域における干渉、公的な雇用）における国家の役割を着実に増大させてきたということが論じられ得るにも関わらず、これら国家は同時に資本、財、サービス、人間、そしてアイディアのながれに対して、より開放的な国境の原理の制度化から引き起こされる新たな挑戦に直面してきているのである。

　以下議論される問題は次のようなものである。欧州福祉国家の地位とは何であり、それら欧州福祉国家はいかなる方向へ動きつつあるのか。欧州福祉国家の経済、政治そして文化における挑戦とは一体何であるか。経済、政治的レ

ジームとしての欧州連合（EU）と欧州経済地域（EEA）の形態による欧州の統合は、欧州福祉国家の政治的な再建を含意するものであるのか。とりわけ、スカンジナビア型福祉モデル、あるいは北欧福祉モデルと一般に呼ばれるものの、再建の可能な段階の展望とはいかなるものであるのか。

第2節　欧州福祉国家の地位

　福祉国家が「限界に来ている」と考えられたのはこれが最初ではない[3]。福祉国家の歴史を振り返ることなく、ここでは、社会保障の歴史的な起源が、現代世界においても、未だ妥当する教訓を我々に与えているということを少し述べておくことにしよう。すなわち、その教訓とは社会保障は、（権威主義的体制と民主的体制の両方の）社会的そして政治的安定のための国家指導者の必要と、社会的保護と保障のための民衆の要求の両方に答えることが出来る。そしてまた、社会保障は、幾つかの場合においては人道主義的で社会的な精神を持った社会民主主義的、自由主義的、そして保守主義的な政治家による意識的な改革の試みとして発展させられても来た。そこにおける同一の解決というものは、同一の原因や動機を含意するものではなかった。そして同一の問題は、同一の解決を含意するものでもなかった。というのも社会保障が、資本家の工業化によって引き起こされた問題に対する答えとして広く解釈されることが可能だとしても、今日の東アジアを見るだけで福祉の問題と要求の異なる文化的な解釈の試みを目撃することになるし、そしてそれは、欧州人とは異なる政治上の解釈という含意がある[4]。一方で、欧州福祉国家を生起させた、人口学上の変化の圧力、労働力の移動と社会不安、家族の様式と関係の変化、国民の経済的な富の増大、民主化、そして国家の社会的活動に対する考えの流布といった幾つかの要素は、未だ世界のどこにおいても見受けられるであろう。

　欧州社会保障の発展の第一段階では、多様な国民国家内部の民衆の議論は、国家の社会的役割についての根本的で構成要素となる原理とは何であるべきかに関しての議論が中心であった。国家が何らかの役割を果たすべきであるという考えは、工業化、民主化、そして資本主義の発展の異なる水準の体制や国家に、あまねく急速に受容されるようになった。しかし社会保障は、強制的なものであるべきか、または自発的なものであるべきものなのか。社会保障はある

種の要求のみ、もしくは「全ての」社会保障の要求をカバーするものであろうか。人口の内のある種の集団のみか、それとも全ての人間であろうか。最も困窮している人間だけであろうか。道徳的な境界は、いわゆる援助に値する貧者と、援助に値しない貧者のあいだに引かれるべきであろうか。補償制度は、一般的な課税、そして雇用者、そして被保険者からの保険料によって、あるいは一般的な課税ないし、雇用者ないし、被保険者からの保険料によって財源がまかなわれるべきであろうか。ミーンズ・テストによるものか、全般的な給付金によってであるか。国家により組織されたものか、もしくは例えば労働組合や共済組合といった私的に組織されたものか。1870年代から1920年代の期間は「実験作業」の期間と呼ばれてきた[5]。その期間は、福祉計画における改良と変革、そして境界に関する問題についての「憲法学的な」議論によって特徴づけられた。1990年代は、多くの形で境界に関するそれら旧来の議論を再開したように見える。国家の責任とは何であるべきで（そしてまた国家の責任として何が可能で）あるか、個人と家族の責任の限界とは何であるか。ＥＥＡ地域における資本と労働力（人）の自由な移動の原理の含意とは何であるか。ＥＵ自身はいかなる役割を果たすことが可能で、そして将来において果たすであろうか。歴史的に、対象となった人口集団は、一般に援助に値する貧者であり（工業）労働者階級であった。しかしながらスカンジナビアにおいては、包括的な「人民の保障」の概念が今世紀のはじめ頃に作り出された。おそらくこのことはスカンジナビア諸国の議会における農業労働者の強い政治的な存在の反映としてであろう。「人民の保障」から、その後の概念である「全住民の包含」に至る線を引くことが出来よう。社会保障の必要と問題に対する各国の個別の対応は異なる。欧州福祉国家は、大部分、今日に至るまで継続してきた異なる制度的な形態を発展させてきた。国民国家を横断して同様の試みを見出す国家指導者が、主要な福祉制度の改革に乗り出したいとしても、1990年代において、制度的な残滓は、容易に廃することは出来ないものである。

　社会的移動と社会サービスへの主張が徐々に市民権に基づくものになってきた国家と、その主張が雇用と貢献の記録に関連する国家との間で重要な制度的な差異が存在する。そしてそれゆえ、社会保障制度と保健サービス、そして社会サービスが、画一的で普遍的な国家と、制度が職業集団と社会階級間で異なる国家の間で、重要な制度的な差異が存在するのである[6]。これらの制度的な

次元の大部分の根本的な決定は、比較的早く行われたのであった。社会的市民権の比較的強い要素と比較的画一的で統合された制度を持つスカンジナビア—イギリス・システムと、もっとより断片化された制度とより少ない市民権の構成を持つ大陸システムに未だに大別することが出来よう。制度的な多様性の二つの大別はまた、「国家性（stateness）」の度合いと「普遍性（universalism）」の度合いとして要約することが出来よう。この「国家性」とは、多様な福祉制度を国家もしくは中央政府がコントロールする度合いのことを指し、「普遍性」とは、全国民もしくはある特定の集団のみを福祉制度がカバーする程度のことを指す[7]。この両方の次元は、国家と階級形成、国民形成と文化的な異質性の各国固有の歴史に密接に関係する。カソリック教の欧州よりも、プロテスタント教の欧州において、国家はより統一的で（「国民化する」）重要な役割を果たしてきたのである。それは特に教育、保健、そして社会サービスの分野でそうであり、収入を維持する制度の面においてはそれ程でもなかった。スカンジナビアにおいては、画一的で比較的平等主義の国家システムの発展を、工業労働者と小規模独立農民の間の階級間の妥協にまでさかのぼることが出来る。このことは、政治的権利や影響力を求めた闘争の中で、既に、今世紀のはじめにおいてある程度まで明らかである。1930年代にスカンジナビアにおいて制度化された階級間の妥協[8]は、普遍主義の方へ進んでいった。しかしこの原則を実践する上での主要な変換は、多くの場合、1950年代と1960年代になってやっと起こったのであった。

　現実の金額の面においても、そして近年まで国内総生産の比率においても、欧州諸国における社会費用の力強い継続的な増大によって、一般に、特徴づけられる第二次世界大戦後の時期に、四つか五つの異なる制度上の福祉モデルが区分され得よう。それらモデルとは、第一に有給の被雇用者のための地位の保全を強調するビスマルク（もしくはドイツ）モデルであり、第二に全市民に対する最低限の保障を強調するビバリッジ（もしくはイギリス）モデルであり、第三に全住民に対する最低限の保障を強調し、1960年代からは有給の被雇用者に対する地位の保全をも加えたスカンジナビア・モデルであり、第四に社会の全構成員に対する物質的な福祉に対する国家責任の原理を伴う（1990年に至るまでの）共産主義システムモデルであり、そして、おそらく第五としてビスマルク型そしてビバリッジ型路線の混合物にクライエンテリズムの維持を加えた

最近発展させられた南欧モデルが挙げられよう[9]。ほとんどの欧州諸国はこれらのモデルの内のいづれかに当てはまるであろうが、これらモデルは所与の国家の福祉システムに関する完全な視座を提供するものではないし、そうしたモデルの描写は発展論的な動態を覆い隠してしまう[10]。福祉モデルあるいはレジームのタイポロジーは、欧州福祉国家の発展の差異が1945年以降に起こったことを描写することに寄与する。共産主義システムの例外はあるが、そうした差異は、急速になくなる見込みはない。以下、筆者は、イギリス、ドイツ、ノルウェーそしてスウェーデン、ポーランドという南欧モデル以外の全モデルの国家において、1989年以降に何が起こったかを細部にわたり検討する[11]。これは、発展における共通性を探求する、欧州福祉国家の発展における転換ないし分岐の傾向を求める、政治的再建の実際の試み、もしくは再建の認識された必要、もしくは国民国家を越える行為のルールへの個人のあるいは制度の適用を認める方法の一つである。

　1991年に、社会保護費用の、欧州共同体における国内総生産に占める割合の平均は26％であった[12]。その中ではオランダが最も高く32.4％であり、ポルトガルが最も低く19.4％であった。1985年に平均は同じであったが、1980年には24％であった。この時期の中欧及び東欧のデータは比較できるものではないが、ブルガリア、チェコスロバキア、ハンガリー、そしてポーランドにおいては1985年から1991年の間の初期のシステム変化の時期を通じて、社会保障支出の国内総生産に占める割合は実質的に増大した。総社会費用は、ほとんどの欧州において過去10年間に、また実際の金額の面でも、かなり劇的に増大したのである[13]。公的な負債の増大と失業の継続的な高い水準は、将来の公的セクターの増大に関して比較的共通の制約であり、そしてまたそれらは東欧と西欧の両方の政府に社会費用を削減する方策を探求させたのであった。人口学上の構成の変化がまた、制度や給付金が修正されなければ、未来の公的予算に増大する負債を負わせることを意味したし、意味するであろうと思われた。しかし1980年代における欧州福祉国家の縮小の多くの事例がある[14]にも関わらず、総社会費用は、実際の金額の面では継続して増大したし、国内総生産の比率に占める平均の面でも増大し続けた。一部は増大する失業により、そして一部は高齢者の増大する割合に伴う人口学上の構成の変化により、社会保障制度の受給資格のあるものの数は着実に増大してきた。多くの国における疾病、老齢、失業、そ

して社会支援の受給水準における削減は、総社会予算の増大を妨げてきたのではなかった。国内総生産に占める総体の公的負債の割合は、一国を除く全ての欧州共同体加盟国において1989年から1995年の期間に増大したのであった[15]。そして全ての東欧諸国は、深刻な財政的な危機によって特徴づけられたのであった。そしてこのことは西欧におけるより重大なことであった。というのも同時にこれら東欧諸国の福祉システムは、西欧におけるよりもっと根本的な制度的な挑戦に直面したからである[16]。

　西欧諸国の政財官界においては、1980年代の開始は、福祉国家に関する主要な思潮における著しい変化で特徴づけられた。ОЕСDの1981年の著作『危機にある福祉国家』[17]は、自らの福祉に関する個人の責任をもっと強調した「主流の」イデオロギーにおける変化に正当性を与えるものであった。1979年における施政方針演説においてマーガレット・サッチャー（Margaret Thatcher）の第一次内閣は「より高い公的な支出を押し進めることはもはや許されず、そしてそれは私的領域の増大を妨げているのである」と述べた[18]。そして、1980年代を通じてこれと同じ言明が、社会民主主義的スカンジナビア諸国の政府の計画においてすらも行われる様になった[19]。1980年代を通じての政治領域を横断する政党、運動そして政府は、より大きい市場、より小さい国家、そしてよりいっそうの分権化、そして個人と家族の責任の拡張が唱道された。民営化、──あるいは少なくとも、社会保障と健康と福祉サービスにおける──私的な補完物を奨励することを意味するこれらのイデオロギー的な変化と福祉責任の個人主義化は、国境を越えた資本と人間の自由な移動の文脈において、そしていつか国民福祉国家が他の国家の市民に対して責任を拡張せねばならないという文脈で、国民福祉国家に重要な影響を持つようになるであろう。このことは、伝統的な欧州国民福祉国家に対する二重の挑戦を意味した。そして以下のトピックにおいてこのことに再び帰るであろう。このような新しい文脈において、福祉のもっと焦点の定まった、そしてもっとミーンズ・テストを行う国家政策を発展させるという傾向の方が、旧来の国民に縛られた、階級に構造化された福祉国家におけるものより、（社会における福祉利益のより一層の断片化、あるいは原子化という）異なる社会構造的効果を持つことが出来る。

　金がかかり、そして効果的ではない福祉国家という概念は、1980年代に蔓延した。そしてこの概念にともなって、公的セクターはもはや拡張できるもので

はないという考えも蔓延した。「第三のセクター」とか、「市民社会」、そして「福祉多元主義」の必要といった考え[20]のような、新たな概念にも関わらず、そして、福祉国家、あるいは福祉国家の更なる拡張に対する、全ての美辞麗句にも関わらず、国家の社会費用は1980年代を通じて増大し続けた。そして社会計画の主流は、どこにおいても、イギリスやアメリカといった国における新保守主義体制の下においてすら、実質的に切り詰められることはなかったのである[21]。幾つかの計画における給付金の寛容さと給付金に対する適性基準は、至る所で修正されてきたが、全体の社会費用水準にはほとんど影響がなかった。同時に、私的な健康保険と年金保険を奨励することという財政的福祉の重要性、そして職業上の福祉の重要性が、多くの諸国において増大してきたように思われる[22]。このように、全てのタイプの福祉の供給が同時に増大しうるということは、論理的に、そして経験的に可能なのである。1980年代は、必ずしも「より大きい市場、より小さい国家」の10年であったのではなく、むしろ「より多くの市場、より多くの国家」の10年であったであろう。この発展は、かなり確立した社会的な資格付与が、比較的高い公的社会費用を自動的に負わせ、そして私的保険と職業上の福祉保障に誘因を付与する財政的政策を伴う諸国における、人口学的な変化と、現在ではますますそうであるが、失業の高い水準が、効果的であったことの故に、可能であった。多くの人々や労働組合や企業は、健康と福祉保障の必要に第一位的に重きを置いており、そして第二次世界大戦の直後の10年におけるよりも、公的でない福祉の配置の投資に、かなりの程度余裕があったのであった。

第3節　欧州共通の福祉の挑戦

　欧州福祉国家は、異なる形態と範囲を持って存在している。そしてそれ故、多くの固有の問題に直面している。次にこれらのうちの幾つかについて考察しよう。しかし、特に、貿易の「欧州化」と国際化、経済的取引と競合、人口構成の変化、継続的な高い失業水準、家族構造における変化、そして福祉国家に対する高い民衆の期待に関連した幾つかの問題は一般的なものとして現れる。
　これまではEUは（最終的な――そして少なくとも着実に実施が延期されている――貨幣統合以前には）EU内あるいはEU外での国民福祉国家に対する

直接の挑戦を表すものではなかった。しかしながらEU（そしてEEA体制）は、国民福祉国家に対する二つの制限を表している。社会福祉における独立した決定を行う国家の正式な権威に影響を与える発展、即ち国家主権に対する制限と、国家の独立した行動に制限を与え、社会給付の現実のフローを保証する国家の実質的な能力に影響を与えている発展、即ち国家の自律性という二つの制限を表している[23]。欧州福祉国家は、独立した、内的な、社会経済的同質化によって「調和され」てきており、EUによってではない。EUによる垂直方向の「体制破壊」は存在しないし、むしろ水平的な「システム適応」が存在する[24]。しかしながら、EUの「社会的な次元」は、過去10年間にわたってその重要性と顕在性を増大させてきた。大部分の社会、そして福祉政策の指導的原則は、補完性の原則であったし、そしてこれからも補完性の原則であるように思われる。社会保障制度は、全加盟国間の合意を通じてのみ調和され得るし、EU諸制度を通じた調和は、技術的、経済的、そして政治的理由によって大変に起こり得ないものと考えられなければならない。しかし、補完性を通じて発展された解決は、大変に伝播しやすいものであろうし、それゆえ欧州レベルでの中央調整と決定形成の官僚的そして政治的コストなしに、同様な福祉政策、そして福祉システムを導くのである。より強い経済的な統合、間接税の調和、そして通貨統合への動きはまた、国民政府に社会政策を何らかの転換へと発展させるように間接的に誘導するものであるかもしれないが、しかしながら直接税だけでなく、社会そして健康保険に対する課税は、将来も国家の責任であり続けるであろう。EU内で福祉の最小の基準を求めることは政治的な強度を増すであろうし、そしてそれ故、そうした基準が乏しいか、あるいは存在しない加盟国における福祉政策の増大を促進するが、その一方で、より発展した福祉国家は、欧州平均レベルへ社会的な経費を削減する圧力にさらされるようになるだろうし、少なくとも政府は、経費削減の手近な政治的な言い訳としてEUを使用するであろう。他方で、発展した福祉国家は欧州における福祉の再分配に貢献を要求されるであろう。しかしこのことは、国内政治においてEUの役割について有権者が割れている状況においては、大変難しい政治過程となることが多いと思われる。そうしたものとしてのEUと国家政府の両方が、欧州を北アメリカや南東アジアと競合できるべくする、社会政策の推奨される範囲と役割の共通の見解を発展させるであろうが、正式な要求の結果としてそのよう

に行うのではないというのはかなり有りそうなことではある。新たなＧＡＴＴ合意は、より金のかからない欧州福祉国家を発展させるための口実の一つであろう。しかし、政府や議会が福祉国家の増大を制限する、もしくは福祉国家の範囲を削減するという野心を持っていたとしても、他の要素がこのことを大変難しいものとするであろう。イエンス・アルバー（Jens Alber）が1975年から1985年の期間における欧州、北アメリカ、そして日本における福祉国家の変化の分析において示したように、福祉計画の削減にも関わらず、福祉国家の支出は、経済生産や公的な収入よりも急速に増大し続けたのであった[25]。

　なぜ国民福祉国家の著しく削減された範囲が、問題であったり、有りそうもないことなのであろうか。第一に、特に欧州の西部がそうであるが、欧州福祉国家は世界的な視野から見て、比較的よく発展したものであるという事実が存在する。国民は社会権を持ち、ある特定の状況下において、給付金やサービスの資格を与えられる。権利と資格付与は容易に破棄し得ないものである。欧州人口に占める高齢者の数と割合が増大するに伴い、社会的な経費は（特に年金の経費であるが）将来の給付の規模を制限する政治的な手続きがとられなければ増大せざるを得ない。1990年代において、ＥＣ12か国における55歳以上の有権者の割合は33％であった。そして、2020年の見通しは42％である[26]。そこではドイツが最も高く45％であり、そしてアイルランドが最も低く31％である。中欧、そして東欧諸国もまたこの範囲の中に入るであろう。この事実は、福祉国家に以下のような多くの示唆を持つ。年金の支出が上昇し、健康、介護、そして社会サービスの要求が増大するであろうし、職業経験と生活を発展した福祉国家で経験してきた大部分の年輩の有権者は、現在の老人有権者の世代よりも、より高い福祉要求を持った有権者の強い層を形成するであろう。一方、この層は、老人のこれまでで最も豊かな世代となるであろうし、また人は社会サービスを提供する準備のあるものの誰であれからであれ、社会サービスへの増大する要求をも予想するべきである。そのため、公的なサービス提供者を補完し補足するであろう私的な（営利であれ、非営利であれ）社会サービスの提供者への大きな可能性を人は期待しよう。そしてそれ故、これまで第二次世界大戦後の時期に欧州人が経験してきたことよりも多くの二重の公的―私的（商業的）福祉社会、及び国家を、程なく奨励するであろう。人口学的な構成の変化は、労働者と非労働者の間の均衡が変化、そして基本的に収入の範囲内で

やっていくという原則に基づく福祉システム内で経済的に活動している人間に対する、税の負担の増大を意味するであろう。他方で、変化しつつある人口学的な構造への漸次的な行動上の、制度上の、そして政治上の適応の可能性を排除するべきではなかろう。以前におけるよりも老人はあまり過酷な肉体労働を行うことはないし、将来は一部有給で雇われ、そしてそれによって労働と税収の両方に貢献することがより定着するであろう。今日の年金者より平均的に経済的により暮らし向きが良いであろうし、そしてそれ故、今日公的な税収によって賄われている多くのサービスについて直接支払いを行うことの可能な将来の年金者の世代の予想は、福祉国家制度と計画の変容を、一般に予期されているよりももっとスムーズなものとするであろう。しかしながら2010年以降の人口学的な高齢化は、確かに年金、健康そして社会サービス・システムに対する挑戦を明示するものではあるが、社会的な支出の影響に対する機械的なアプローチを必ずしも受け入れる必要はないであろう[27]。

　しかしながら、人口の高齢化は、国際的な生産物市場に関する、増大する競合の時代において起こっており、そして貨幣市場の急速な国際化は、資本所有者に新たな利益を生む機会を提供し、それ故、それら資本家の、労働に対する交渉力及び国家に対する交渉力の双方を強めているのである[28]。1995年から96年の間の大部分の欧州は、景気後退から回復し、何らかの経済的な成長の途上にあるように見える（そしてそれにはおそらくEU内部の内的な市場も貢献していよう）、にもかかわらず失業水準は平均して高く（EU平均で11％であり、中欧及び東欧においてより高い）、そして長期的な失業は増大している。EU内部の挑戦は、単一市場の経済的な集約効果のEUレベルでの政治的な領域的再配分の対策がとられなければ、潜在的にかなり大きい領域的な不平等であろう。そして全欧州的な挑戦は、中欧及び東欧の政治的そして経済的にシステムが変容しつつある諸国が、EUそしてEEAの経済的なシステムに統合されるのでなければ、EU内とEU外の国家間の、潜在的なかなり大きい不平等の可能性であろう。そうした領域的な不平等は、国民福祉システムに対する新しい挑戦を包含する傾向がかなり存在する。とりわけ、比較的あまり発達していない市場経済を持つところではそうした傾向が強い。EU報告書の一つ[29]は、職業上の経歴に対するかなり頻繁な干渉、継続的な失業の高い水準、新しい形態の貧困と社会的な排除の出現、欧州福祉システムないし社会それ自体の主要な

近年の挑戦としての、例えばシングル・マザー、あるいは片親家庭の数の増大といった、家族構造の変化を伴う労働市場の不安定性を指摘していた。

　財政的、人口学的、社会構造的、そして国際的な問題と平行して、欧州福祉国家は社会文化的な性格の挑戦に直面している。多くの研究が、福祉国家計画は大衆の高い支持を得ているということを示してきた[30]。1995年秋における社会的な資格付与の比較的穏健な削減に対する反動としての、ストや激高して暴力的なデモが伴ったフランスの（一時的な？）例外を除けば、削減はこれまで体制の危機に至ることはなかった。それだけではなく、福祉に対する強い反発のはっきりした兆候を認めることもできないのである。市民は全体として、何らかの社会計画の削減を容認してきたが、福祉国家に対する人々の期待は、一般に未だ高いままである[31]。現在でもこの問題に関する最も最新の研究である、1992年春の包括的なユーロ・バロメーター研究は、当時のEU加盟12カ国全てにおいて、社会保護の領域における国家の強い役割に対する圧倒的な支持を示している。そして南欧の人口は、北欧人よりも一般に国家に多くのものを要求するし期待しているように思われる。全ての国において、たとえ税と貢献を明らかに増大させることを意味するとしても、より多くの人が国家の社会保護に関しては、「ミニマリスト」のアプローチよりも「マキシマリスト」のアプローチの方を好む[32]。1986年におけるアメリカ、英国、（西）ドイツ、オランダ、イタリア、そしてハンガリーにおける福祉国家に対する態度の比較は、一方のアメリカと他方の全ての欧州諸国の間の著しい差異を示している。欧州人の平均60％が基礎所得に関して国家が責任を負うべきであるという意見であり、68％が国家は所得の不平等を削減する責任があるという見解を支持しているのに対し、アメリカ人のそれに相当する数字はそれぞれ20％と27％である[33]。完全雇用を保障することに関する国家の役割に関するデータについても同様のものを示す。北であれ、南であれ、西であれ、東であれ、いずれの欧州人もアメリカ人（そしておそらくまた、欧州以外の他の工業化された諸国の人間）よりは福祉問題に関して強い国家を一貫して、もっと支持しているのである。欧州福祉国家が享受している高い正統性は、福祉国家の責任の広範な再建ないし削減に対する障害として考えられよう。そしてそれら再建ないし削減を、多くの政府そして（経済的な）専門家は必要なものであると考えているのである。福祉の期待は政府の安寧のためにはあまりに高すぎるものである。一方で、その

データは、欧州政治文化の継続的で決定的な要素として国家の福祉を作り上げている、欧州福祉国家の発展の歴史的な独自性を反映したものでもあろう。もしこのことが正しいとして、金融市場の国際化と地球規模の競合の時代における欧州の後退という表現は必要であろうか。もしくは欧州の利点であるのであろうか。発展した、安定した福祉国家は、民主的そして社会的安定に貢献するのであろうか。そしてそうした安定性は最終的には将来の投資や生産性に再び貢献するのであろうか。より未発達な福祉国家は、民主的正統性と社会的安定を、同様な程度に提供することができるであろうか。新たに工業化された、そして「社会的に動員された」アジア諸国において、そしてより資本主義的で社会的に分断されたアメリカにおいて、欧州諸国におけるより、福祉の挑戦はより決定的なものであろうか。福祉国家の発展の長期的な含意においては、これら問題に対する単純な回答は存在しない。しかし、長期的な視座においては欧州は、地球規模の競合において必ずしも敗者であったりのろまであったりしないということ、そしていかなる評価もまたある程度は規範的であり価値に基づくものでなければならないということを示すために、上記の問題自体、前面に押し出されるのである。

第4節　欧州社会保障システムに向けて？

　国境を越えた資本、財、サービス、そして労働（そして一般に人間）の移動の自由の観点における欧州統合は、欧州における国際的もしくはトランスナショナルな社会保障システムの確立を奨励し促進するだろうということは有り得ることであろうか。社会保障は国境を越えて拡張し、現在では欧州においてはこれまでにない程である。これはベルント・シュルテ（Bernd Schulte）が注意を促したように、欧州においては既に、社会保障権と移民労働者の義務に関する問題を解決するために、フランスとイタリアの間で、既に1904年に最初のトランスナショナルな社会保障条約が確立されていたのであった[34]。諸国を移動する労働者ないし被雇用者のための、社会権の調整の原理と技術の幾つかは、20年以上にわたり自由な労働市場が実効的であったEUと、40年ほど自由な労働市場が行われてきた北欧諸国の両方において、適応され、更なる発展が行われてきた。EUの福祉政治的影響はなんであり、どのようなものとなるで

あろうか。このことは多くの学術的論文、及び著作を生み出すことにつながる難しい問題である。いかなる経済、政治、そして国民を包含した欧州同盟が、将来発展されるであろうかに関する不確実性の故に、少なからず難しいものである。基本的には自由貿易地域のミニマリストの（現在の政府における）英国の視座から、（現在の）ドイツそしてベネルクス政府のもっと政治的に野心的な視座まで、シナリオはたくさん存在する。もしＥＵが、何らかの政治システムとして生き残ったならば、そしてそれはありそうなことであるが、これは欧州の政治的制度と個々の構成国という、少なくとも二つの要素から構成されよう。これら二つの要素がまた、欧州福祉システムを構成するように思われる[35]。文化的なアイデンティティの面と（加盟国に中欧そして東欧諸国を最終的に包含することで劇的により大きなものとなる）経済的な発展の水準の面において、大変領域的に異質なものを抱える政治システムは、おそらく分権化され、そして連邦の形態においてのみ存在することが出来、そして同時に民主的であることが出来るであろう。ドイツやスイス、そしてベルギー、スペインそしてイタリアの現在の流れを見ると、もしこのことが単一の国民国家について真実であるならば、欧州全体としてこのことはよりもっと真実であろう。そして最終的に分権化された、そして（多少なりとも）連邦的な欧州は、欧州福祉制度と欧州レベルでの将来における福祉の再配分を減少するであろう。欧州統合のこの段階においては、文化的、そして経済的に異質な欧州における調整役としてのＥＵを伴う、より強い欧州福祉国家を発展させるという試みは、おそらくは欧州レベルでの紛争を導くであろう。

　ＥＵ委員会と国家政府双方は、中央でコントロールされる欧州福祉国家へと圧力を掛けることで、民主的な正統性を失うことを恐れるであろう。もし我々が、ペーター・フローラ（Peter Flora）の仮説に従うならば、欧州福祉ないし社会保障制度は、予見できるぐらい近い未来において現在存在するのと同様、国民福祉国家に、何らかの欧州福祉制度と計画を足したものによって構成されるであろう[36]。ＥＵレベルでの社会政策は、これまで、労働（そして次第に他の市民へ）の自由な移動、即ち国民、民族、そして性に基づいて区別しない規則だけでなく、トランスナショナルな人物に対する社会権の調整に対する対応としての計画によって構成されてきた。他の計画のタイプとしては、資本の自由な移動に対する対応である。そしてその抑制されていないものはより大きな

地域的、領域的な不平等を引き起こすであろう。確立された社会的資金そして領域的な資金の重要性は、EUが地理的に拡張してきたのに伴って増大してきた。幾つかの国（もしくはむしろ政府）が留保したとしても、欧州福祉システムにおける将来の新たな要素は、欧州社会市民権の確立であろう。概して、将来の社会保障計画の発展を国民福祉国家の枠組みの内部で形成され、国民社会保障システム間のより大きな画一性と調和に向かう最終的な流れが、ブリュッセルやストラスブールからの命令ではなく国民の決定の結果として到達されるであろうと人々は期待するかもしれない。しかしながらEUは、ミニマムな国民年金という考えを推し進めるであろうし、そして、育児有給休暇の最小限の期間を確立しようという命令と同様に、他の給付についても全ての加盟国家に存在するであろう。

第5節　スカンジナビア(あるいは北欧)福祉モデルはいずこへ？

スカンジナビア福祉モデルは欧州福祉国家が直面している一般的な挑戦にとって例外ではない。デンマーク、フィンランド、そしてスウェーデンは今やEUの加盟国であるが、一方アイスランドやノルウェーはEFTAやEEAの加盟国である。このようにして全ての北欧諸国は、国境を越える資本、財、サービス、そして人間の移動に対する障害が、もしあったとしてもほとんどない、国際そして国家間経済統合の、世界で最も進んだシステムにおける自国の国民経済に付随する全ての機会と挑戦とに参与している。経済そして政治の欧州化、そして更なる国際化は、スカンジナビア福祉モデルに対する一連の挑戦を示している。企業、労働、そして市民のための欧州大の規則は、多くの分野における国民の政策形成に対するいくらかの強制を意味する。国家がEU内で正式な加盟国であるかどうかということに関して、福祉と社会政策の分野における直接の影響は大変限定されたものであるが、しかし、間接的な影響は相当なものである。EU内の間接税と実施の義務の調和の速度、範囲、そして方向は不確実なものである。そして公的な歳入にたいする結果もまた同様である。いかなる種類の調和であれ政治的ノイズを引き起こすであろうし、遅い過程となるであろうということは予期されている。上に示したように、経済そして福祉政策に関するアイディアは容易に国境を越えて流れるものであるばかりでは

なく、EUやEFTA（そしてEEA）加盟国間で「小さな分割」を横断して流れるものでもある。非政府の福祉、そして個人の責任に関するよりいっそうの強調という考えは、正式なEU加盟とは独立的に、政治的な行為に対する指導原理となってきた。金融市場の国際化は、資本所有者を強化するであろうし、それら所有者の単一国民国家における労働と政府双方に対する交渉力を増大するであろう。一方で、労働組合運動の更なる欧州化は、交渉のシステムの均衡を引き起こすであろうし、国民国家の国境なき欧州の空間内に、トランスナショナルな企業に対する、もっと統一的で強固な行動の新しい機会を提供するであろう。（そしてフランスにおける福祉切り詰めに関する最近の混乱が示した様に、フランスの労働者及び被雇用者のたった９％が組合に加盟しているのみという労働組合の低い組織率にも関わらず、自発的な大衆行動は、政策における変化を停滞させたり、もたらしたりするであろう。）ＥＵ単一市場、及びＥＥＡ合意の中核である「移動の四つの自由」は、財政的そして職業的な福祉、そして自発的な福祉に関するより大きな強調を通じて、福祉国家の更なる私的領域の増大への傾向を促進し、加速するであろう。政府の財政的拘束の他に、欧州における多数の、サービスを要求する、豊かな年金者階級の台頭は、非政府的な福祉サービスの増大を促進するであろう。組織的な断片化、社会的分割、そして福祉国家の複雑性の増大が、その結果となりそうである。そしてその結果は、後に政治的に大多数のものがこの方針を変えたいと望んだとしても、容易に「訂正」されないのである。過去15年間においてスカンジナビアにおいても一般に行き渡ってきたこれらの傾向は[37]、いわゆる福祉のスカンジナビア、もしくは北欧モデルに対する決定的な挑戦を示すであろう。経験的にこのモデルは、国家関与のかなり大きい部分と、もっと画一的に組織された福祉と社会保障計画、福祉の税金によって賄われる部分のかなり大きいこと、そして他の欧州福祉国家におけるよりも、社会、そして福祉制度のより普遍的な人口の包含を意味した。他の欧州福祉国家のモデルと比較して、スカンジナビアの福祉モデルは、より国家に基盤を持つものとして存在してきたし、高い程度の「国家の正統性」を享受してきた。そして、福祉、健康、教育セクターにおける有給で雇われている全労働力の内の比較的最大の割合、そして、これらセクターにおける公的雇用者の最大の割合を意味してきた。また、比較的寛大な福祉国家の中に裕福な層の利害を高度に統合した、社会的そして階級的に構造化され

た不平等のほとんどないことを意味してきたし、最近までは完全雇用の目標に向かってもっと干渉してきたし、そしてそれは成功してきたのである。このモデルは（より多くの職業上の福祉、より多くの個人的もしくは家族に基づく私的な福祉といった）変化へ内的に迫られるようになってきた、しかしまた、変化へより強く外的に迫られてもきているのである。しかしながら、変化の度合いと、変化する国際的な文脈に対してのさらされかたについて北欧諸国は国家間で異なる。完全雇用への目標に関しても北欧諸国間の多様性は、一般に欧州諸国間におけるものと同じほど今では大きなものとなっている。1995年12月の失業水準も、ノルウェーにおける7％から、フィンランドにおける19％までの幅がある。福祉を財政的に支える全体的な挑戦は、異なる指標によって示され得るように異なる。それら指標の中で重要なものの一つが貸し付けについての利子に関して、政府予算がどのくらいの割合で費やされているかというものである。1995年には、スウェーデンにおいてはこの割合は21.3％であり、デンマークにおいては12.9％、フィンランドにおいては9.7％（しかし増大しつつある）、アイスランドにおいては5.6％、そしてノルウェーにおいては6.4％（そして減少しつつある）であった[38]。国内総生産における公的セクターの割合はOECD平均が41.5％である一方で、ノルウェーにおける55.6％から、スウェーデンにおける68.8％まで異なっている。公的セクターの増大の停止、個人年金、保健、そして他の福祉サービスを購入するための税金を払っている裕福な大多数の人間を現在では一般的に鼓舞しているところの税のシステム、そして大欧州市場における資本の自由な流れの複合が、トランスナショナルな保険、他のかたちの福祉の急速で動的な拡大を導くかもしれない。そして企業は会社、職業集団、そして個人に私的福祉制度の新たな「パッケージ」を提供するであろう。この発展は政治家と公的セクターについての圧力を緩和するかもしれないが、福祉制度のもっと強い全般的な社会分割へと導くであろう。企業、被雇用者そして個々の市民は、公的セクター外部の福祉制度のみならず、国民国家外にも接続する絆を確立するであろう。このようにして福祉給付金とサービスの公的な割合は、漸次的に削減され得るし、削減されるであろう。そして福祉政策のますます回復してきた完全な国家コントロールの可能性は、そうしたコントロールを回復する欲求がいかなるものであろうと、減少されるであろう。市民に対する福祉の供給に関する国民国家の役割の減少は、スカンジナビ

アの事例においては、EUのような国際的あるいは超国家的な実体に対する政治的な主権を譲歩することを容易にするであろう。この意味において、EUの加盟は国家主権、ないし市民の福祉に関するより強い国家の政治的影響を回復する、おそらくは唯一の現実的な方策を提供するであろう。ＥＥＡ内の国境を横断する社会権の調整は、超国家的なイニシアチブを奨励するであろうその他の要素である。スチーブン・ライプフリード（Stephan Leibfried）は「国家はこれ以上市民に対する社会給付金を制限するべきではない。EU（あるいは著者のコメントによるとＥＥＡ）内部からの「外国人」に関する限り、国家はもはやそれらの人が給付を受ける権利があるかどうかを決定するいかなる権力も持たない」と論じたのであった[39]。ライプフリードは、この発展は著しい、というのも「よそ者」に境界を引く社会給付金を通じた「市民形成」が大陸における国家形成の歴史における分水界であったからであると述べる。しかしこの意味において、北欧諸国は自らの内で、国民市民の権利を他の北欧諸国の市民に対して拡張し付与した1955年以来の自由労働市場と社会保障条約を与えたことで、この欧州全体の発展に対する先駆けであり続けてきた。しかしながらこの制度的な措置は、一致した労働政策そして一致した社会政策、もしくは超北欧政策の要求を導くことはなく、むしろEUそしてＥＥＡがもっと強い経済的統合（「自由市場」）そして超国家政治体の構築を示しているため、状況は完全に比較できるものではないのである。概して、欧州内市場の出現と増大は、国内、そして対外政策の間の差異を取り払うであろう。消費者として、そして「福祉消費者」として、より広い空間においてより多くの選択を持つことができ、そして欧州諸国を横断する（ノルウェーの捕鯨ないしフランスの核実験に対する抗議が、ノルウェーの魚もしくはフランスのワインを欧州全土で消費者に買わなくさせたような）多くのボイコットの行為が示してきたように、より大きな政治的な強度を持つことが出来るし、そして有権者として次第にトランスナショナルな問題にもっと関わるようにおそらくなるであろう。この発展は、次いで、現在の物理的な国境を横断する社会、政治的な共同体の新たな類型を出現させるであろう。経済と政治の欧州化は、政治的決定を通じた直接のものでなく、企業や個人による調整されていない決定を通じて間接的に、スカンジナビア福祉国家の特別の道（Sonderweg）を維持することを難しいものとしている。または、ライプフリードが「国家は福祉の『市場と国家』構成要素を任

意に混合したり、国家が好きなように押しつけたりはもはやできないのであろうか。金融の移動による福祉の混合は、現物やサービスにおいて利するものである。福祉国家モデルの構成を決定する国家の権力は、緩和されてきている」と述べた[40]。このことは論理的に見え、そしてＥＥＡ地域の全ての諸国に当てはまる。

第6節　異なる制度的な文脈における福祉の再形成[41]

　欧州福祉の挑戦の一般的な描写と解釈から、多様な制度的福祉モデルの実例をカバーする五つの国民国家における、最近の福祉政治に関する幾つかの経験的な情報へ移ろう。以下の文章は、全て公的もしくは政府の社会計画における変化のみをカバーし、そして私的な商業的なそして非政府的な福祉の提供者や保障者の、より大きな役割を持つ、もっと社会的に分割された福祉社会について、福祉国家の差異、もしくはトランスナショナルな社会保障ないし福祉企業や外国の福祉の提供に対する個人の加入の増大を明らかにするものではない。

1　イギリス——限界において目標を決めた干渉を伴う最小限の保障

　イギリス福祉モデルは普遍的であるがまた、基本的に低い、均一の割合の給付金によって特徴づけられている。そのシステムはそのため裕福な集団が、補完的な職業上の、そして、あるいは、私的な保険を契約することを奨励するのである。イギリスにおける福祉国家の発展の多くの研究そして評価が、1979年にマーガレット・サッチャー（Margaret Thatcher）が第一次内閣を組織して以来出現してきた。1980年代の福祉国家に反対する全ての誇張にも関わらず全体的な支出は継続して上昇してきた。ニコラス・バー（Nicholas Barr）とフィオーナ・クールター（Fiona Coulter）は1970年代と1980年代の発展の彼らの研究を「1970年代にはより多く解決として、そして1980年代にはより多く問題として社会保障は考えられたが、政策の言及された目的の幾つかに適正に合致しているにも関わらず、実際には変化は、誇張に合致するものに近いものとは成らなかったのであった」と締めくくった[42]。ジョナサン・ブラッドショー（Jonathan Bradshaw）は「社会保障は変化に容易に深くは影響されない（少なくとも急進的な右翼からはそうである）。社会保障は我々の文化、経済、そ

して交換のシステムの中に深く染み込んでいるため、政府が限界において干渉を行うことにのみ成功することが出来る程度である」と同様の結論に達した[43]。しかし1990年代に、政府がミーンズ・テストに基づく目標を決めた給付金と呼ぶ指針の下、幾つかの改革がなされてきた。ミーンズ・テスト給付によって取り入れられた社会費用の割合は、1978年から1979年と、1993年から1994年の間に17％から34％へと倍になった[44]。支出を削減することを目標に、育児支援や片親のための給付金、身体障害者手当や無資格の給付金、疾病給付や1996年4月のより寛容でない「求職者の手当」によって置き換えられた失業給付金の幾つかの改革が1990年代に導入された。価格に対する退職年金に、指標を付ける基礎を変化させる1982年の決定の長期的な影響は、基礎的な国民保険年金が、1980年から1993年までの、男子に対するネット平均の週あたりの給与の30％から19％の減少のみであった[45]。ある研究によると、貧困は拡散しており、過去10年において貧困の割合が実質的に人口の5分の1を越えるまでに上昇してきた[46]。そして不平等は近年においては著しく増大してきた。そしてその不平等はほとんどの西側経済よりもより速い速度で増大したのである[47]。貧困に特に弱い集団は若年層であった。特に、ホームレスの若年層がそうであった。近年の政策の傾向は、保守党の下で政策を継続するように見える。一方で、もっと慈悲深い福祉国家への方針の変化は労働党が（遅くとも1997年までに起こる）次の選挙で政権に就くとすれば起こるであろうし、その変化は、トーリー党の社会政策に対する労働党の批判を最後まで押し進めるものとなるであろう[48]。

2　大して重要でない削減と強固な拡張を伴う地位の保全

　ドイツ・モデルは、雇用に関連した保障範囲と給付金、そして地位の保全の原理に基づく。他の欧州福祉諸国のように、ドイツの社会保障と福祉システムは、雇用者と被雇用者からの、そして一般的な税金からの貢献を通じて財政的に支えられている。一般的な税の相対的な重要性は、過去30年間にわたって増大してきた。疾病、失業そして老齢年金のための給付金は、欧州の内で最も額の大きい国の内の一つであるが、普遍的な（市民権に基づく）年金権利はイギリス、オランダ、北欧諸国のようには存在しない。にもかかわらずミーンズ・テストに基づく補助は、年金の資格がなく収入もない人間に対して開かれているのである。高い失業率と年金生活者の増大する数を伴った過去20年にわたり、

収入から福祉に資金をまわすシステムの費用を削減するための改革が導入されてきた。そして東西ドイツの1990年における統一は、当然のことながら、近年では福祉システムを深刻な圧力の下においてきたのである。その収入から移すシステムのほとんど全ての構成要素は、1990年代初頭において変更されてきた。そしてこのことは、人口学的な発展、経済的な状況、そしてドイツ統合の観点から正当化されてきた。憲法裁判所による判断の結果として、少しの改善が起こってきたといえども、これら改革の故に、(少なくとも西ドイツにおける)社会保障と補助に依存している人々は、現在では暮らし向きが悪いものである[49]。支出の増大を抑えようとする重要な改革は、法定の健康保険の分野[50]と失業と労働市場政策を司る法律[51]の面においてなされてきた。貢献や給付金の水準は連邦諸州の新旧において異なるものであったにも関わらず、1992年現在で、西ドイツの社会保障システムは統一されたドイツ全てをカバーするものへと拡張されてきた。しかし目的は、東ドイツの基準を西ドイツのものへと漸進的にもたらすということであった。現行の年金の全ては1992年の新たな年金法の下で変更された[52]。結果として、旧東ドイツにおける年金生活者もまた、収入に関連した年金を受け取るのである。そしてその年金は、新連邦州におけるネット値の賃金における増大と一致して調整されるであろう[53]。片親家族に関係する特別な規則を伴って、子どもを伴う家族の財政的な状況は、最近の改革を通じて改善されてきた。一方で、もし将来のインフレ率が(低所得労働者のネット値の月収の平均に基づく)基準となる率よりも増大するとすれば、社会支援給付金を調整する方法の変化は、受給者に対する実収入における減少を必然的に伴うであろう。

　高齢者の介護の要求をカバーするために、主要な新たな改革が1994年に議会を通過した[54]。高齢者の介護の必要の危機は、これまで社会保障ではカバーされてこなかった。そして、介護の必要のあるより年輩の人々は、家族システム内の私的な支援に頼るか、在宅介護の費用を払うためにミーンズ・テストによる社会支援制度に訴えざるを得なかった。全ドイツ人口の2%である、約165万人の介護を必要とする人間の現在の数、そして生涯寿命の延長と、出生率の低下、そして高齢者の増大をかんがみて、改革の必要は全ての政党によって認識された[55]。この改革は、公的、そして私的な疾病保険制度の全ての構成員をカバーし、被雇用者に対する著しい新たな税(もしくは貢献)の負担を含意す

るものであった。介護保険は、被雇用者からの強制的な貢献を伴った、収入の範囲内でまかなうという基礎によって財政的に支えられるであろう。介護のための給付金の支払いは1995年4月に始まり、継続的な付き添いを必要とする人々にとっては在宅介護のための給付金の支払いは1996年7月に始まった[56]。

ドイツ福祉国家は、大衆[57]と（介護保険に対する一般的な支持を参照すると）エリートレベル双方からの強力な政治的支持を享受する。しかしながら、ドイツが継続的な経済成長を経験しないならば、新たな改革の費用と、人口の高齢化、失業、国家におけるドイツの新たな社会義務を伴ったドイツの統合によって被った費用をかんがみて、幾つかの計画における費用の削減を行う、より多くの努力が必要である。実際、1996年4月に政府は、公的な支出における削減の500億ドイツマルクに上る、包括的な提案を発表した。そしてそこでは、疾病時の賃金保障給付金、女性の年金受給年齢の上昇（60歳から63歳へ）、そして定年年齢以前の退職制度の制限における劇的な削減が、他のものとともに提案されていた。

3　スウェーデン——重い圧力の下の寛大な普遍的福祉モデル

スウェーデンは、資本主義民主国間で最も包括的で、オランダとともに、最も費用のかかる福祉国家を発展させてきたことで長く知られてきた。現在でも、未だに包括的でありそして費用のかかるものであるが、近年では社会的な経費の増大を削減するために多くの改革のイニシアチブがとられてきたのであった。このことは、一部以前の何十年におけるあまりにも寛大で金のかかる社会立法の影響としてであり、一部は経済の全般的な活動に不況が影響を及ぼし始めたからであり、一部は1990年代における失業水準の急速な増大の故であり、一部は公的な負債と予算不足の「爆発」の故であり、そして一部は他の諸国におけるのと同じ人口学的な傾向の故にであった。1991年から94年までの期間の保守主義的な首相による非社会主義政府はまた、もっとイデオロギー的な理由から、より少ない社会保障を求めたのであった。純然たる経済成長のために、一般的な税率を引き下げるべきであるという見解と同様に、個人の選択と家族の責任が強調された。スウェーデン・モデルの主要な形成者である社会民主党は、支出と給付金における変化と削減の必要を不承不承ながら認めてきた。そして、社会計画を削減するという党の公約にも関わらず1994年選挙で勝利したので

あった。このことはスウェーデンの有権者と政党の間の危機の認識に関しての何らかを示している。経済不況は、左翼党（Vänsterpartiet）の例外を除いて変化の必要に関する広範な合意の発展に貢献してきたのである。

　最初の実質的な削減は社会民主党の下で（しかしながらこれは非社会主義政党の支持を伴ったものであるが）、疾病給付金を削減の都合の良い標的とした1980年代後半の期間の増大する疾病による休職を背景として、1991年3月に起こったのであった[58]。法定代替率は90％から最初の3日間の休職について65％へと減少し、4日から90日までについては80％へと減少した。同じ政治的配置で行われた他の改革は、1991年改革において決定された最大限の水準に従って、最初の2週間の疾病支払期間に対する給付金を、雇用者が支払うべきだと決定した1992年に開始された。そしてそれは最初の3日間について75％、次の2週間までについて90％、その次に90日まで80％、そして90日以降は90％の賃金の保障を意味した。同じ広範な政治的な合意を伴って、疾病給付の待機日数が導入され、そしてグロス値の総収入の0.95％の被雇用者の疾病給付金に対する（税金から控除することの出来る）貢献が、90日を越える場合には80％までの給付金の減少を伴って導入された、1993年に更なる削減が起こった[59]。これらの数年間で年金のあらゆる種類について下方修正が行われてきた。全ての年金の計算の技術的な変数である基礎量は、支出の増大をコントロールするために、消費者物価指数に基づいて調整されるようになった。最も劇的な変化は、今日では完全に疾病給付金制度と一緒になっている労働災害保険に関してであった[60]。失業給付金は1993年には以前の収入の80％へ削減され（これはそれでも国際的基準においては高いが）、そして5日間の待機期間が（再）導入された。産業傷害保健と失業保険における変化は社会民主党によって反対されたのであった。しかし、現在の社会民主党政府は社会計画をもっと削減する用意をしているところである。1996年1月現在で、スウェーデン議会は社会保障給付金における多くの更なる変化と削減を決定してきた。一般に言って、現在、（雇用者もしくは国家の補償のどちらかで払われるものであれ）疾病そして産休、育児給付金の場合には75％の賃金補償の権利がある。他の削減の中で、（月あたり750スウェーデン・クローネから640スウェーデン・クローネに）減少されてきた育児手当、省略されてきた子どものいない家庭に対する住宅手当、削減されてきた既婚の年金者に対する老齢年金については言及されるべきであろう。

制定された改革は、幾つかの計画における支出を減少させてきたし、更に減少させるであろうし、そして更なる改革、幾つかの提案の中で、特に老齢年金の改革は社会的な経費の水準に相当に影響を与えるであろう。年金制度の改革は社会民主党と非社会主義政党によって支持されているのである。

　スウェーデン福祉システムは、1990年代において疑いもなく主要な、そして重大な改革作業を続けている。多くの改革は議会における広範な政治的支持を得てきた。どの程度まで寛容な福祉国家が後退するかは、スウェーデン経済のパフォーマンスに依存する。しかし社会計画の削減は、大変高い水準もしくは大変に寛容な水準から始まってきた。スウェーデン福祉モデルの一般的な性格は、現在も存在し、そしてそれは予見できる将来においても保持されていくように思われる。

4　石油経済の中で持続可能なモデルの慎重な微調整

　北欧諸国の中で、スウェーデンとノルウェーが、制度的に最も近似した福祉モデルを発展させてきた。しかし、スウェーデンは、概してもっと寛容な給付金やサービスを提供し、そして長いこと国内総生産の社会保障の割合に比較的多く支出を行ってきた。1981年においてはスウェーデンにおける割合は34.2%であり、ノルウェーにあっては、21.8%であった。1993年にはその割合はそれぞれ40.4％と30.8％であった[61]。ＰＰＰ（購買力の同質性）において計測された社会費用はまたノルウェーよりもスウェーデンにおける方が1人当たりの費用はずっと高いことを示している。しかしこの格差は、過去15年間において著しく縮まってきた[62]。既に上に示されているように、この2国における経済と政府財政の地位は1990年代中期までは著しく異なっていた。スウェーデンは巨大な予算の赤字を財政的に支えなければならず、ノルウェーは黒字予算の状況下で、いわゆる「石油資金」をつくることに成功した。石油と天然ガスからの次世紀への将来の収入の見込みは、主要な福祉改革をノルウェーにおいて必要不可欠なものとはせず、そして改革は選挙民には容易に受け入れられるものではなかった。しかしながら、国会に代表者を送っている政党間には、幾つかの計画における費用の増大を削減する一般的な合意が存在した。議会や政府は、老齢年金、障害者年金、そして疾病給付金の費用の劇的な増大を懸念してきた。そして1990年代初頭に、障害者年金を獲得するための、そして疾病給付金を得

るための医療的な資格をより難しくする措置が決定された。そして、その改革は障害者給付金を受け取る新しい請求者の数に影響を与えてきたのであった[63]。しかし、スウェーデンと対照的にノルウェーにおいては、有給の雇用者は疾病の最初の日からその期間中、未だに寛大な100％（スウェーデンではこれは75％）の賃金補償金を支払われている。（しかしこの補償金は、国民保険制度における「基礎額」の6倍を収入の最高限度としており、それゆえ、高収入を得ているものの数の限られた集団を100％補償以下にしているままではある。）1992年に、議会は制度における収入に関連した削減によって老齢年金費用の将来の予期できる増大を削減することを決定した[64]。高収入を得ているものはこの変化によって損をしたままである。（しかしこの集団はまた、私的な、個人的な税金によって補助された年金制度を契約する傾向がずっとあったし、現在ではもっとそうであろう。）その変化は、既に高い年金受給資格年齢（67から70歳）を緩和しないように決定したのであった。1980年代中盤に失業給付金制度は、給付の期間が40週間から80週間へと拡張され、もっと寛大に変化された。そして1992年には、80週間の規定を自動的に適応されることが廃止され、それによりその制度が実質的には長期失業の年金制度へ変化したのであった[65]。育児制度は着実により寛大なものへと変化し、そして有給の産休について、1977年には最大18週間であったものから、1993年までには52週間（完全給付42週間、もしくは80％給付52週間）へと着実で漸進的な拡張が起こってきた。疾病児童を持つ両親への給付金の資格付与は、1991年から1993年の間の三つの改革を通じて改善された。そのため例えば1人以上の子供を持つ片親は、年間を通じて完全賃金補償を伴う30日の疾病休暇を現在では与えられている[66]。

　全体的に、社会補償制度における削減は、収入に関連した給付金の将来の蓄積に関係するのみであり、そして改革は高収入を得ているものにのみ影響を与えてきたのであった。傷害給付金、そして疾病給付金に対する資格付与の変化は、大変穏やかなものであってきたし、重要な福祉国家要素の強化と拡張は、1990年代においてまた起こってきた。政府は、部分的には議会に対する白書[67]を通じて調停を行い、（数あるうちの一つとして）「受動的な生活支援」とは対照的な社会保障の「労働指向」を強化すること、最も必要としているものへとこれまでの給付金より良いものへ狙いを定めること、年金者の収入の増大する課税を考慮すること、保健そして社会サービスにおける使用者の支払いのより

高い水準を導入すること、そして若い失業者を雇用することを雇用者に奨励するもっと可塑性のある賃金構造を提案することを試みることで、福祉国家の慎重な再組織化について懸念している。欧州の文脈において、ノルウェー福祉の政治的当局者の問題や懸念は小さなものである。「スカンジナビア福祉モデル」の最も強い代表者は、現在ではノルウェーである。しかし5から7％の失業率、そして公的な、国民に普遍的な制度に対する補完物としての私的そして職業上の年金や他の福祉サービスや給付金の増大を伴って、そのモデルはもっと一般的な「欧州」的公的私的混合福祉モデルへとゆっくりと変化しているように見える。

5　ポーランド──社会保障の新たな概念の探求

ここではポーランドは、1989年に共産主義的システムを廃した諸国の一例として取り上げられる。産業の再建、財政的問題、インフレ、そして高い失業といった記述されてきた幾つかのながれは、幾つかの諸国についても妥当する（これについてはチェコ共和国は例外である）。しかし固有の改革の努力による発展は異なる。中欧そして東欧における移行期間の間、そして後に、いかなる種類の福祉モデルが生起しそして持続していくであろうかということを、評価しそして特徴づけることは大変性急なことである。

1945年から1989年まで一般に行われていたシステムの下で、雇用に基づく社会保障の妥当なサービス提供の政策同様、食品、子どもや若者のための品目、住宅といった基礎的な生産物に対する低価格政策を通じて社会目標が追求された。1989年以来の政治経済システムの民主的市場型の経済への変化は、福祉モデルの主要な変容が行われ（てこなけれ）ばならないということを意味した[68]。

1989年以来の発展は、産業の再建、1994年には15から16％の水準に達した失業の急速な増大、1990年代初頭のインフレの高い割合（1990年に600％を越えた）、公的な負債と財政的な問題、そして老齢年金者の増大によって特徴づけられている。1989年に失業給付金が導入され、そして現在では最大1年間の期間について支払われることが可能である。以前のシステムの下では重要でない役割を演じた社会支援は、重要性を増した。変化の以前には健康介護制度は問題を抱えていたが、財政的な状況が悪化してきて、人口の広範なセクターにとって手の届く範囲を超えている[69]保健サービスの自発的な私有化へと導い

た[70]。幾つかの新しい法律が、老齢年金と障害年金に関して採択されてきた。「これらはシステム内部の根本的な改革の提案に導く、社会そして政治的な終わりなき議論の題目である[71]」。年金を司る規制的な体制における根本的な変化は、1991年10月に法律に採択されたのであった。そしてその変化は、社会保障の貢献がこれまでに支払われてきた時間的な長さと、以前の収入の額に関連した基準を導入することによって、老齢年金給付金と障害者年金給付金の保険に関連した権利を保証したのであった。老齢年金給付金を計算する定式はまた、全員に平等である社会構成を考慮に入れたものであった[72]。

　1992年と1993年の議会と大統領の決定を通じて給付金は強化された。年金の制度を変更する作業は、付加的な年金制度を既存のものに加える目的を持って継続している。(労働人口の約40％を構成する) 急速に増大する私的セクターは、国家セクターからの貢献の減少を埋め合わせることは不可能である。それ故、社会保障を財政的に支える可能性は現在は弱いものである。1989年から1992年の期間における予算措置を通じて財源が支えられた社会費用は、現実の面では減退したが、国家収入における割合は15.3％から22％へと増大した。このことは予算における社会費用の実質的な価値の減少は、国家収入よりも低かったということを含意する。このように社会目標は国家政策によって保護されていたということが出来よう[73]。

　社会政策機能を実施し、社会目標に直接資金を提供する必要性から国家予算を救うであろうと考えられる、新しい形の制度の確立は、政治的な集団分けの「無数なこと」を伴う政治状況によって困難であることが示されてきた[74]。ポーランドにおける経済的な状況は、1992年から1994年の毎年の実質国民総生産の増大に伴い、1992年以来改善されてきた。工業生産高は、1994年3月から1995年3月までで5％増大した[75]。失業が継続的に増大してきた、そして富の分配における拡大しつつある格差が存在した。家計予算のある研究は1992年にポーランドの34％程の人々が公的に決定された生計水準、いわゆる (OECDの同一の尺度に調整された) 社会的ミニマムを下回って生活していたということを示している[76]。

　社会保障と福祉のポーランド・システムの困難は、(再) 設計のためのいかなる明確な概念も現在では存在しないということを意味している。最近何年間かを通じて追求されてきた社会政策は、根の深い経済不況と、それに伴う国家

財政における危機の結果として、短期的な活動が優勢であった[77]。これまでの流れは「ドイツ・モデル」の方向を指向する様に見える。しかしながら、社会保障制度のより小さな組織的な断片化を伴ったものであろう。

第7節　欧州福祉国家の将来——（再び）世界のモデルか？——

　欧州の全ての政府は、自国の国民福祉国家の現在の、そして将来の発展に関して懸念を持っている。経済競争と金融市場の欧州化とグローバル化、人口の高齢化と資格付与の増大、継続的な失業の高い水準、そして財政的な制約が汎欧州的な挑戦を表している。費用の削減はどこでも試みられている。しかしまた社会計画の改善と新たなものの創成の事例も存在する。この様に発展は、完全に画一的なものではなく、また、費用の削減と計画の発展は異なる制度的な文脈において起こっているということを考慮に入れなければならない。スウェーデンあるいはドイツの計画に干渉することは、イギリスそしてポーランドの計画に干渉するよりもあまり劇的な結果とはならない。というのも政策の変化の結果に我慢するであろう国民であるからである。欧州福祉国家は高い政治的な正統性を享受している。そしておそらく有権者の期待を政府が扱える以上に高いものとしているであろう（これについては近年のフランスにおける大衆の抗議を参照）。国家福祉の考えと支持は欧州全土で比較的強い。欧州の過去、そして現在の福祉の歴史は、世界において独特なものである。国民欧州福祉国家は解体されておらず、解体のための候補者も現れそうにない。成功裏の欧州の通貨そして政治統合は、総社会費用と税率の転換に貢献するということを示すであろうが、制度的な転換は、もし起こるとして、ないし要求されたとしても、全くもっとより複雑で長期的な展望のものである。ＥＥＡ地域の「四つの自由」は、市場の力、福祉保障とサービスの確立したそして新たな提供者、そして国境をますます横断するようになる個人や企業に対し、多様な将来の福祉要求に対して保障を契約する誘因を提供するであろう。国民国家は、以下の非市民（「外国人」）の権利と資格付与に対して調整せねばならないことによって、そして国民国家を越えて、よりよい福祉契約を探すために国民が出ていくことを認めざるをえないことの二つの手段によって、福祉の独占的な地位を喪失してきた。福祉政策は以前よりもっと個人化されてきたし、もっとミーンズ

・テストに基づいたそして目標を決めた国民社会計画への発展が、更にもっと個人化されたものに福祉政治を変化するであろう。一国の政党が福祉領域における（階級ないし集団に基づく）共通利益について集合することはもっと難しいものになるであろう。EUとEEA地域の「四つの自由」の効果が、福祉と社会保障の起こりうる急速な私有化と、社会的不平等の増大の期間の後に、福祉問題の再政治化へ導くであろうかということの可能性を算出することは出来ないが、同時に福祉権利の国際化と個人化を、与えられた国民国家レベルで、このことがどの程度まで可能であろうかということは明らかではない。超国家的なEUの枠組み内部で、あるいは少なくとも超国家的なEUの努力と平行して、再政治化はおそらくもっと起こりそうである。EU内の政府間会議で間もなく交渉される、より貧しい中欧、そして東欧諸国を加盟国として包含するというEUの拡大の（関係する全ての国にとって）大きな挑戦と同時に、社会排除と貧困と戦う、基礎的な市民収入計画を発展させる、より多くの雇用を促進する共通政策に関して同意する政治的なイニシアチブが、既に議論されている。

　普遍主義的な、スカンジナビアの福祉国家がほとんど画一的でなく、国民の公的な制度に対する補完物として、職業上の補償制度と同様に、私的な年金そして健康保険に対してより大きな空間を持つという、幾つかの目に見える傾向が今日の欧州には存在する。普遍性の原則は最も一般に行われているであろうが、公的システムはあまり寛大な給付金を提供しないであろう。他方、欧州における大陸の社会保障制度は、普遍的な方向へ動いている。健康保険は西欧全土で普遍的であるか、近似的に普遍的なものである。そしてイギリスやスカンジナビア諸国に加えて、オランダが普遍的な老齢年金制度を持っており、他の諸国は、普遍的な基礎年金の導入を市民権の問題であると熟慮しているのである。全ての市民が保健サービス、年金等の基礎的な社会権を保障される欧州モデルへの流れを見出すこともおそらく可能であろう。そしてそれに加えて市民は（多少は税金に補助を受けた）私的な保険を契約することは自由である。このようにして、今日よりかなり二重で、社会的に分裂した、ないし構成された社会保障と福祉システムを形成しているのである。

　我々の社会保障システムと福祉国家の問題は何であるのかの解釈に関するもっと激しい論争の時期に恐らく入るべきであろう。問題は費用（だけ）であろうか。非効率性であろうか。官僚制であろうか。過多な規制であろうか。道

徳的な減退であろうか。あるいはグローバルに如何に生き延びるかであろうか。もしくはそれは、増大する不平等の問題であろうか。福祉国家の限界に関することであろうか。不参加に関することであろうか。増大する社会政治的分裂であろうか。貧困であろうか。連帯の欠如であろうか。この概観的な政治的紛争は100年前と同様、再び公的福祉責任（しかしどのレベルであろうかという問いもある）と私的福祉責任の間の境界、道徳と規範、労働意欲といった問題を中心とするであろう。政策の観点から、議論とその結果に、家族と社会構造の変化が如何に影響を与えるであろうか。広範な福祉保障の目標の設定、ミーンズ・テスト、そして個人化は、（国民）国家福祉のための政治的再編成のための可能性を破壊するであろうか。ＥＵは国民福祉国家の伝統的な歴史的役割に取って代われるであろうか。国民福祉国家が形成された時期に比較して、今日の欧州の異なる社会構造を鑑みると、恐らくそれは出来ない。

　欧州人は新たな実験の時代に入るであろう。しかしこれは大変に異なった文脈である。即ち欧州諸国は成熟した国民福祉国家を発展させてきた。欧州は世界の福祉国家性の観点から一番であったし現在もそうである。必ずしも全ての人間がこれはメダルに値すると思ってはいないが、このことは記述的な性格を意味している。国際経済そして政治の文脈は100年前とは異なる。今日では欧州は大陸アジアの強力で増大する経済の挑戦にさらされている。アジアには世界人口の60％が住んでいるが、たった６％しか欧州に住んでいない。経済的にも政治的にも、欧州はほとんど確実に相対的にそれほど重要でなくなってくるであろう。多くの政治家やしばしば政府の助言者である経済学者によって高価であると考えられている欧州社会保障の解決は、増大する圧力の下に置かれるであろう。しかし「グローバル化」は欧州福祉国家に対する脅威を表すのみであろうか、もしくは欧州は（再び）社会における国家の社会的役割と責任について、世界の他の発展途上地域に対するモデルとなることが出来るであろうか。しかしどんなモデルであろうか。恐らくは、基礎的普遍的な社会権を国家的（もしくは超国家的であるかもしれないが）政治的権威が保障し、多様な危険に対して補完的な福祉サービスや利益を個人（そして、ないし、家族、雇用者）が保障することを「奨励」するモデルであろうか。実際の戦争や環境的な災害の危険や影響を考慮することなく、長期的には市場志向の、民主的でそして成熟した福祉国家の組み合わせが、（もっと資本主義的な）市場志向で民主

的ないし権威主義的で、そしてあまり発展していない福祉国家よりも、社会、労働市場そして政治的安定、そしてそれ故、生産的な労働力と魅力的な投資の文脈を保障するのにより良いということを、欧州の有権者や政府が考える傾向があるということは、もしかすると可能ではないのではないかということを我々は熟考するであろう。

注
1) *The European,* November 28, 1994.
2) *Newsweek,* December 20, 1993.
3) イエンス・アルバー（Jens Alber）は前世紀の終わり以来、福祉国家は合理的な限界を超えてしまったことや、好ましくない副作用を生み出してしまったことの故に非難されてきたと主張する。Jens Alber, "Is There a Crisis of the Welfare State? Cross-national Evidence from Europe, North America, and Japan," *European Sociological Review*, Vol.4, No.3. 例えば、ドイツにおいては、今世紀に変わって少し後に、既にビスマルクの社会規制に必然的に伴う、過度の経済的な負担に関する激しい議論が行われていたのであった。当時、社会補償制度は国内総生産の1.4％を占めていた。ロドニー・ロウ（Rodney Lowe）はこのことを1952年とした。Rodney Lowe, *The Welfare State in Britain since 1945*, Hampshire and London : Macmillan, 1993. この年は『タイムズ』が「福祉国家の危機」に関する多くの議論の最初のものを開始した年であった。その年に、英国の国内総生産の15.6％が社会保障とサービスに費やされたのであった。1991年に欧州共同体の12国における平均した社会補償の費用は、国内総生産に占める割合は26.0％であった（Eurostat, *Social Protection in Europe 1993*, 1994）。
4) 例えば、シンガポールは1994年に「両親の扶養」に関する法律を通過させた。この法律を通じて、国家あるいは共同体ではなく家族が自分の家族のなかの老人や病人の面倒を見る責任を負うこととなった。
5) Hugh Heclo, "Towards a New Welfare State?," in Peter Flora and Arnold J. Heidenheimer eds., *The Development of Welfarestates in Europe and America*, New Brunswick and London : Transaction Books, 1981.
6) Peter Flora, "Introduction," in Peter Flora ed., *Growth to Limits. The Western European Welfare States Since World War II*, Vol.1, 2, Berlin : Walter de Gruyter, 1986.
7) *Ibid.*
8) Ulf Lindstrom, *Fascism in Scandinavia 1920-1940*, Oslo : Norwegian University Press, 1985.
9) Maurizio Ferrera, "The 'Southern Model' of Welfare in Social Europe," *Journal of*

European Social Policy, Vol.6, No.1, 1996, pp.17-37.

10) 理念的で典型的な福祉国家モデルをつくろうとしたり、福祉システムや体制を分類しようとする福祉文献における試みが多く存在し、そしてそれはますます多くなっている。ティトムス（Richard H. Titmuss）は工業的達成や、制度的なモデルで区分を設けた。そしてそれは英国、ドイツ、そしてスウェーデンが多少なりとも経験的な実例として当てはまる。Richard H. Titmuss, *Social Policy: An Introduction*, London : Allen & Unwin, 1974. エスピン・アンダシェン（Gösta Esping-Andersen）は、福祉国家の分類を熟考し、自由主義、保守主義・コーポラティスト的、そして社会民主主義的福祉国家「レジーム」とした。そしてそこでは再び、上記の三つの国がこの三類型にそれぞれ当てはめられるという。自由主義的福祉国家は支給に関するミーンズ・テスト、ささやかな普遍的移管とささやかな社会保障制度によって特徴づけられる。コーポラティスト的福祉国家レジームは、普遍主義と平等の原理と市場の独立権が広範囲にわたる国家によって構成される。フランシス・キャッスルズ（Francis Castles）とデボラ・ミッチェル（Deborah Mitchell）はエスピン・アンダシェンの分類に相当する四重の分類を行った。しかしそこでは、自由主義的な福祉国家の範疇を二つに分けたのであった。それによりアメリカは自由主義的福祉国家の例として残り、イギリスは「労働党」福祉国家となったのであった。Francis Castles and Deborah Mitchell, *Three Worlds of Welfare Capitalism or Four*, Public Policy Discussion Paper No.21, Camberra, Australian National University, 1990. ノーマン・ギンズバーク（Norman Ginsberg）も同様に協調市場経済型（例えばアメリカ）、自由主義集約型（例えばイギリス）、社会市場経済型（ドイツ）、そして社会民主主義型（スウェーデン）という福祉レジームの4重のタイポロジーを提起した。Norman Ginsberg, *Divisions of Welfare*, London : Sage, 1992. キャサリン・ジョーンズ（Catherine Jones）は高費用と低費用の福祉資本主義国家、そして福祉資本主義者と福祉資本主義国家の間に区分を設けることによって四つのカテゴリーに到達した。スチーブン・ライプフリード（Stephan Leibfried）はエスピン・アンダシェンの類型を思い出させる類型を使用するが、あまり発展していない福祉国家として基本的に性格づけられる「ラテンの縁にある諸国」もしくは「未発達の」福祉国家という第四のカテゴリーを加える。Stephan Leibfried, "Towards a European Welfare State?," in Catherine Jones ed., *New Perspectives on the Welfare State in Europe*, London : Routledge, 1993. マウリジオ・フェレーラ（Maurizio Ferrera）は南欧諸国の幾つかの他の特性を示唆し、そしてこれら福祉国家に「南部型」という名前をつけた。Maurizio Ferrera, *EC Citizens and Social Protection : Main Results from a Eurobarometer Study*, Brussels : EC Commission Division V/E/2, 1993. これら類型化の研究の中に東欧と共産主義の福祉システムを包含しようという試みは、これらのシステムを「官僚主義的集約型」と呼ぶボブ・ディーコン（Bob Deacon）によって行われてきた。Bob Deacon,

"East European Welfare : Past, Present and Future in Comparative Context," in Bob Deacon, Mita Castle-Kanerova, Nick Manning, Frances Millard, Eva Orosz, Julia Szalai and Anna Vidinova eds., *The New Eastern Europe : Social Policy Past, Present and the Future*, London : Sage, 1992。多様な類型化は「類型化を行う人」それぞれに異なる問題に対する要約的な回答や次元を表している。そしてそれらは各著者が福祉国家の概念の中に何を持ち込むかに依存するのである。

11) ドイツ、イギリスそしてスウェーデンは区分されたモデルの三つものプロトタイプとしてしばしば考えられる。そしてポーランドは共産主義システムモデルから離脱しつつある諸国を代表するものとして選択される。中欧そして東欧におけるかつての共産主義的な諸国においていかなる種類の福祉システムが発展されるであろうかということを述べるのはあまりに性急すぎるが、1989年以前の社会保障の発展は、大部分中欧そして東欧全体のソヴィエトモデルに基づいて構想されたのであった。Hans F. Zacher, "Sozialrecht in sozialistischen Ländern Osteuropas," *Jahrbuch für Ostrecht*, Vol. XXXIH, 1982.

12) Eurostat, 1994 による。これは加盟11カ国の平均データであり、ギリシャはデータが欠如しているために含まれてはいない。

13) Eurostat, *Social Protection in Europe 1993*, Luxemburg : Commission of the European Communities, 1994.

14) Jens Alber, *op. cit.* および、Allan Cochrane, "Looking for a European Welfare State," in Allan Cochrane and John Clarke eds., *Comparing Welfare States : Britain in International Context*, London : Sage, 1993.

15) ＯＥＣＤの統計に対する参照を伴った、1994年1月28日から2月3日の『ヨーロピアン (*The European*)』による。

16) Claus Offe, *The Politics of Social Policy in East European Transition : Antecedents, Agents and Agenda of Reform*, Seminar Papers No.12, Cracow : Cracow Academy of Sciences, 1993.

17) OECD, *The Welfare State in Crisis*, Paris : OECD, 1981.

18) Alan Walker, "The Future of the British Welfare State : Privatization or Socialization?," in Evers, Aalbert et. al. eds., *The Changing Face of Welfare*, Aldershot : Gower, 1986.

19) 例えば、1990年から1993年の期間に対する、1989年のグロ・ハーレム・ブルントラント (Gro Harlem Brundtland) の労働党政府の長期政府計画におけるもの。Stein Kuhnle and Liv Solheim, *Velferdsstaten : Vekst og omstilling*, 2 nd. rev. ed., Oslo : TANO, 1991.

20) Norman Johnson, *The Welfare State in Transition : The Theory and Practice of Welfare Pluralism*, Brighton : Wheatheaf Books, 1987.

21) Jens Alber, *op.cit.*, 1988. および、Ramesh Mishra, "Social Policy in a Postmodern World," In Catherine Jones ed., *Poverty, Inequality and Justice*,

Edinburgh, New Wavely Papers No.6, Department of Social Policy and Social Work, University of Edinburgh, 1993.
22) Rune Evik and Stein Kuhnle, "The Nordic Welfare Model and the European Union," Bergen : Mimeo., University of Bergen, 1994.
23) Stephan Leibfried, "The Social Dimension of the European Union : A Route to Positively Joint Sovereignty?," *Journal of European Social Policy*, Vol.4, No.4, 1994, pp.239-262.
24) Peter Flora, "Europa als Sozialstaat?," in Bernhard Schäfers ed., *Lebensverhältnisse und soziale Konflikte im neuen Europa*, Frankfurt am Main : Campus, 1993. および、Leibfried, op. cit., 1994.
25) Jens Alber, "Is There a Crisis of the Welfare State? Cross-natonal Evidence from Europe, North America and Japan," *European Sociological Review*, Vol.4, No.3.
26) Gail Wilson, "The Challenge of an Ageing Electorate : Changes in the Formation of Social Policy in Europe?," *Journal of European Social Policy*, Vol.3, No.2, P.96.
27) Anne-Marie Guillemard, "European Perspectives on Ageing Policies," in Luis Moreno ed., *Social Exchange and Welfare Development*, Madrid : Consejo Superior de Investigaciones Cienficas, 1993.
28) Jens Alber, *op. cit.*, 1988, p.201.
29) Eurostat, 1994.
30) Jens Alber, *op. cit.*, 1988.
31) Maurizio Ferrera, *EC Citizens and Social Protection : Main Results from a Eurobarometer Study*, Brussels : EC Commission, Division V/E/2, 1993.
32) *Ibid*.
33) Peter Flora, *op.cit.*, 1993.
34) Bernd Schulte, "Social Security Legislation in the European Communities : Coordination, Harmonization, and Convergence," in *Social Security in Europe*, Antwerpen : Maklu Uitgevers, Brussels : Bruylant, 1991.
35) Peter Flora, "The National Welfare States and European Integration," in Luis Moreno ed., *Social Exchange and Welfare Development*, Madrid : Consejo Superior de Investigaciones Cientificas, 1993.
36) *Ibid*.
37) Rune Ervik and Stein Kuhnle, *op. cit*.
38) Noralv Veggeland, "Den nordiske modellen smuldrer bort," *Aftenposten*, 20. Januar, 1996.
39) Stephan Leibfried, "The Social Dimension of the European Union : En Route to Positively Joint Sovereignty?," *Journal of European Social Policy*, Vol. 4, No. 4, 1994.
40) *Ibid*.

41) この章は主にコペンハーゲンのデンマーク国立社会調査研究所の概観的な出版物に基づくものである。Niels Plough and Jon Kvist eds., *Social Security in Europe*, Vol.1, 2 and 4, Copenhagen : The Danish National Institute of Social Research, 1994.
42) Nicholas Barr and Fiona Coulter, "Social Security," in John Hills ed., *The State of Welfare : The Welfare State in Britain since 1974*, Oxford : Clarendon Press, 1991, p.333.
43) Jonathan Bradshaw, "Social Security," in D. Marsh and R. A. W. Rhodes eds., *Implementing Thatcherite Policies : Audit of an Era*, Milton Keynes : Open University Press, 1993, pp.97-8.
44) Adrian Sinfield, "The Latest Trnds in Social Security in the United Kingdom," in Niels Ploug and Jon Kvist eds., *Recent Trends in Cash Benefits in Europe , Social Security in Europe*, Vol.4, Copenhagen : The Danish National Institute of Social Research, 1994.
45) *Ibid*.
46) Jane Millar, "The Continuing Trend o Rising Poverty," in Adrian Sinfield ed., *Poverty, Inequality and Justice*, New Wavely Papers No.6, Edinburgh : Department of Social Policy and Social Work, University of Edinburgh, 1993.
47) OECD, "Earnings Inequality : Changes in the 1980 s," *Employment Outlook*, Paris : OECD, 1993. および Anthony B. Atkinson, "What is Happening to the Distribution of Income in the UK?," STICERD Welfare State Programme, Discussion Paper 87, London : LSE, 1993.
48) ＜訳者注＞筆者はこの論文を1996年に完成させている。
49) Gabi Gutberlet, "Social Security in Germany : Recent Trends in Cash Benefits," in Niels Ploug and Jon Kvist eds., *Recent Trends in Cash Benefits in Europe*, Social Security in Europe, Vol. 4, Copenhagen : The Danish National Institute of Social Research, 1994.
50) 1993年1月1日から施行された健康構築法（Gesundheitsstrukturgesetz）。
51) 1994年1月より施行された労働促進法（Arbeitsforderungsgesetz）。
52) 1992年に議会を通過した年金改革法（Rentenreformgesetz）。
53) Gabi Gutberlet, *op. cit*.
54) 1995年1月から施行された介護保険法（Pflege-Versicherungsgesetz）。
55) Gabi Gutberlet, *op. cit*.
56) *Ibid*.
57) Maurizio Ferrerra, *op. cit*., 1993.
58) Joachim Palme, "Recent Developments in Income Transfer Systems in Sweden," in Niels Ploug and Jon Kvist eds., *Recent Trends in Cash Benefits in Europe*, Social Secuity in Europe, Vol.4, Copenhagen : The Danish National Institute of

Social Research, 1994.
59) *Ibid.*
60) *Ibid.*
61) NOSOSCO, *Social Security in the Nordic Countries*, Vol.2, Copenhagen : Nordic Social Statistical Committee, 1995.
62) *Ibid.*
63) Liv J. Stokke, *Uførepensjonistar i offentleg sektor*, Oslo : FAFO, 1993.
64) Aksel Hatland, "Alderspensjone," in Aksel Hatland, Stein Kuhnle og Romoren, *Den norske verferdsstaten*, Oslo : Ad Notam, Gylendal, 1994.
65) Ivar Lodmel, "Recent Trends in Cash Benefits : Norway," in Niels Ploug and Jon Kvist eds., *Recent Trends in Cash Benefits in Norway*, Copenhagen : The Danish National Institute of Social Research, 1994.
66) *Ibid.*
67) St. meld. nr 35, 1994–95.
68) Stanislawa Golonowska and Andrezej Ochocki, "Social Policy and Social Conditions in Poland : 1989–1993," Occasional Papers No.4, Warsaw : Institute of Labour and Social Studies, 1994.
69) Ludwik Florek, "Evolution of Social Security in Poland," in Bernd von Maydeu and Eva - Maria Hohnerlein eds., *The Transformations of Social Security Systems in Central and Eastern Europe*, Leuven : Peeters Press, 1994.
70) 私的な健康介護の法律が1989年に議会を通過した。Stanislawa Golonowska and Andrezej Ochocki, *op. cit.*
71) Stanislawa Golonowska and Andrezej Ochocki, *op. cit.*, p.7.
72) *Ibid.*
73) *Ibid.*, p.10.
74) *Ibid.*
75) *The European*, March, 17–23. 1995.
76) Stanislawa Golonowska and Andrezej Ochocki, *op. cit.*, p.20.
77) Ludwik Florek, *op. cit.*

参考文献

Alber, Jens, *Vom Armenhaus zum Wohlfahrtsstaat*, Frankfurt : Campus, 1982.
Alber, Jens, "Is There a Crisis of the Welfare State? Cross-national Evidence from Europe, North America, and Japan," *European Sociological Review*, Vol.4, No.3, 1988.
Atkinson, Anthony B., "What is Happening to the Distribution of Income in the U.K.?," STICED Welfare State Programme, Discussion Paper 87, 1993. London : LSE,

Barr, Nicholas and Fiona Coulter, "Social Security," in John Hills ed., *The State of Welfare: The Welfare State in Britain since 1974*, Oxford: Clarendon Press, 1991.

Beveridge, William H., *The Report on Social Insurance and Allied Services*, Cmnd Paper to Parliament, Cind., 6404.

Bradshaw, Jonathan, "Social Security," in David Marsh and Rod A.W. Rhodes eds., *Implementing Thatcherite Policies: Audit of an Era*, Milton Keynes: Open University Press, 1993.

Castles Francis, and Deborah Mitchell, *Three Worlds of Welfare Capitalism or Four*, Public Policy Discussion Paper No.21, Canberra: Australian National University, 1990.

Cochrane, Allan, "Looking for a European Welfare State," in Allan Cochrane and John Clarke eds., *Comparing Welfare States: Britain in International Context*, London: Sage, 1993.

Deacon, Bob, "East European Welfare: Past, Present and Future in Comparative Context," in Bob Deacon, Mita Castle-Kanerova, Nick Manning, Frances Millard, Eva Orosz, Julia Szalai and Anna Vidinova eds., *The New Eastern Europe: Social Policy Past, Present and the Future*, London: Sage, 1992.

Ervik Rune and Stein Kuhnle, "The Nordic Welfare Model and the European Union," mimeo., University of Bergen, 1994.

Esping-Andersen, Gosta, *The Three Worlds of Welfare Capitalism*, Cambridge: Polity Press, 1990.

Eurostat, *Soical Protection in Europe 1993*, Luxembourg: Commission of the European Communities, 1994.

Ferrera, Maurizio, *EC Citizens and Social Protection: Main Results from a Eurobarometer Study*, EC Commission, Division V/E/2,Brussels, 1993.

Ferrerra, Maurizio, "The Southern Model of Welfare in Social Europe," *Journal of European Social Policy*, Vol.6, No.1, 1996.

Flora, Peter, "Introduction," in Peter Flora ed., *Growth to Limits: The Western European Welfare States since World War II*, Vol.1, 2, Berlin: Walter de Gruyter, 1986.

Flora, Peter, *Growth to Limits: The Western European Welfare States since World War II*, Vol.1, 2, 4, Berlin: Walter de Gruyter, 1986, 1987.

Flora, Peter, "Europa als Sozialstaat?" in Bernhard Schafers ed., *Lebensverhaltnisse und soziale Konflikte im neuen Europa*, Frankfurt a. M.: Campus, 1993.

Flora, Peter, "The National Welfare States and European Integration," in Luis Moreno ed., *Social Exchange and Welfare Development*, Madrid: Consejo

第 1 章　欧州福祉国家の政治的再建　53

Superior de Investigaciones Cientificas, 1993.
Florek, Ludwik, "Evolution of Social Security in Poland," in Bernd von Maydeu and Eva Maria Hohnerlein eds., *The Transformations of Social Security Systems in Central and Eastern Europe*, Leuven : Peeters Press, 1994.
Ginsberg, Norman, *Divisions of Welfare*, London : Sage, 1992.
Golonowska, Stanislawa and Andrzej Ochocki, "Social Policy and Social Conditions in Poland : 1989-1993," Warsaw : Institute of Labour and Social Studies, Occasional Papers, No.4, 1994.
Guillemard, Anne-Marie, "European Perspectives on Ageing Policies," Luis Moreno ed., *Social Exchange and Welfare Development*, Madrid : Consejo Superior de Investigaciones Cientificas, 1993.
Gutberlet, Gabi, "Social Security in Germany : Recent Trends in Cash Benefits," in Niels Ploug and Jon Kvist eds., *Recent Trends in Cash Benefits in Europe*, Copenhagen : The Danish National Institute of Social Research, Social Security in Europe, Vol.4, 1994.
Hatland, Askel, "Alderspensjonene," in Aksel Hatland, Stein Kuhnle and Tor Inge Romoren, *Den norske velferdsstaten*, Gyldendal, Oslo : Adnotam, 1994.
Heclo, Hugh, "Towards a New Welfare State?," in Peter Flora and Arnold J. Heidenheimer eds., *The Development of Welfare States in Europe and America*, New Brunswick and London : Transaction Books, 1981.
Holzmann, Robert, Adapting to Economic Change : Reconciling Social Protection with Market Economies, Geneva : ILO, CTASS, 1991.
Johnson, Norman, *The Welfare State in Transition : The Theory and Practise of Welfare Pluralism*, Brighton : Wheatsheaf Books, 1987.
Jones, Catherine, *Patterns of Social Policy : An Introduction to Comparative Analysis*, London : Tavistock, 1985.
Kuhnle, Stein, *Verferdsstatens utvikling : Norge i komparativt perspektiv*, Oslo : Universitetsforlaget, 1983.
Kuhnle, Stein and Liv Solheim, *Velferdsstaten : Vekst og omstilling*, 2 nd. rev. ed., Oslo : TANO, 1991.
Leibfried, Stephan, "Towards a European Welfare State?," in Catherine Jones ed., *New Perspectives on the Welfare State in Europe*, London : Routledge, 1993.
Leibfried, Stephan, "The Social Dimension of the European Union : En Route to Positive Joint Soverignty?," *Journal of European Social Policy*, Vol.4, No.4, 1994.
Lennep, Emile van, "Opening Address," in OECD, *The Welfare State in Crisis*, Paris : OECD, 1981.
Lindstrom, Ulf, *Fascism in Scandinavia 1920-1940*, Oslo : Norwegian University

Press, 1985.

Lowe, Rodney, *The Welfare State in Britain since 1945*, Hampshire and London : Macmillan, 1993.

Lodemel, Ivar, "Recent Trends in Cash Benefits : Norway," in Niels Ploug and Jon Kvist eds., *Recent Trends in Cash Benefits in Norway*, Copenhagen : The Danish National Institute of Social Research, 1994.

Millar, Jane, "The Continuing Trend of Rising Poverty," in Adrian Sinfield ed., *Poverty, Inequality and Justice*, New Waverly Papers No.6, Edinburgh : Departement of Social Policy and Social Work, University of Edinburgh, 1993.

Mishra, Ramesh, "Social Policy in a Postmodern World," in Catherine Jones ed., *NewPerspectives on the Welfare States in Europe*, London : Routledge, 1993.

NOSOSCO, *Social Security in the Nordic Countries*, Copenhagen : Nordic Social Statistical Committee (2 : 1995).

OECD, *The Welfare State in Crisis*, Paris : OECD,1981.

OECD, "Earnings Inequality : Changes in the 1980 s," in OECD, *Employment Outlook*, Paris : OECD, 1993.

Offe, Claus, "The Politics of Social Policy in East European Transition : Antecedents, Agents, and Agenda of Reform," Seminar Papers No.12, Cracow : Cracow Academy of Sciences, 1993.

Palme, Joachim, "Recent Developments in Income Transfer Systems in Sweden," in Niels Plough and Jon Kvist eds., *Recent Trends in Cash Benefits in Europe*, Copenhagen : The Danish National Institute of Social Research, Social Security in Europe, Vol.4, 1994.

Roebroek, Joop M., "Social Policy Diversities in Europe," in *Social Security in Europe*, Brussels : Bruylant, Antwerpen : Maklu Uitgevers, 1991.

Schulte, Bernd, "Social Security legislation in the European Communities : Coordination, Harmonization, and Convergence," in *Social Security in Europe*, Brussels : Bruylant, Antwerpen : Maklu Uitgevers, 1991.

Sinfield, Adrian, "The Latest Trends in Social Security in the United Kingdom," in Niels Plough and Jon Kvist eds., *Recent Trends in Cash Benefits in Europe*, Copenhagen : The Danish National Institute of Social Research, Social Security in Europe, Vol.4, 1994.

St. meld. nr 35 (1994–95), (Norwegian government White Paper to Parliament on welfare).

Stokke, Liv J., *Uførepensjonistar i offentleg sektor*, Oslo : FAFO, 1993.

Titmuss, Richard H., *Social Policy: An Introduction*, London: Allen and Unwin, 1974.

Veggeland, Noralv, "Den nordiske modellen smuldrer bort," *Aftenposten*, 20., Januar, 1996.

Walker, Alan, "The Future of the British Welfare State : Privatization or Socialization?," in Adelbert Evers, Helga Nowotny and Helmut Wintersberger eds., *The Changing Face of Welfare*, Aldershot : Gower, 1986.

Wilson, Gail, "The Challenge of an Ageing Electorate : Changes in the Formation of Social Policy in Europe?," *Journal of European Social Policy*, Vol.3, No.2, 1993.

Zacher, Hans F., "Sozialrecht in sozialistischen Ländern Osteuropas," *Jahrbuch für Ostrecht*, Vol. XXXIX, 1982.

第2章 デンマーク

デンマークにおける福祉国家の発展と現状

ニールス・プロウ
ヨーウェン・セナーゴー
(吉武　信彦訳)

第1節　はじめに

　福祉国家に関する文献は、様々な福祉国家モデルを区別している。そのモデルの一つは、「北欧モデル」あるいは「社会民主主義モデル」、「制度的福祉国家モデル」とも呼ばれるものである。このモデルは、北欧4カ国、つまりデンマーク、スウェーデン、ノルウェー、フィンランドにおける福祉制度の基本原理に関わるものとされている。福祉モデルに関する文献では、スウェーデンがこのモデルの原型と見なされることが多く、残りの北欧3カ国についてはほとんど強調されることはない[1]。北欧諸国の間には重大な違いが見られるため、これは必ずしも正当化されるものではない[2]。

　本章は、デンマークの福祉制度を詳細に見ようとするものであり、残りの北欧諸国や他のヨーロッパ諸国における福祉制度にも若干言及する。デンマークの福祉制度の特徴については福祉国家に関する世界中の文献で触れられていないので、我々はこれを改善するため、かなり叙述的なアプローチをとる。さらに、この福祉制度の発展の背後にある力とメカニズムに関して少し見解を述べたい。こうした力とメカニズムがあるからこそ、福祉国家が特に経済的コストの増大に苦しんでいるような現状でも、福祉制度は支えられているのである。

　いわゆる北欧福祉国家モデルの特徴を見ると、スウェーデン（あるいはノルウェー、フィンランド）よりもデンマークがむしろ真の原型といえるかもしれない。デンマークは、ほぼすべての福祉経費──社会保障所得移転や児童保育、教育、保健介護、老人介護（現物給付）のようなサービス──を一般の税金で賄っているが、スウェーデン、ノルウェー、フィンランドは他のヨーロッパ諸国と同様に経費のかなりの部分を賄うために直接の社会保障拠出金を利用して

いる。また、スウェーデン、ノルウェー、フィンランドや他のほとんどのヨーロッパ諸国とは逆に、デンマークではほぼすべての所得移転が以前の所得とは関係なく定額で行われている。市町村は他の北欧やヨーロッパの福祉制度よりもデンマークの福祉国家で顕著な役割を果たしている。デンマークでは、市町村が地方税を徴収し、多くの所得移転や現物給付の資金調達に貢献している。さらに、市町村は福祉制度の運営でも極めて重要な役割を演じている。

普遍主義の原則とともに累進的な個人所得税を基盤とした税金で資金を調達したり、定額制の給付あるいは給付計算の際に極めて低い所得限度をつけることで給付を所得に応じたものにしたため、平等主義の特徴をはっきり有する福祉制度が確立している。福祉制度を通じた再分配には徴収と還付があるが、その再分配額はかなりのものである。

このように普遍主義と比較的気前のよい給付がデンマークの福祉国家を特徴づけている。言い換えると、全市民が社会的リスクに対して現物および現金による給付で保険をかけられているのである。一般的に市民が利用できる現物給付は、他のほとんどの西ヨーロッパ諸国よりも多く、現物給付は概して無料もしくはかなりの補助金を支給されている。現金給付は一般にたとえばイギリスの普遍的制度よりも高い水準にある。しかしながら、中間所得者と高額所得者に対する給付は、残りの北欧諸国やドイツ、フランスのような他のヨーロッパ諸国ほど高くはない。このように、デンマークの社会保障制度は再分配的であり、中間所得者と高額所得者に対してヨーロッパの他の福祉制度と同程度の所得保障を提供するものではないといえよう。デンマークの福祉制度のもう一つの際立った特徴は、給付水準の設定が極めて限られた場合にだけ以前の所得に関係していることである。すなわち、公的老齢年金の額は以前の所得とは全く無関係である。他のほとんどのヨーロッパ諸国では、老齢年金は請求者が雇用されていたかどうか、また勤務中に得た所得額に極めて左右される。それゆえ、デンマークの現金給付制度は北欧やヨーロッパの状況から考えると、独特である。

その組織は国、市町村、規制を受けた民間機関が動かしている。さらに、現金給付の日常業務は、市町村が主役となり、高度に分権化されている。これに関して大きな例外は失業保険分野であり、労働組合に付属する失業保険基金の運営する給付機関が主たる責任を負っている。市町村は社会サービスで一層明

確な役割を有しており、たとえば児童保育施設や高齢者用住宅の提供では大きな裁量をもっている。地方自治は、居住者に対する市町村の課税権の観点から見る必要がある。

　デンマークの福祉国家の役割は社会保障、社会サービス、保健サービスに限定されるものではなく、福祉国家は住宅（たとえば、高齢者用）、教育（すなわち、全員に無料）、労働市場にも関わっている。特に重要なのは、恐らく完全雇用という目標への関与であろう。近年、このため、国民に職を提供したり、給付経費の削減と歳入の増加を通じて福祉国家自体を持続可能なものにするため、積極的労働市場政策の利用がますます重視されてきた。伝統的に、デンマークの労働市場政策は隣国スウェーデンとは対照的に消極的な路線を踏襲してきたのである。

　国の関与は、公共部門で働く労働力がかなり大きな割合――280万の労働人口のうち約80万人――を占めており、特にその公務員のうち福祉部門で働く者の割合が大きいことに示されている。これら公務員の多くは、社会サービスを行う市町村と保健サービスを行う県で働いている。

　全体として、デンマークの福祉国家は国民の支持率で測られるように高い正当性を有している。さらに、デンマークの福祉国家はその経済・政治情勢の面から見なければならない。デンマーク経済は比較的高い生産性で特徴づけられ、統制された資本主義経済である。政治制度は多党制議会主義であり、様々な政党間の連立は一般に過半数の票を獲得する必要があり、合意政治（コンセンサス・ポリティクス）の傾向を生んでいる。最後に、利益集団が諮問的役割をもつことの多い多元主義の政治的伝統のみならず、労使団体と政府が取り引きをするコーポラティズムの政治的伝統がある。国と市町村との間の相互作用も、デンマークの福祉制度の運営と発展では重要な役割を演じている。

第2節　デンマークにおける福祉国家の創設と発展

　デンマークの福祉国家とそれに伴うデンマークの現金給付制度は、ドイツで確立された同制度と並行してほぼ同時期に慎重につくられた[3]。ドイツが賃金労働者を対象にした強制保険型の現金給付制度モデルに決定する以前に、デンマークは議論の末この方式をすでに却下していた。代わりに、その後いわゆる

北欧福祉モデルの基本的特徴と見なされる原則に従って現金給付制度がつくられ、発展することになった。それは受給申請の範囲が普遍的な制度である。すなわち、賃金労働者を対象にした給付であるドイツの制度とは異なり、国民全員を対象にした給付であり、決められた保険料の代わりに一般の税金により通常賄われる給付制度である。第二次世界大戦後まで、年金のような長期給付が現在の所得に連関して評価される——つまり、すでに高い所得を得ている者は給付の受給資格がない——ことも北欧モデルの特徴であった。この原則は国民全員を対象とする一般国民保険の実施で放棄された。

　デンマークの福祉国家は、その法的基盤が1890年代につくられたので、約100年の歴史をもつ。しかし、それ以前にもわずかながら社会政策が行われていた。たとえば、各教区における交替制の貧民扶助、特別扶助基金——より正確には職人の自助団体といえるかもしれない——が町にはすでにあった。それにもかかわらず、社会政策に関して包括的な国の法律はなかった。

　1891年、老齢年金法と新救貧法が通過した。老齢年金法は、高齢者——60歳以上の者と定義された——を「援助に値する貧民」の中の特別集団として分類した。高齢者は救貧効果を適用されずに——たとえば、救貧の資格付与に通常伴う結婚禁止あるいは選挙権喪失を受けずに——、公的機関から財政援助を受ける権利を得た。

　新救貧法により以前のむしろ漫然とした法律は一連の規則にまとめられ、とりわけ交替制の扶助は法的効力を失った。しかし、救貧の受給は個人の自由を結果的に制限する、いわゆる救貧効果を依然として伴った。従って、救貧は最後の手段であり、社会の安全ネットで最も魅力のないものであることが明らかになった。

　1892年、任意社会保険の原理に基づいた疾病保険法が通過した。従って、1000以上もある疾病基金の一つに加入するかは任意になった。

　1898年に労働災害保険法が、1907年には失業保険法も通過した。1913年にこれは拡張されて公共雇用サービスを含むようになった。さらに、1921年には任意疾病保険は障害者強制保険を加えて広がった。1922年には老齢年金法の中の奨励支給額は固定年金方式に変わった。

　このように、デンマークはドイツとともに国営の現金給付制度をつくった最初の国であった。ただし、それは前述のようにドイツとかなり違う原理に基づ

いてつくられていた。

　1933年、当時の社会大臣の名前にちなむ、いわゆるスタインケ社会改革が実施され、これは第二次世界大戦前の社会政策立法の頂点をなした。この改革は主に法律の簡素化であり、それまであった55の様々な法律が四つの新しい法律に整理されることになった。この四つの法律は、福祉、国民疾病保険、障害・老齢年金、労働災害保険・失業保険に関するものであった。全体として、この改革において社会立法の基礎をなす原理に変更は見られなかった。しかし、原則として救貧の資格付与がもはや社会的に地位を悪くするような結果を伴うべきではないと考えられた。それにもかかわらず、救貧請求者に対する選挙権停止の裁量は、1961年に新しい福祉法が通過してやっと最終的に撤廃された。

　第二次世界大戦後も、現金給付制度は発展し続けた。1956年に、ミーンズ・テストを伴う障害・老齢年金は一般国民年金に変わり、長期給付を低額所得者用に残しておくべきだという以前の原則は完全になくなった。今では、すべての人が独自にいかなる所得を得ていようが、年金資格をもつことになった。

　他方、年金額を労働市場への以前の関わりや以前の所得額で決めるべきではないという原則をデンマークは維持していた。この原則に唯一別れを告げたのは、1964年の賃金労働者に対する労働市場付加年金（Arbejdsmarkedets Tillægs Pension：ＡＴＰ）制度の導入であった。これは、1980年代末にデンマークの労働市場ですべての人を対象とする一般労働市場年金が実施されるまで、現金給付制度の中で例外的なものであった。この一般労働市場年金は国営制度の一部ではなく、労働市場関係者が設立したもので、労働協約の対象となる大多数の労働者に及ぶものである。

　1967―68年には、残っていた保険の原則も失業保険分野からなくなった。それは、拠出金で賄えない失業給付の資金の一部を将来、国が援助すると規定した法律によるものであった。言い換えるならば、失業が増加した場合の限界リスクは今や政府の責任であった。給付水準の倍増を伴ったこの取り決めは、失業が極めて少ないときに導入された。しかし、1970年代中葉以降、失業水準が上昇したため、莫大な政府支出がそれ以来必要となった。

　1976年の社会支援法が発効すると、多くの社会立法が簡素化され、それとともにいわゆる統一構造が導入された。これは社会政策の責任を市町村に負わせる最終段階であった。デンマークの現金給付制度の特徴は、それが常に市町村

制度の一部であったことである。これは、1976年の社会支援法の導入と1980年代初めの障害者サービスの地方分権化で一層強まった原則である。このように、他のヨーロッパ諸国の事例とは異なり、現金給付の独立した運営制度はデンマークでは決して設けられなかった。

ときおり文献で示される北欧モデルの説明に反して、デンマークの福祉国家の発展が極めて根本的な政治的合意に基づいていたことは、強調に値する。無論、諸政党は制度に関する多くの具体的な点や細かい点をめぐりいつも衝突してきたが、ここ一世紀の主要改革とそれゆえ現行制度の全体については、ほぼすべての政党を含む国会の大多数が支持している。この合意の性格に関しては、後述する。

もう一つの非常に明らかな特徴は、制度の経済的コストが増大していることである。その主たる特徴として、以前は家族が引き受けることになっていた責任のほとんどを福祉国家が引き継いでいることがある。これは図2—1に示される。図によれば、1995年に18歳～66歳の年齢グループ（すなわち、67歳の公的年金受給年齢以下）の約100万人が社会保障から主たる所得を得ているのである。これは、労働年齢人口のほぼ30％に達する。その増加は1960年代初め以来劇的である。しかし、その主な理由は雇用の減少ではない。家族への依存から政府への依存に転換が起こったのである。女性の社会参加率は今や男性とほぼ同程度になり、社会はむしろ根底から変化を遂げたのである。児童、高齢者、病人の世話は家族の責任から政府の責任に移り、多くの女性が児童、病人、高齢者を世話するために公共部門に雇われるようになった。

社会保障費の急増は税金水準に対する上昇圧力となっている。デンマークの税金はＧＤＰ比で世界最高である。しかし、同時に社会保障費の急増はサービスや現物給付に利用される基金の額には下降圧力となっている。図2—2に見られるように、ＧＤＰに占めるサービスの割合は過去10年間大体一定である。

第3節　基本構造

組織[4]

福祉サービス（現金給付の分配を含む）は、実際にはすべて公的機関の責任である。現金給付の場合、国と市町村が責任をもつ。さらに、賃金労働者に対

図2−1　1960〜95年における労働年齢人口（18〜66歳）の所得別内訳

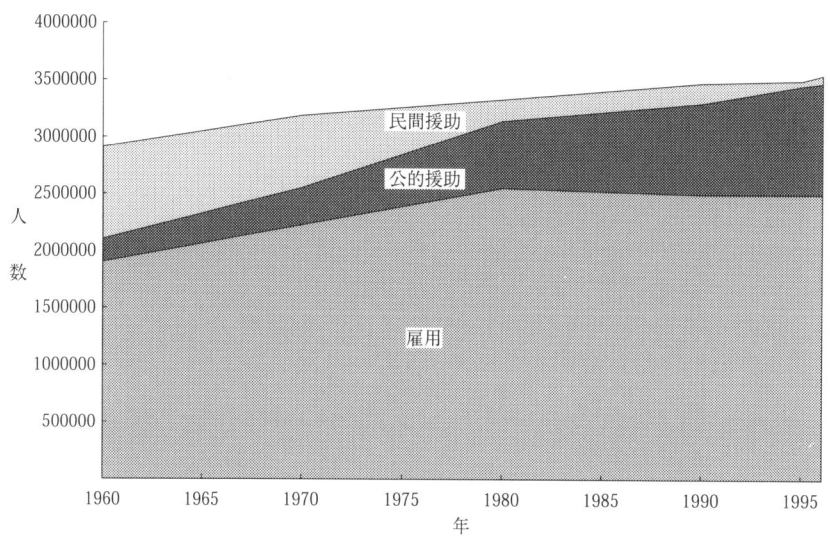

（グラフ：雇用、公的援助、民間援助の区分）

図2−2　1960〜95年における福祉国家コストのGDP比（所得移転、サービス別）

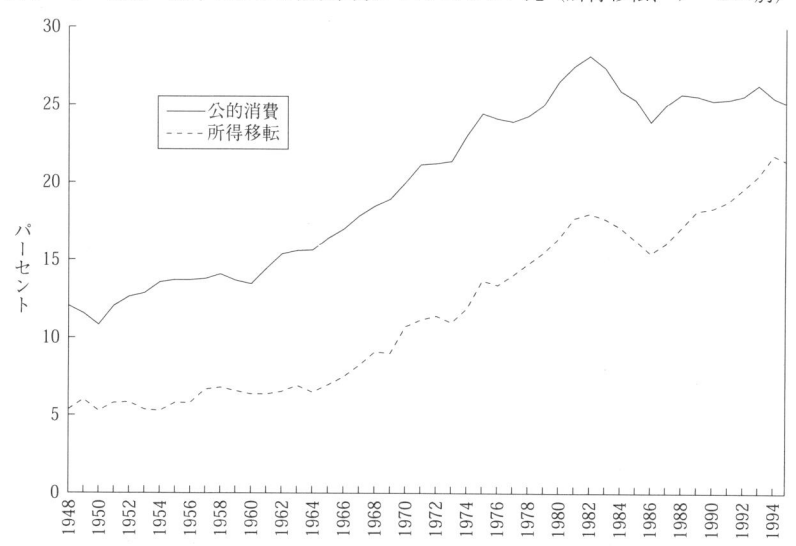

（グラフ：公的消費、所得移転）

する労働市場付加年金（ATP）と失業保険基金を含む社会基金も、福祉の提供に入れられている。一般に県の機関は現金給付の運営には関与していない。図2−3は様々な公的機関の責任分担を示している。

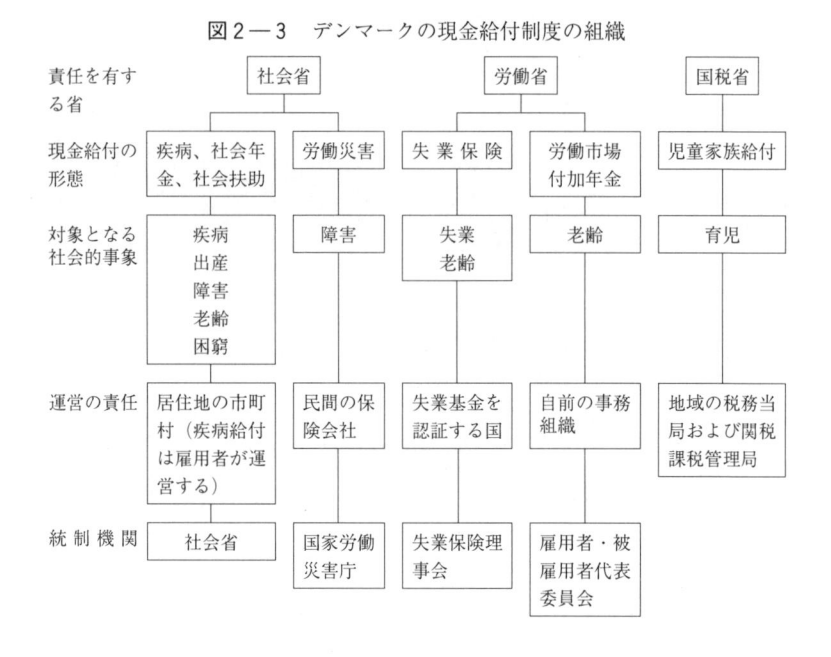

図2―3　デンマークの現金給付制度の組織

責任を有する省	社会省		労働省		国税省
現金給付の形態	疾病、社会年金、社会扶助	労働災害	失業保険	労働市場付加年金	児童家族給付
対象となる社会的事象	疾病 出産 障害 老齢 困窮	障害	失業 老齢	老齢	育児
運営の責任	居住地の市町村（疾病給付は雇用者が運営する）	民間の保険会社	失業基金を認証する国	自前の事務組織	地域の税務当局および関税課税管理局
統制機関	社会省	国家労働災害庁	失業保険理事会	雇用者・被雇用者代表委員会	

　公的機関が関与するすべての分野のように、デンマーク国会（Folketinget）が社会政策の全責任を負っており、政府も市町村も、国会の多数が決める範囲内で福祉政策を実施しなければならない。

　社会政策の運営には八つの省が関わっており、そのうち最も重要なのは社会省である。現金給付の分野で社会省が扱っているのは、疾病・出産給付、早期年金、労働災害保険、国民年金、部分年金と家族手当、社会支援法による現金給付である。労働省は失業給付と積極的労働市場政策を運営し、国税省は児童家族給付を担当している。各省の役割はより全般的な特徴をもち、市町村と社会基金を指導したり、監督するのである（図2―3参照）。

　様々な公共部門の間の分業は、福祉の提供と資金調達の責任がいかに割り当てられているかを仕事と負担の配分から検討することで示されるかもしれない。仕事の配分は、サービスを提供するのが主に誰の責任であるかを示す。すなわち、誰が受給者に対して現金給付を支払い、現物給付を提供する責任を負っているのかである。負担の配分は、関係する下位部門が支払う支出の割合を示している。

　社会保障と福祉支出（現金給付、サービスとその運営を含む）の分野で、仕

表2−1　1995年の社会保障・福祉の仕事と負担の配分（支出全体に占める％）

	仕事	負担
国	12	64
社会基金	19	5
県	4	3
市町村	65	28
全体	100	100

出所：Danmarks Statistik, *Statistisk tiårsoversigt*, 1996（デンマーク統計局『10年間の統計概況』1996年）に基づいて計算。

事の大半は市町村が行っている。しかし、最も重い財政負担は国が負っている（表2−1参照）。

1995年に使われた金額の総計は、約2655億クローネであり、これはGDPの27％に相当する。それに加えて、GDPの5％が保健部門、7％が教育に使われた。

失業保険は、全部で39の異なる失業基金により運営されており、そのうち37は賃金労働者に対するもので、二つは自営業者に対するものである。失業保険を統制し、給付水準を決めるのは国会である。各失業基金は異なる雇用の範囲を扱い、通常これらは労働組合が責任をもつ主要範囲と一致する。例外は、キリスト教失業基金（Kristelig A-Kasse）であり、そこでは雇用の種類に関わらずいかなる被雇用者が保険に加入してもよい。各失業基金の加入者がその対応した労働組合にも所属することは必要条件となっていないが、ほとんどの被雇用者が両方に加入している。

失業基金は中央に運営事務局をおいて中央集権化してもよいし、あるいは共同の本部をおくとともに多くの小部門に分けて分権化してもよい。現在、18の失業基金は中央集権的に運営されているが、21の失業基金は分権的に運営されている。分権化される部門の数は293部門（デンマーク半熟練労働者連盟）から2部門（公務員とサービス業）まで多様である。しかし、分権的に運営される失業基金のうち、わずか五つの基金が60以上の部門を有しているのである。

39の失業基金のうち32の基金は、対応する労働組合との間に運営協定を結んでいる。これらの協定は、基金による失業保険の運営を労働組合が全部あるいは一部行うというものである。

各失業基金は、加入者代表としばしば労働組合代表を含む独自の独立した執行部をもつ。このように失業給付の運営・管理責任という分野では、失業基金と労働組合との融合が非常に進んでいる。

　疾病給付は、受け付けから最初の2週間、雇用者側が行う。この期間が終わると、民間企業の被雇用者に対する疾病給付の処理はその被雇用者の居住する市町村が引き継ぎ、公的機関の職員についてはその所属機関の雇用者が疾病給付の処理を継続して行う。市町村は自営業者に対する任意疾病保険制度も処理する。

　早期年金の処理は、居住地の市町村の責任である。最上級早期年金と中級早期年金の割り当ては、リハビリテーション・年金委員会により県レベルで行われる。標準早期年金と増額標準早期年金の支給は、市町村により地元レベルで行われる。

　リハビリテーション・年金委員会は、社会省、雇用者、被雇用者、障害者団体の代表から構成される。支給は医学的見地から決められる。

　国民老齢年金は居住地の各市町村が処理する。

　労働市場付加年金（ＡＴＰ）制度は、雇用者、被雇用者、国の代表からなる評議会が運営している。年金はＡＴＰ基金への請求で支給される。ＡＴＰ基金への拠出金は、基金が最大限利益を得るように投資されねばならない。つまり、投資政策は投資範囲・安全性と最大限可能な利回りとの間の適正な均衡を保証するものでなければならないのである。さらに、同基金は、決定的な影響を受けるほど一企業に投資することも許されていない。デンマーク金融監督庁は、法的観点からＡＴＰを監督している。

　児童家族給付は、国税省の下にある中央関税課税管理局が運営と資金調達を行っているが、配分基準の履行については地域の機関が責任を負っている。

　社会支援法による現金給付は、居住地の市町村が処理を行っている。

支給

　人によっては、デンマークの現金給付制度で割り当てられる金額は以前の所得によってある程度決まることもあるが、他の給付は所得とは関係なく割り当てられる。しかし、デンマークの制度に特徴的なのは、ミーンズ・テストが行われる給付に対しては上限が適用されることである。従って、ほとんどの賃金

労働者にとっては、一定の割合の補償(以前の所得の90%)が支払われないということになる。唯一の例外は労働災害保険である(表2—2参照)。

失業、疾病、出産給付は以前の所得の90%が支払われる。しかし、月に支払われるのは最高1万1071クローネであり、そのため以前の所得が1万2301クローネあるいはそれより少ない人だけが以前の所得の90%をもらうことになるのである。

社会年金、すなわち様々な早期年金と一般国民年金は、基礎額3709クローネを支給する。さらに、年金加算として月に3676クローネが追加される。従って、

表2—2 デンマークの現金給付制度における月額給付水準(1995年1月1日現在)

給付の種類	クローネ	PPP/米ドル	APW賃金に占める%
失業給付	11,071	1,262	66
疾病・出産給付	11,071	1,262	66
障害年金:			
最上級	11,681	1,332	70
中級	9,190	1,048	55
増額標準	8,327	949	50
標準	7,385	842	44
労働災害保険	19,533	2,227	117
国民年金:			
独身者	7,385	842	44
同棲者・既婚者	5,338	602	32
児童家族給付			
児童1人あたり:			
0〜2歳	800	91	5
3〜6歳	717	82	4
7〜17歳	550	63	3
児童手当			
片親	368	42	2
社会年金を受ける片親	706	81	4
社会年金を受ける両親	1,074	122	6
親のない児童	1,412	161	8
社会扶助			
一家の稼ぎ手	8,862	1,010	53
その他	6,652	758	40

注　PPP(購買力平価)/米ドルによる給付計算は、為替レートとは異なり国家間の購買力の違いのみを反映している。もしある商品とサービスの合計がデンマークで100クローネで、アメリカで12ドルとすると、PPPは1ドルにつき8.33クローネになる。このように、量で計れる生産物を異なる諸国で比較できるのである。
　APW(平均生産労働者)賃金に占める%は、民間労働者の税込み月平均賃金に基づいている。この賃金は、税込みの給料、付加年金への被雇用者拠出金を含み、休暇手当、疾病給付、追加的給付、付加年金への雇用者拠出金を除外している。

この年金の総額は、月に7385クローネである。早期年金にはさらに加算があるかもしれない。最上級早期年金では月に1万1681クローネになる。

労働災害保険では、完全に働けなくなった場合の補償は以前の所得の5分の4であるが、月に最高1万9533クローネまでである。部分的に働く能力をなくした場合は、この補償額は程度に応じて減額される。

児童家族給付は、0～2歳児に対して四半期につき2400クローネ、3～6歳児に対して四半期につき2150クローネ、7～17歳児に対して四半期につき1650クローネである。

社会扶助は一家の稼ぎ手に対して月に基礎額8862クローネ、その他の場合には6652クローネが支給される。

1991年以来、ほとんどの現金給付は、デンマーク労働組合全国組織（ＬＯ）に組織される労働者の賃金状況に応じて調整されている。失業給付、疾病・出産給付、社会年金、社会扶助は毎年7月1日に調整されるが、それはＬＯ加入労働者の過去2年間の賃金上昇分と同じパーセンテージである。従って、1996年7月1日の調整率は、1994年からのＬＯ加入労働者の平均賃金上昇率のパーセンテージと釣り合うようになっていた。しかし、この調整はＡＴＰには適用されない。個人に対するＡＴＰ給付は、当人のこれまでの拠出金払込み額、さらに全員に言えることだが同制度資産の現在の投資収益によるのである。

異なる種類の給付間の代替可能性

各種の給付あるいはサービスはその他の福祉制度と関係ないと考える者もあるかもしれないが、それは誤りである。逆に、異なる種類の給付間で代替が可能なことから、福祉制度の一部の変更が他の部分の変更に波及する効果が生じている。この波及効果には経済的効果、政治的効果の両方があるが、それは権限の配分が規則と動機によるからである。

代替の問題は、デンマーク福祉制度の普遍主義原則のために特に重要である。つまり、自分を支えきれない者はいつでも同制度の一部かその他のものから給付を受ける資格があるということである。失業者は、失業保険基金から日割り手当を受ける資格がない場合、（ミーンズ・テストを条件として）地方政府から福祉給付を受ける権利がある。同様に、労働市場年金制度の年金は公的年金制度の老齢年金あるいは障害年金の額に影響するが、これは公的年金が部分的

には所得審査を条件としているためである。さらに、代替は同種の給付を支給する諸機関の間の選択に限られるものではない。健康問題を抱える失業者は地方政府から疾病手当をもらうべきであるが、個人の状態は分からないので、その代わりに失業保険基金から日割り手当をもらい続けるかもしれない。常に健康問題を抱えている高齢者は、労働市場制度の早期退職手当（これは健康状態に関係ない）か地方政府の障害年金の申請かを選んでよいのである。

代替可能性は各個人と福祉制度を運営する諸機関の双方にもある。個人が失業保険基金に加入するか否かは個人の選択である。ほとんどの失業保険基金を運営する労働組合は経済的動機に訴えて加入を勧めている。すなわち、失業保険基金からの給付は少ない掛け金で、地方政府の福祉給付よりも多いのである。これは、失業保険基金の限界費用を中央政府が完全に負担しているからである（以下を参照）。他方、地方政府はその限界費用の一部を地方税で賄わなければならない。それゆえ、地方政府が生活保護を受けている失業者の失業保険基金加入を支援し、同制度から日割り手当を受給できるようにしているのは理由があることなのである。

重要なことに、こうした考慮は、給付水準と給付資格の条件が常に福祉制度の他のものをじっくり見た上で決められていることを意味している。それゆえ、給付水準がデンマークの福祉国家の下位部門間でほんのわずかな違いしかないことは偶然の一致ではないのである（表2―2参照）。失業したり、公式の年金受給年齢（67歳）に達する前に退職したい場合、労働市場に関係した制度の一部に加入していることは有利である。無論、時には大して有利にならない場合もある。

資金調達

デンマークの福祉制度の主要財源は、一般の税金と特に個人所得に対する直接税であり、強制的社会拠出金は小さな役割しか演じていない。社会現金給付の全支出のうち、強制的社会拠出金からの収入は約8％になる。拠出金による資金調達はわずか二分野で重要であるにすぎない。二分野とは、失業保険と特別な部分（ATP）が拠出金で賄われている老齢年金である。本章で検討したほとんどの給付の資金調達は国だけに責任があるか、あるいは国と市町村双方に責任がある（表2―3参照）。

1995年に、現金給付の全支出は1970億クローネに達したが、これは公共部門の全経費の33％に等しい。

失業保険基金はやや特別なやり方で賄われている。加入者は二つの部分からなる拠出金を支払う。まず、すべての基金に共通する部分で、これは中央政府に移管される。次に、各基金に特有の部分で、基金の運営費を賄うためのものである。中央政府は、失業した加入者に対する日割り手当の支払いを賄うために基金の経費を完全に払い戻す。それゆえ、中央政府は失業の増加のため失業保険基金の限界費用を完全に負担している。拠出金からの総収入が賄っているのは、日割り手当にかかる総支出の20％に満たない。残る費用は一般の税金で賄われている[5]。

労働災害保険は、労働災害保険制度に加わる民間保険会社に雇用者が支払う強制保険料で賄われている。しかし、雇用者は、全企業が労働災害保険の総経費に基づいて決めた率を国から払い戻される。払い戻しは平均給付額で配分されるため、高い保険料の雇用者は依然として労働災害保険費を負担することになるのに対して、低い保険料の雇用者は労働災害保険から収入を得ることになる。

ＡＴＰは、週10時間以上働く16歳から66歳までのすべての賃金労働者に対する定額の強制拠出金で賄われている。収入よりもむしろ労働時間に関係した、

表2—3　主要現金給付の資金調達（1996年現在）

給付	1996年1月1日現在の資金調達ルール
失業給付	保険に加入した労働者からの拠出金（約17％）と国からの補助金（約83％）。失業の最初の2日間の支払いは雇用者が行う。
疾病給付	最初の13週：国が100％ 13週後：国が50％、市町村が50％ ほとんどの場合、民間の雇用者は最初の2週間支払う。 公共部門の雇用者は全期間支払う。
出産給付	国：100％
障害年金	国：50％、市町村：50％ 個人の加算分：国が75％、市町村が25％
労働災害保険	全雇用者に対する強制保険
国民老齢年金	国：100％。個人の加算分：国が75％、市町村が25％。
児童家族給付	国：100％
児童手当	国：100％
社会扶助	国：50％、市町村：50％

この拠出金はフルタイム雇用の賃金労働者の場合2332クローネである。これは民間部門の平均賃金の約1.2%に等しい額である。拠出金の3分の1は賃金労働者が支払い、残る3分の2は雇用者が支払う。

税制

デンマークでは、所得税は3レベルの政府（すなわち、国、県、市町村）すべてが徴収する。市町村の税率は異なり、平均21%である。市町村税率の最高と最低の差は約8%である。県の平均税率は約9%であり、税率は大きくは違わない。地方所得税制は、個人控除（1996年は3万400クローネ）を除き、比例的である。

国の所得税は累進的である。低額所得（3万400クローネ～13万4500クローネ）には12%、中間所得（13万4500クローネ～24万3100クローネ）には17%、24万3100クローネを越える所得には32%である。高額所得に対する最高合計限界税率（地方所得税と国所得税の合計）は、1996年で62%である。

個人所得税の課税ベースは、勤労所得と不労所得の総計である。借金の利子払い、通勤費、失業保険基金と労働組合への拠出金は、控除できる[6]。夫婦は個人別に課税される。ほぼすべての現金給付は課税される所得に入れられる。主な例外は障害年金と家族手当への加算分である。

1994年以来、現役の勤労者は、所得税に加えて社会保障拠出金として賃金所得と独立事業からの所得に対して総合税を支払う。1996年の総合税率は7%で

表2—4　デンマークの税制の概要（1996年）

	税率（%）	総歳入に占める%
勤労所得への総合税	7	9
個人所得税		
市町村	21（平均）	20
県	9（平均）	8
国	12—32	16
法人所得税	34	4
年金基金所得への特別税	47	2
ＶＡＴ（付加価値税）	25	19
物品税[a]		13
財産税など		3
その他の様々な税		6

a）自動車、タバコ、アルコール飲料、エネルギーに対する税金は比較的高い。

あり、個人所得税とは反対に個人手当やその他の種類の控除は適用されない。課税ベースは総勤労所得である。たとえ総合税が社会保障の資金調達に貢献するとしても、拠出金と受給資格との間に関係は見られない。

地方政府の資金調達構造は複雑である。歳入の主要財源は個人所得税と財産税である。しかし、課税ベースのみならず支出の必要性も（たとえば人口構成のため）地方政府で著しく異なっているので、複雑な再分配制度が行われ、歳入は豊かな地域から貧しい地域へ移転されている。さらに、市町村は支出の必要性に応じて国から補助金を得ており、法律が規制する地方支出の中には国が払い戻すものもある。福祉給付、障害年金、疾病給付の地方支出は50％払い戻され、老齢年金の支出は100％払い戻される。ほとんどの福祉サービスは地方自治体が完全に賄っている。

不服申し立て制度

国は社会分野の不服申し立て制度に責任をもつ。不服申し立て制度の目的は、市民が法律により権利を与えられた現金給付、社会サービスを受けられるよう保証することである。また、この不服申し立て制度は、市民が異なる市町村で大きく違った扱いを受けないよう保証するものでもある。これは、デンマークのような社会制度では重要である。なぜならば、デンマークでは275の市町村が多くの決定を行い、その決定の中には地方の判断に基づいたものもあるからである。

社会福祉不服審査委員会は不服申し立て制度では中心的な機関である。社会福祉不服審査委員会は、14県に各一つ、コペンハーゲン地域に一つの15ある。個々の市民は市町村が行った幅広い諸決定についてこの不服審査委員会に苦情を訴えることができる。苦情の範囲は各社会立法に定められている。一般に現金給付に関するほとんどの決定に申し立てをすることができるが、社会サービスに関して苦情を申し立てる可能性はずっと限られている。

社会福祉不服審査庁は社会分野における最高機関である。この不服審査庁が行う決定は、デンマークにおける社会立法に関する共通の理解を示している。不服審査庁は決定に際して外部からの影響を受け付けない。社会省は不服審査庁の決定に干渉できない。それゆえ、社会福祉不服審査庁は社会分野で裁判所の地位を占めているのである。

統制と調整

　前述の代替可能性と財政構造は調整と統制という意味を有している。デンマークの福祉国家は大まかにいえば「均衡の原則」に基づいている。二つの例からこれを見ることができよう。

　失業保険の組織と失業者に対する労働市場政策は、特に複雑に見える。失業保険基金は各熟練グループのために組織されており、通常その個々の熟練グループを組織する労働組合が運営している。法律によって適格条件や日割り手当の水準は規制されており、中央政府は失業保険基金の運営を統制する監督庁を設置している。職業訓練と職業紹介サービスの提供には、完全に別の制度が設けられた。この制度は地方事務所をおいているが、中央の行政組織（労働省）の一部である。しかし、各地方事務所では労働組合、経営者団体、その地域の地方政府の代表からなる評議会が、地方事務所の政策の優先順位づけと指針づくりに関わっている。

　失業者が地域の職業紹介サービスから提供された職を受け入れなかった場合、これは関係する失業保険基金に通知され、同基金は失業給付の条件が満たされているか否かを決定することになる。その際、この運営は逆に中央の監督庁の監督下におかれる。

　第二の例は障害年金の運営である。この事例でも、法律により適格性や年金額は規制される。年金を支給する地方政府は、受給資格条件が満たされているかを決めなければならない。受給を拒否されたり、予想よりも年金が少なかった申請者は、前述の不服申し立て制度に訴えるかもしれない。

　個人の権利あるいは義務が割り当てられる場合、一つ以上の行政機関を関与させるのがデンマークの制度では慣例であり、通常、ある種の統制あるいは均衡が組み込まれるようその制度はつくられる。さらに、たとえば地方政府が地域の労働市場評議会に代表を送っていることに注目する者もあるかもしれない。この場合、福祉制度の二本の柱は直接の関係さえ有しているのである。

　このむしろ複雑な組織上、財政上の構造は、民主的関与という特別な意味をもっている。福祉制度の一端に責任を負うよう選出された地方政府政治家、労働組合・経営者団体代表をまとめると、住民1000人に1人以上の割合となる。制度全体の運営に大勢の人たちが関わっているのは、関係者らも守るべき大きな利害を抱えていることを意味するのである。ともに「耐久性」に貢献している。

第4節　福祉国家に対する人々の支持

デンマーク人は、その福祉国家をあまりにも高くつく点を除き高く評価している。最近の調査[7]では、79％の人がいかなるコストを払っても福祉国家の考えを守るべきだという点で一致した。しかし、同程度の78％の人は、福祉国家が行き過ぎてしまい、あまりにも高くつくようになっていると感じていた。さらに驚くべきことに、分析によれば、これらの割合は人口の様々なグループに関係なくほぼ一定である。年齢、性別、雇用、職業、社会経済的地位などは、福祉国家に対する態度に重要でないか、ほんのわずかしか重要でない。

福祉国家に対する人々の態度を測ろうとする慣例は、1960年代に始まった。社会保障に関する比較研究でP・A・ペッターセン（P. A. Pettersen）は、1960年から1990年代初めまでのデンマークにかなり安定した有権者の態度を見出した[8]。過半数の人々が1970年代初めの短期間[9]を除きここ30年以上にわたり社会保障の拡大に賛成してきたのである。ほとんどの調査で、3分の2の人々が社会保障の拡大に賛成していた。ノルウェー、フィンランドの数値は似た状況を示しているが、拡大に賛成しているのはやや少ない過半数である。しかるに、スウェーデンではほとんどの期間、過半数が拡大に反対しているのが見出せる。

スウェーデンの研究でS・スヴァルフォシュ（S. Svallfors）は、福祉国家に対する支持を報告している[10]。有権者は中核となる福祉プログラム（たとえば、年金、障害者への支援）や所得の再分配と平等の強化に支持を表明している。しかし、スウェーデン人は運営の費用と制度悪用の可能性について懐疑的である。労働者階級はこの制度の主たる支持者である。

E・エーヴェルビュとH・アイア（E. Øverbye and H. Eia）による最近のノルウェーの研究によれば、制度が悪用されていると考える者を除いては、社会のすべてのグループから福祉国家は全般的な支持を得ている[11]。

長年にわたり、多くのデンマークの研究は福祉国家に対するかなりの支持を示してきた。1970年代末以来、高齢者に対する健康、老齢年金、介護・ナーシング・ホームにかけるお金が少なすぎるという声が増えてきている。これらの調査では、こうした項目にお金を使いすぎていると主張する者はほとんどいなかった。最近では、児童に対する教育や保育にかけるお金が少なすぎるという

声が増えている。

　社会保障制度の給付水準も広く支持されている。図2—5に示されるように、1982年〜95年の期間、過半数の人は失業給付の水準を適切あるいは少なすぎると見ていた。さらに、給付の購買力で支持は規則的に変わる。似た状況は他の種類の給付にも見られるが、これは政治的な支持が補償水準の変化にむしろ的確に反応していることを示唆している。

　コインのもう一面は全般的な不信である。過半数の人々は、社会保障が広く悪用されていると信じている。これは、福祉国家が進みすぎ、あまりにも高くつくようになっているという見解と一致する。それにもかかわらず、顕著なのは、この不信がほぼ完全に悪用に関してのものであり、制度の給付水準に関してのものでないことである。

　支持が弱まっているもう一つの兆候して、社会保障制度からの所得移転と比較して、若干の社会サービス（たとえば、教育、病院、老人介護）の予算があまりにも厳しく抑制されているとのほぼ一致した見解がある。

　しかし、全体の状況としてはデンマークの福祉国家には圧倒的な支持がある。

第5節　議論

　本章で言いたかったのは、デンマークの福祉制度が「最も北欧的な制度」であるということである。これは、以下の観察結果に基づいている。すなわち、

表2—5　失業給付水準に対する態度と1980年価格による給付水準指標(1982〜95年)%

	1982	1985	1987	1990	1993	1995
適切	40	38	31	46	47	50
多すぎる	17	7	7	13	10	12
少なすぎる	10	21	28	17	19	15
どちらでもない、つまり状況次第	23	19	13	12	12	13
わからない	10	15	20	12	13	10
合計	100	100	99	100	101	100
給付水準指標	100	87	83	87	87	100

出所：Socialforskningsinstituttet, *Borgerne om velfærdssamfundet*, København : Socialforskningsinstituttet, 1996.（デンマーク国立社会研究所『福祉社会について市民たちは』コペンハーゲン、デンマーク国立社会研究所、1996年）

デンマークの福祉制度は国が統制し、一般の税金で賄われていること、ほとんどの給付が実際に高水準で一定であることである。他の北欧諸国でも、福祉制度は国が統制するが、社会保障拠出金で大体賄われ、給付は以前の所得で決まることが多いのである。

また、本章はデンマークの福祉モデルの組織にも注目し、市町村の役割と失業保険基金の役割（すなわち、労働組合の役割）を強調した。このデンマークの福祉モデルの特徴——二本立ての制度——は、同制度を取り巻く権力構造とそれゆえ将来ありうる同制度の発展に重要な意味を有している。

ヨーロッパとさらに北欧の福祉国家モデルが深刻な危機にあると、よく言われる。デンマークの視点からいえば、これは現在の問題とあまり遠くない将来の問題を誇張しているようである。

福祉国家の財政問題は、多くのヨーロッパ諸国の悪い経済実績と密接に関係している。社会の全資源の3分の1も福祉制度を通じて使われている場合、この制度は全般的な経済発展の変化に全く影響を受けないはずがない。実際に、北欧モデルの給付や適用範囲の計画的縮小の例は深刻な不景気のとき以外に見出せない。ヨーロッパ各国の経済実績が悪いのは福祉制度の気前のよさのせいだろうと主張する者も多いが、これまでのところ、この関係の証拠は全く説得力に欠けている。

課税水準の限界についても非常に議論されてきたが、実際の世界は専門家による破局の予言を再三覆してきたのである。無論、高い限界税率は納税者の行動に逆効果を及ぼしてきたが、量的にこれらの効果の大きさは限られたものであった。デンマークでは、増税は以前よりはずっとゆっくりになっているものの、依然として続いている。

財政的意味あいも有するその他の二種類の困難が、現在のヨーロッパの福祉制度にはより重要であるかもしれない。一つは、非熟練労働者の雇用機会が不足していることである。もう一つは人口の高齢化である。最初の困難を改善する試みとして、デンマークの福祉制度は徐々に職業指導を強める方向にある。たとえば、失業者は給付の受給資格を継続する条件として教育や訓練に参加する必要がある。様々なプログラムへの参加で給付に条件をつけることは規制装置としても役立っている。なぜならば、給付が賃金の80〜90％にも達する場合、非熟練労働者の就労意欲は限られるからである。これまで、デンマークは付加

年金制度で労働人口の範囲を広げた以外、高齢化問題に福祉制度を適応させてこなかった。

　福祉国家の将来についての議論は、家族、企業、ボランティア団体の役割に対する国の役割も扱っている。デンマークの制度のような普遍主義の原則に基づいた福祉国家の経験から示されるのは、より大きな新しい責任を政府にいつでも担わせるダイナミックな力が存在していることである。新サービスやサービス拡大への期待と需要は容易につくり出されるであろう。なぜならば、個人の観点からみれば、政府の無料サービスは考え得るどんな選択肢よりも常に望ましいからである。

　最近では、家族、企業、ボランティア団体が福祉制度の中でその役割を維持、拡大できるかに多くの関心が集まっている。デンマークでは、これは主に国を補うものであり、代替するものではないと見られている。政府以外の団体による福祉の提供が広範囲にわたり、ますます政府の補助金を受けるようになっているのを知ることも重要である。従って、政府以外の団体がますます参加しているからといって、国にとって財政的救済になると期待すべきではない。しかしながら、家族、企業、ボランティア団体をさらに取り込もうとする試みが成功するかははっきりしない。デンマークの福祉モデルで国の役割が減る兆しはないのである。

　これは、「福祉国家からの後退はない」と主張する元デンマーク社会大臣で社会政策の大学教授の見解を裏付けている。しかしながら、それは現在のデンマークの制度が最終的かつ決定的な形を見出したという意味ではない。制度は絶えず変化しているのである。多くの改革が実施されているが、ほとんどの変更は新たな要求と状況に対して漸進的な変更と適応をもたらす極めて小さな歩みでしかない。

　デンマークでも、他のヨーロッパ諸国でも現在はっきりしないことは、改革過程の道筋である。多くの者がより根本的な改革、すなわち現行制度の欠点が目につくため新モデルの明確なビジョンに基づいて行われる改革を求めている。しかしながら、改革過程では保守的な傾向が強いようであり、次世代の北欧モデルの明確な形はこれまでのところ提起されていない。

　大改革の実施が極めて困難と思われる理由の一つは、政治学者が「合意点（consensus-point）」と呼ぶものであろう。「合意点」とは、最低限二つの政

党が合意して改革を実行する上で必要となる一連の決定の論点である。制度に組み込まれる「合意点」が多ければ多いほど、改革の可能性はより小さくなるのである。デンマークの状況に関する本章の指摘からわかるように、デンマークの政治制度には「合意点」がありすぎるのである。

デンマークの福祉国家を改革しようとするならば、以下の点が必要となろう。A：国会内での多数派づくり。国会でどの政党も単独で過半数を占めたことはない。B：市町村との了解づくり。本章で示したように、市町村はデンマークの福祉制度において極めて活発かつ重要なパートナーである。C：労働市場の改革にも及ぶ場合、失業基金との了解づくりも必要である。つまり、実際には労働組合との了解である。また、労働組合が登場するのであれば、経営者連盟とのある種の了解づくりもしばしば望まれるであろう。誰もが改革の結果を許せるように論点をむしろ限定した場合、これを行うのはずっと容易である。それゆえ、デンマークの福祉国家の全面的な改革はどちらかといえば成功しそうもないのである。

注
1) このように北欧諸国を扱った例は、以下に見られる。J. D. Stephens, "The Scandinavian Welfare States : Achievements, Crisis and Prospects," in G. Esping-Andersen, *Welfare States in Transition*, London : Sage, 1996.
2) 様々な福祉国家モデルの特徴についての分析は、以下を参照。G. Esping-Andersen, *The Three Worlds of Welfare Capitalism*, Cambridge : Polity, 1990. また、様々な福祉国家モデルにおける現金給付制度の分析は、以下にある。N. Ploug and J. Kvist, *Social Security in Europe, Development or Dismantlement?* The Hague : Kluwer Sovac Series on Social Security, 1996.
3) デンマークの福祉国家創設についての分析は、以下に見られる。J. H. Petersen, *Den danske alderdomsforsørgelseslovgivnings udvikling*, 1. Oprindelsen, Odense : Odense Universitetsforlag, 1985. 創設から1990年代初めまでのデンマークの福祉制度の発展については、以下に説明がある。Socialkommissionen, *Uden arbejde – overførselsindkomster til midtergruppen*, København, 1992.
4) デンマークの現金給付制度の基本構造については、以下に分析がある。N. Ploug og J. Kvist, *Overførselsindkomster i Europa, Systemerne i grundtræk, Social Tryghed i Europa 2*, København : Socialforskningsinstituttet, 1994.
5) 最近、用途指定制がわずかながら導入された。1994年の税制改革の一環とし

て、全被雇用者からの労働市場拠出金（総賃金所得と独立事業所得の一部）を「労働市場基金」に回すことが導入されたのである。これは、労働市場拠出金の水準を失業給付と積極的労働市場政策の総経費に応じて変えるべきだという考えである。

6) そうした控除は最高限界税率には適用されない。すなわち、節税は低額所得のための税率のときに算定される。

7) Socialforskningsinstituttet, *Borgerne om velfærdssamfundet*, København : Socialforskningsinstituttet, 1996.

8) P. A. Pettersen, "The Welfare State, The Security Dimension," in O. Borre and E. Scarbrough, *The Scope of Government*, Oxford : Oxford University Press, 1995.

9) その数年間、強い反税金運動が現れ、新しい抗議政党［進歩党］が約15％の得票でデンマーク国会に議席を得た。この政党への支持は1990年初めには約5～6％に落ちた。

10) S. Svallfors, *Vem älsker välfärdsstaten?* Arkiv avhandlingsserie, Lund, 1989.

11) E. Øverbye and H. Eia, *Oppfatninger om Velferd*, Oslo : INAS, 1995.

第3章　スウェーデン（1）
スウェーデン福祉国家の現在の諸問題と将来

スヴェン・E・オルソン＝ホート

（小川　有美訳）

　「スウェーデンの1990年代前半のマクロ経済パフォーマンスは、戦後の大部分の時期とは多くの点で根本的に違っている。90年代前半のマクロ経済の展開の目立った特徴、それは1930年以来最も深く最も長期にわたる経済不況であり、この国でこれまで経験されたことのない実質的失業率の高さであり、OECD諸国でめったにみられないほどの公共部門全体の赤字であり、1981—82年のスウェーデンの平価切り下げ直後を越える通貨価値の下落である。スウェーデンで次第に認識されつつあることであるが、これらのマクロ経済の推移は、戦後発展した包括的福祉国家をこの国が維持できる能力に疑問を投げかけているのである」（D・ラックマン）[1]。

第1節　はじめに——変化する世界の中のスウェーデン・モデル——

1　グローバルな文脈

　世紀の終わりを迎え、世界はこれまで以上に急速、広範囲でおそらくかつてない深い変化の中にある。1989—91年の革命——ベルリンの壁崩壊とソヴィエト共産主義の解体——の後、新しい形のグローバルな関係が日の目をみることとなった。それはある場合には世界レベルで、ある場合には地域レベルで見出される。東アジアおよび東南アジアでは「奇跡」が起こっているとさえいわれる。いずれにせよ、福祉国家の将来もまた将来に関する議題の一部をなしているのである。

　しかしここでの議論を「スウェーデン・モデル」と呼ばれるものに限るならば、現在の趨勢の核心を一つにとらえることはかなり難しい。それは社会民主主義の根本的な危機であり、別のモデルへの転換であるのか。それとも単に従来のモデルの成熟であり定着であるのか。新たな中間の道にいたる余地は残さ

れているのか。

スウェーデン・モデルとは、多種多様な制度、決定手続きおよび社会的アクターと政策手段を一言で言い表したものである。それは福祉国家が生き残る可能性についての議論の中でたびたび用いられてきた。国際的メディアにおいては、この高税率モデルを批判する人々、すなわち自由経済論者が現在主流を占める。しかし「社会的なスウェーデン」を訪れる人々の数そのもの——そこには東アジア・東南アジアからのかなりの数の若い社会科学研究者が含まれる——、またこのモデルについて解説するため遠い外国に招かれる「社会的なスウェーデン人」の数をみるならば、メディアの通常の誇大広告とはいささか異なった姿がみえてくる。

スウェーデン・モデル、あるいは北欧モデルは、依然売れる商品であり輸出品として価値をもつものといえる。基本的にそれは経済成長志向であり、競争力をもつ。このモデルには他にもいろいろな利点があるが、巨大な公共部門がなかったならば、『フォーチュン』誌の上位五百企業に並んでいるスウェーデン企業の大半はそこに名を連ねることはなかったであろう。ここで想起されるのはいうまでもなく、巨大電機企業ＡＢＢ（旧ＡＳＥＡ）とスウェーデン最北部の水力資源への早期の公共インフラ投資との協力関係であり、またニューヨーク証券市場に上場するスウェーデンの電気通信企業エリクソンと同部門の国営サービスとの今では忘れられた親密な提携である。そして1960年代以来スウェーデンの公的医療部門がこれほど発展していなければ、90年代に製薬ＡＳＴＲＡが国際投資家に特別好まれることもなかったであろう。近年では子供の安全基準規制に依拠してそれほど大規模ではないが成功したビジネス、またそれに類似した高齢者・心身障害者向け機具製造業のことをつけ加えることもできよう。ここでいっているのは産業補助金やアメリカでいう「企業福祉」のことではない。政策選択肢が予期せぬ効果としてビジネスの有力な機会を創り出したということを指摘したいのである。さらに次のことを強調しておくことは重要であろう。スウェーデンは資本主義的な大産業を特徴とする国であるが、自動車製造業のボルボを例とするそうした企業は、単に国際市場において高コスト部門のブランドとなっているだけではなく、国内の政治の配置において有力な社会経済勢力の位置をも占めているのである。

スウェーデンの福祉モデルの起源は歴史を古くさかのぼるが、それが国際的

に脚光を浴びるようになったのはむしろ最近のことである。実際、1960年代になってようやくスウェーデンは社会福祉のグローバル的な代表例としてイギリス、あるいはベヴァリッジ・モデルにとって代わった。福祉国家の理念はヨーロッパを起源とするが、脱植民地化の時代には「グローバルな」という概念を用いる方が的確であろう。スウェーデンは普遍的・制度的・統合的な福祉国家として、この分野の社会事業や社会研究にとって先進例となった。しかし「モデル国家」に関心を寄せる人々にとって、すでに1980年代には日本がモデルとしての役割をスウェーデンにとって代わる――あるいは競合しはじめる――ことになったことは注目に値する。この変化は有名な1981年のOECD報告『福祉国家の危機』の発表時以降のことであるといえる[2]。日本モデルは当時あちこちの文献で前面に登場し、国家が提供しある程度財源を負担する福祉から「福祉社会」――あるいはリチャード・ティットマスの用語に従えば職能的福祉・所得福祉――へと重点は明らかに移った[3]。ここには国家と市場と家族の「混合福祉」という理念への親近性もみられる。この理念は日本の研究者が編集に加わった『世界の福祉国家』[4]において大きく注目された。この研究はそれまで見逃されていたものへの分析に道を開き、福祉国家研究を前進させる重要なステップとなった。

　もちろん、福祉モデルに関する議論の方向の変化は、マーガレット・サッチャーやロナルド・レーガンのような政治指導者と、またその哲学においてフリードリヒ・フォン・ハイエクやミルトン・フリードマンと結びついたネオ・リベラルの福祉国家批判の有力な潮流にも影響されている。だがこう指摘することに意味はあろう。世界銀行・IMFその他のグローバルな機関が何を喧伝しようとも、制度的福祉のモデルは他の者達――グローバルな構図の中ではより強いパワーをもつかもしれないが、いつも賢明とは限らないアクター達――が選ぶ道にとって代わりうる有効な選択肢である、と。

2　ローカルな文脈

　スウェーデンとその福祉国家を論じる際には、「スウェーデン・モデル」、「中間の道」、「第三の道」といった数多くの用語が用いられるのが長年の常であった。スウェーデンの福祉国家そのものに絞って語る前に、スウェーデン福祉国家の巨大な発展の制度的・政治的基礎についてふれておくのがふさわしい

だろう。

　スウェーデン・モデルとは何よりも、労働と資本間の紛争を調整し、また労働市場の機能を向上させる特定の方式を表す用語として用いられてきた。けれどもその他の全国的利益団体もまたこのモデルの一部をなしてきたのであり、そのうち最も重要なものが農業と住宅部門の団体である。

　まず労使関係についてであるが、かなり広く知られている1938年のサルチェーバーデン協定の後、社会民主主義的なブルーカラー労働組合運動と全国使用者団体は秩序立った紛争解決に共通の利益を見出した。またそこには過剰な国家介入を避けるという意味合いもあった[5]。このような構造の下で、スウェーデンの労使はより全般的な暗黙の相互理解をもつようになる。かくてコーポラティズムの理論において、スウェーデン・モデルの概念は工場の門以外のところで賃金を決定する力の配分を指すようになった。1950年代から80年代半ばまでは、ＬＯ（全国労組組織）とＳＡＦ（スウェーデン使用者連盟）の集権化された団体交渉がスウェーデンの労働市場における主要な原理の一つであった。そこから生まれた集権的な「連帯賃金政策」は、労組の公式イデオロギーの表看板となり、スウェーデンの労働政策の特色ある部分として追求されたのである。

　スウェーデン・モデルはまた、コーポラティズム的な「委員会」および「意見聴取（レミス）手続き」を通して団体的な決定を導き出す特別の方式ということも含んでいる。この方式の鍵となる要素は関係諸利益への打診である。つまりさまざまな団体が見解を表明し、それが聞かれる機会が与えられることであり、協議の手続きから決定がなされることである。この方式は1930年代以来の福祉国家建設において典型的に用いられるようになった。これを基盤としてスウェーデンは公共部門を大幅に拡大したのである。国際比較分析では、スウェーデンはしばしば西欧世界で最大の公共部門をもつ国であると指摘される。伝統的にスウェーデンは一方でケインズ主義的な景気操縦政策を、他方で普遍的な福祉政策を追求してきた。これら二つの主要政策分野が重なりをもつことは少なくない。しかしスウェーデンでは、経済政策と福祉関連政策が「平等」、「完全雇用」、「経済成長」という主要政策目標へと統合されている。数十年にわたりスウェーデンの政府はこれらの目標の達成にかなりの成功を収めてきた。

　このモデルはきわめてスウェーデン的な政治経済的経験によって確立された

ことが知られている。社会民主党は1932年以来、ほとんど途切れることなく安定した政権の座に着いてきた。というのもこの政党は二度のごく短い期間、1976—82年と1991年—94年のみ政権外にあったにすぎないからである。有力で組織率の高い労組組織（LO）の支持の下に社会民主党は選挙で十分な勝利を収めてきた。ただし議会において同党が単独多数となったことはめったにない。

したがって、社会民主党の長期政権とスウェーデン・モデルの特徴は、明らかな議会多数派が存在しないこと、および強力な右派政党が存在しないことを抜きにして理解することはできない。社会民主党の台頭期は、中道政党である自由党と中央党（旧農民同盟）との連合によって条件づけられていた。自由党は今世紀初頭の民主化への突破の時期には決定的に必要なパートナーであったし、その後も時々において（とりわけ1990年代に入って）そうであった。農民同盟—中央党および傘下の農業団体は、1932年以後長年にわたって重要な影響をもった。

社会民主党政権の下では、公共部門特に社会福祉部門が拡大した。イデオロギー軸の上で「中間の道」にあって社会福祉の拡大が可能だったのは、労使間ばかりでなく農民と労働者、ブルーカラーとホワイトカラー被傭者の間の歴史的妥協による。ただし何度か異なる階級間の紛争は生じた。それらは結果的には社会民主党のヘゲモニーを強化することになった。

一言でいって、これら全てのスウェーデン的特徴のあるものは急激に、あるものは緩やかに変わりつつあるようにみえる。このことはスウェーデンの社会福祉の将来に関して数多くの議論を引き起こすこととなっている。そしてこの事実は学問的関心にもつながる——スウェーデン・モデルは厳しい将来にも生き残るか。

以下では現在のスウェーデンの社会福祉を概観し、さらに政治・経済状況をふまえながら昨今の福祉改革の議論についてみることとしよう。

第2節　スウェーデンの社会福祉システム

1　システム・行政・財政

これまでのスウェーデン・モデルは、給付、行政、サービスのシステムとして以下の諸要素の合わさったものとして要約される。(1)国際的にみて例外的に

低い失業率を維持し、生産人口に占める賃金労働を促進する積極的労働政策、(2)活発な労働参加と密接に結びついた包括的な社会保障ネットワーク、(3)保健医療・教育・個人への社会サービスの分野における大規模な公的サービス生産、(4)農業・住宅のような分野における重要な公的規制および補助金、(5)以上のような公的財政運営のための広範な資源の徴収すなわち税制[6]。

　すでに述べたように完全雇用、いい換えれば高度化された労働形態は、福祉のモデルの基礎となってきた。完全雇用——1960年代以降は男女ともについて——とは一人一人の被傭者が納税者となることを意味する。労働者の訓練と再訓練すなわちマンパワー政策は長年にわたってこの目的を推進するための主要な手段であった。それは労働省とその下部機関の——といっても実際にははるかに強力な——労働市場庁およびその地域・地区支局によって運営された。そこにおいて重視されるのは、失業に対し受動的な現金手当とは対照的な、積極的な手段である。失業に対する許容範囲は狭い。このことは労働組合運動が次第に力を強めたこと、そして労働市場庁の監督の下で国家補助を受けつつ組合が失業保険の管理を行うようになったことを反映している。失業は個人の劣性とみなされるのではなく人的資源の過小利用につながる社会的コストとされ、積極的労働政策がスウェーデンの経済政策と社会政策をとり結ぶ機能を果すものとなっている。人々を労働に就けておくことは、生活扶助の必要を減らすばかりでなく、福祉国家の財源として必要な租税基盤を維持することにもなっている。1990年代に例外的な高失業時代が始まったとき、この政策部門は大きな困難に突き当たった。

　活発な労働参加、いい換えれば「生産性主義の社会政策」と包括的な社会保障ネットワークは密接に結びついている。ここには五つの社会保険部門が含まれる。労災保険、疾病保険、老齢・障害年金、失業保険、そして親保険や一般の児童手当のようなさまざまな家族現金給付である。前述のように失業保険は任意かあるいは労働組合の管轄である。それ以外の所得保障システムは強制加入であり、その基礎には強い普遍主義的要素がある。ただしほとんどの現金給付は報酬比例給付を加算されている。このシステムは主に使用者の拠出によって賄われている。労働市場政策と同様、社会保険もまた社会福祉省管掌の中央政府の事務であり、全国社会保険庁によって監督されている。しかしこのシステムはこのようにいうよりもっと分権的である。というのもその主な運営単位

は準公共機関である24の地域社会保険基金であり、その一部は地方政府議員によって担われているからである。

スウェーデンはまた保険医療、教育、児童・高齢者・障害者個人向け社会サービスの分野で巨大な公的社会サービス部門をもっている。スウェーデンの社会・政治構造においてはとりわけ労働市場の社会パートナーに広範な裁量の余地が与えられているが、それだけではなく、地方政府——市町村会と県会——が個人向けのさまざまな社会・医療・教育サービスの供給・財政についてかなり大きな発言力をもっている。1940年代後半以降、福祉サービスは急速に拡大し、この傾向は1970年代半ばまで続いた。ヨーロッパの多くの国と同様、福祉国家の飛躍的発展期には基礎年金計画の拡充、義務教育延長のための大規模な教育改革、人口高齢化に対応する公的保健医療およびその他の個人向け社会サービスの構築、女性の労働参加の持続的な増大の実現、がなされた。福祉国家が成熟期を迎えたのは1980年代になってからである。この時期ほとんどの分野で社会支出の伸びは減速した。ただし児童ケアに関してのみ支出は増大した。

スウェーデンでは戦後を通じて社会保障と社会サービスが拡大してきた。比較してみるとスウェーデンは依然として社会福祉支出が最も高い国の一つである。図3—1に示されるように1980年代から90年代はじめにかけて、社会福祉支出全体は32.8％（1981年）から40％以上（1993年）へとわずかに増大した。近年スウェーデンでは1982年以前と1991年以降（1994年まで：訳者注）非社会主義政党が政権についているが、財政支出の面で社会福祉の決定的な削減の兆候はない。しかしシステムに対する批判と改革・削減についての議論は相次いだ。これについては次節で扱う。

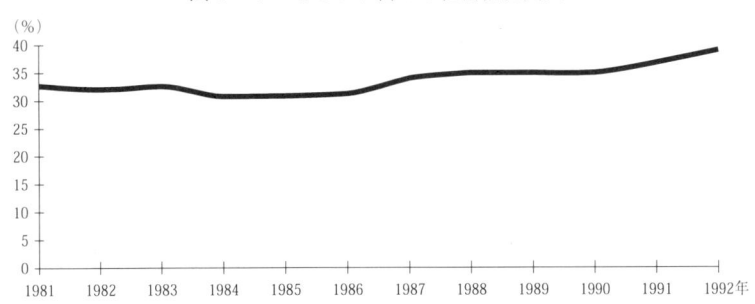

図3—1　ＧＤＰに占める社会福祉支出

図3－2はスウェーデンの福祉国家のさまざまな部門の支出を示す。最大の支出項目は老齢年金——これは基礎年金と付加年金の二段階の国民年金システムからなっている——および市町村の行う高齢者・障害者個人向け社会サービスである。次にくるのは保健医療——すなわち選挙で選出される県会が責任を担う公的保健医療システム——と疾病保険である。第三の支出項目は家族・児童向けの現金給付および個人向け社会サービスである。前者は主として中央政府の役割であり、後者は地方政府の事務に属する。ただし教育関連支出はここに含まれていない。第四に重要な項目は労働市場政策関連および失業保険の公的支出である。

　国家、県、市町村はそれぞれ徴税権をもち、現金・現物給付の社会福祉サー

図3－2　社会福祉支出の各部門
（物価水準1980＝100として固定）

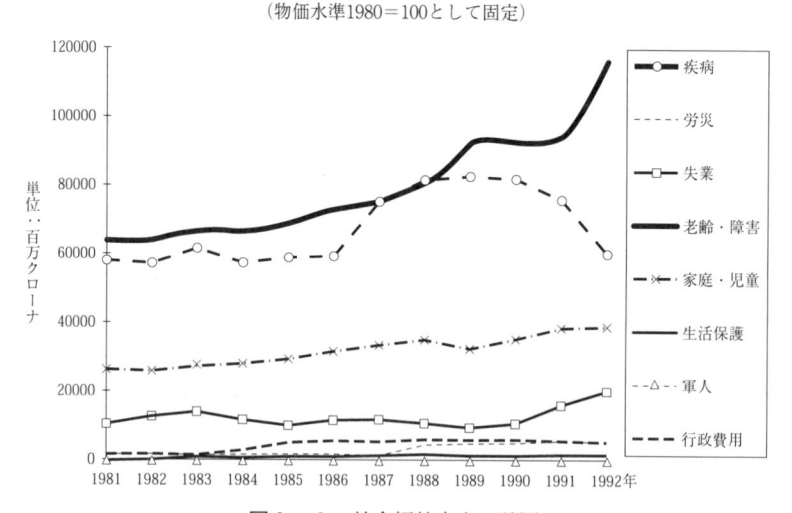

図3－3　社会福祉支出の財源

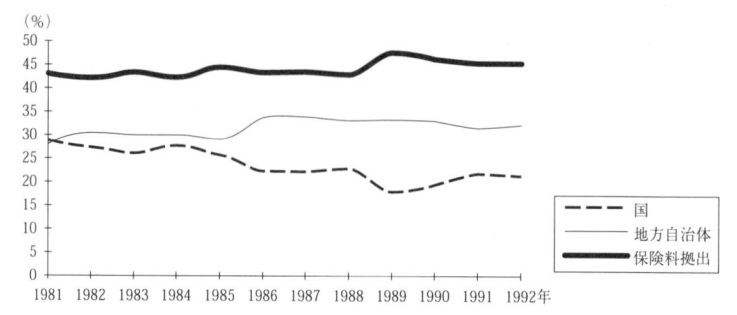

ビスを供給する任務を分けもつ。しかしスウェーデンの社会保険システムは総体として保険料によって賄われているため、「使用者」が最大の財源となる。大半の使用者は被傭者税に加えて、主な労働組合との全国的協約の一部である非法令上の保険を支える拠出金を負担する（図3─3には示されない）。この結果、近年では職能別の福祉給付のシステムが現れている。しかしこのことは両システムの調整の問題を生んでいる。

1980年代の分権化の結果、地方政府──県会と市町村──が国家よりも社会支出の多くを占めていることにも注目しなければならない。住宅行政およびその財源については中央と地方が分担している（図3─3には示されない）。

3 スウェーデン福祉国家の特徴

スウェーデンの福祉国家が先進的福祉国家のモデルとして脚光を浴びたのは、公共支出の面で他より大規模・浪費的であったからというばかりでなく、それが特徴のある構造をもっているからである。スウェーデンの1980年代の社会支出はGDPの約40％、全政府歳出はGDPの約60％に当たる。他の多くの先進産業民主主義国たとえば他の北欧諸国、オランダ、フランスもGDPに対して同程度の比率の社会保障支出を行っている[7]。それゆえスウェーデンの特色を求めるとすれば、社会保障の包括的なアプローチ、「平等主義」、そして最も重要なこととして「生産性主義的」な社会政策、を理解しなければならない。これらの固有の特徴は公共支出の総計からは容易に見分けられない。

スウェーデンの社会政策が国際的なモデルとなっている理由はむしろ、そのデザインとアプローチのユニークさに関係している。第一にそれは「普遍主義」を特徴としている。第二にそれは社会サービスと「生産性主義」に重点がある。普遍主義の原則は全市民に平等に施策がゆきわたるということである。これは世界の主流のやり方とは明らかな対照をなす。

スウェーデンの社会政策の普遍性は1880年代のドイツ型もしくはビスマルク型社会改革の出発点にさかのぼる。ただしスウェーデンの社会改革の基本線は雇用関係や明白な生活扶助の必要にではなく、市民権におかれることになった。それゆえ年金、保健医療ケアその他の大半の給付はまもなく所得や明白な必要にかかわりなく全ての市民に自動的に与えられるようになった。そのために個人・使用者の社会的拠出の部分があるとはいえ、財源は基本的には一般税収入

によって賄われた。

　普遍性の原則がスウェーデンでこのように強く現れたことにはいくつかの理由がある。第一に、産業化以前の国にみられる社会構造がまだ残っていたことである。人口の大半は非熟練労働者と最大の割合を占める中小農民であった。彼らにとって貧困のリスクは高く、社会保障の普遍主義的アプローチが唯一の合理的な方法だと考えられた。大多数の人は必要な保険料を払うことができなかったであろうからである。第二の重要理由は政治的なものである。まだ完全に民主化されていなかった議会にも独立農民を代表する強力な勢力が存在した。彼らは市町村にのしかかる貧困のコストを取り払う全国大の解決に関心をもっていた。第三の理由は社会運動と知識人の関係に関するものである。19世紀末の社会立法の背景にあった大きな推進力は、都市の急進的自由主義知識人と大衆的な社会運動の連合であった。前者は社会保険のようなヨーロッパの考え方を北方の後進国にもたらした。後者はルター派国教会への強制加入の拒否にみられる市民的権利や代表制民主主義のためだけではなく、ある種の伝統権威的な意味合いを含む啓蒙のために闘った。特に禁酒運動は貧困と社会的困窮に対する闘いの背景にある大きな勢力であった。第四に労働運動と社会民主党が1930年代から社会改革の主な設計者となった。そして普遍性が職能的・階級的区分を越えた広範な連帯を打ち立てる政策とされた。普遍性は国民を包括することによって、福祉国家への広範な支持と責任の共有（社会的義務）の感覚を育てることになった。第五に、社会民主主義は議会で農民政党の支持を必要としたが、農民政党の代表する中小農民は保険型アプローチではなく普遍的受給権に利益を見出す中小農民を主に代表していた。

　最後にふれておきたいのは、社会政策をよくて非生産的さもなければ経済成長と効率に強い負の影響をもつとみることが普通になっているが、スウェーデンの政策立案者は社会政策の経済成長に対する積極的側面を考えていた、という点である[8]。経済成長と社会的平等を同時に達成しえたスウェーデンの過去の経験を考えるならば、この考え方はある程度正しい。加えてスウェーデン政府は経済政策と社会政策の統合ということを重視した。積極的なマンパワー政策の背景にあった考え方は、失業給付を必要とする人数をできるだけ少なくすること、訓練と移動に重点をおくこと、そしてそれが不可能な場合すなわち障害者や高齢者に限って保護的な雇用を提供するということであった。

スウェーデンの福祉国家は全般にサービス集約的である。もちろん今日の先進諸国はいずれも国民医療ケア・システムをもっており、義務教育の一般化と高等教育の拡充を通してどこでも教育システムは著しい拡大をとげた。この意味ではスウェーデンはさほどユニークとはいえない。にもかかわらず、スウェーデンの「サービス・アプローチ」の背景をなす基本原則は特有のものである。なぜならそれは将来のための投資、「子供重視」とみられているからである。サービスへのシフトは明らかにまた全般的な両性間の平等、とりわけ女性の解放の要求によっても動機づけられている。女性が母親であることと、職業一般なかんずくフルタイムのキャリアを両立できるためには、家庭で女性の伝統的な責任とされてきたサービスが提供されなければならない。そのためには児童・高齢者・障害者向けの施設が必要となる。この過程を通して公共部門の雇用が女性に与えられた。しかしスウェーデンの福祉国家を女性の雇用ゲットーだと考える観察者もなくはない。

以上が主な特徴であり、この関連についてこれ以上詳細に述べることはできない。そこで代わって現在の経済問題、新たな国内・国際政治状況そして社会福祉領域をめぐるさまざまなイデオロギー部門からの挑戦に一足飛びに議論を移すことにしよう。

第3節　今日のスウェーデン福祉国家に対する挑戦

マークィス・チャイルズ（Marquis Childs）が有名な『スウェーデン：中間の道』を1930年代に出版して以来、スウェーデン福祉国家は他国が模倣するモデルあるいは逆に過剰な国家介入の典型例とされてきた[9]。1980年代後半以前にはスウェーデンは福祉国家の理念型としてもち上げられていた。スウェーデンは高度経済成長、低失業率、高水準の社会的平等を同時に達成した。ところが近年多くの研究者がこのモデルをきわめて懐疑的に見はじめている[10]。

福祉国家の危機についての主な議論は国内問題、それゆえどちらかといえば狭い問題に集中している。ある研究者達は福祉と経済成長の両立性・非両立性を財政的な側面から論じている。別の研究者達はそれよりも政治的・制度的な変化、たとえば社会民主党の低落、従来の五大政党制の解体、賃金交渉の脱集権化、労使の従来のコンセンサスの瓦解といったことを論じる[11]。しかし福祉

国家の運営とその危機は、もはや国内だけの問題ではない。社会研究はたとえば現在加速の一途をたどる政治・文化・経済の国際化の衝撃と国内変化の相互作用を考えに入れなければならない。1994年11月の国民投票でスウェーデン国民は僅差で欧州連合加盟を承認した。1995年以降の今日のスウェーデンはフィンランドとともに――ただしノルウェーは別として――欧州連合の内部にある。それゆえこの現在進行中の過程においてEUが各国の福祉に与える衝撃を考察することが必要となってくる。欧州統合は経済関係と政治決定の両方を含んだ過程として定義できる。それらは超国家的な中心を通じて加盟諸国のより緊密な関係をもたらすであろう。このことは将来のスウェーデン・モデルが将来のEUのあり方に大きく依存するであろうことを意味する[12]。

ではスウェーデン・モデルにすでに何が起こり、これから何が起こるのであろうか。この難題への手がかりを得るため、まず近年の移行期における既存のスウェーデン・モデルに対する主な「攻撃」あるいは論争を描き出し、次に欧州連合の下でのスウェーデン福祉国家の将来の展望を検討することにしよう。

1 スウェーデン福祉国家内部の危機

(1) 現行のシステムの問題

スウェーデンの社会福祉の諸施策について議論となっている点からはじめよう。以下の議論は主として大蔵省が人材・財源を提供する特別研究チームやシンク・タンクの調査によるEOS報告にもとづいているが[13]、同時に会計検査院からの同様の報告にも依拠している[14]。

それらの中では、「国民」の給付への依存が第一に挙げられている。市町村からの社会的諸手当が賃金を代替する割合にかんがみて、現行のシステムは受給者に対して余りに寛大であるとみられている。得られる給付が余りに高いために、ある人々は働かないことを選ぶ。社会福祉庁の1995年の勧告によれば、一個人の妥当な生活水準は課税後で月当たり6,850クローナに相当する。この額が生活保護の受給権を得る「ナショナル・ミニマム」として勧告される。だが多くの家計は生活保護のしきい額より低い課税後所得を市場で得ている。現行のシステムには「高い限界効果」がある――ここでは人々の労働インセンティブを低下させるという意味である。給付への高度の依存と高い賃金補填（最低必要報酬）は、スウェーデンが発展させ現在まで維持している租税と移

転のユニークなモデルの論理的帰結にほかならない。最近では社会福祉庁はずっと低い最低水準の勧告を行っている[15]。この数年、「ナショナル・ミニマム」に関する法制上の変更も進行中であり、「ナショナル・ミニマム」が上昇すると考える理由は見あたらない。むしろその逆であろう。

　第二に、ＥＳＯ報告によれば現行のシステムには別の欠点がある。それはリスク可能性を考慮にいれていないために、公正ではないとされるのである。通常の社会の成員とは区別される高リスク集団というものが存在する。この問題は「失業打ち切り保障」と関連してくる。そこでは被保険者が医療治療、リハビリテーション、保護措置の期間を規定の60週間よりはるかに長く延長することを主な目的として加入するという明らかなリスクが生じるおそれがあるという。あり体にいって、ＥＳＯ報告は通常の労働に復帰する意志をもたずにシステムを濫用する「怠惰な」人々がいることを前提としているようである。その帰結とは、「勤勉な」人々の負担であり、彼らへの不公正ということになる。

　最後に第三に、現在のスウェーデンの社会支出は他の先進諸国と異なっているかどうかがしばしば問われる。スウェーデンのシステムは「高税・高給付」であり、他の諸国は相対的に「低税・低給付」である。もちろんスウェーデンのシステムは再配分の点において他の諸国より優れているとみられる。しかしもしシステムが濫用によって歪められ、同時にシステムが社会のインセンティヴ構造を歪めているのだとしたら、それは改革されなければならないというのがＥＳＯ報告の結論である。さらに、余りに高水準の税と給付は経済成長の深刻な阻害要因となりうるということがつけ加えられる。

　いうまでもなくこれら全ての問いはスウェーデンにおいて激しい論争に火をつけ、給付システムの変更——すなわち削減——を求める議論の一角をなすこととなった。だが最大の警報となったのは悪化するマクロ経済状況であった。

(2)　政治・経済状況の変化

　控えめな定額給付から報酬比例給付の原則への1950年代の移行は、スウェーデンの社会政策に新しい局面をもたらした。例えば従来の定額の国民年金は維持されたまま、職業・所得に関連づけられた二階建ての年金方式によって補完されたのである。こうして報酬比例システムを支えるためにかなり税率が高くなるにもかかわらず、福祉国家は普遍的な正統性を保つことができた。にもか

かわらず、スウェーデンの福祉政策の普遍的性格は公的負担の超過を生み、それは税が増え続けることによって満たされた。もちろん福祉国家というものは高くつく。しかしスウェーデン政府が他の諸国よりも深刻な納税者の抵抗を受けたという形跡はない。簡潔にいえば、福祉国家への普遍的アプローチは一方で租税負担を高めたが、他方では——とりわけ社会民主党にとって——危機的な納税者の反抗を回避することを可能にした。とはいえ普遍的なアプローチが「租税負担」につながることは自明である。

　スウェーデンでは政府は「生産性主義」の名の下に政策を導入・実施してきた。しかしこの特色は経済的に重大な欠点をもっている。公共部門の雇用は輸出利潤を生み出すための生産とはかけ離れた福祉サービス部門において主に拡大したために、輸出の成長が遅いかあるいはマイナスのときには財政赤字を悪化させる可能性があるからである。この問題は性役割の問題にも関連してくる。かつて家庭で無賃金で働いていた女性は今日福祉国家で有給で働いている。公共部門で創出された職業のほとんどを女性が占めることになり、その結果として女性全体の就業人口への参入は著しく拡大した。両性間の平等はスウェーデンの社会福祉政策の明白な目標である。けれども今日民間部門の男性、公共部門の女性という偏った雇用の構造に疑問の目を投げかける人は多い。批判の中には福祉国家が成人男性労働者のイメージに沿って構想された新しい社会的家父長制——このモデルは女性の役割が家庭でのケア提供者であることを当然としてみる——だとするものもある。かつて家族の義務とされてきたものの大部分が今日では「社会化」されたが、その仕事は依然として被傭者として国家に依存する女性達、特にパートタイムで働き男性の扶養者に依存する女性達によって担われている。

　福祉国家の特徴は「女性重視」[16]であるとされてきた。しかしそのことが今日、公共の不効率の観点から最も問題にされる点の一つとなっている。福祉国家は一面で女性の社会的権利を拡大したが、他面では効率的な労働の流動性を失わせたと経済面からの批判者はいう。このほか福祉国家との関連でよくなされる労働市場についての議論として、雇用保障規制と「サボリ病欠」の高いコストの問題がある。

　労働市場に生じているもう一つのおそらくもっと深刻な緊張は、公共部門と民間部門の賃金格差をめぐるものである。この問題は本質的には、今日全就業

人口の3分の1以上を占め、そのほどんど全てが女性であるという福祉国家の「大量雇用マシン」にある。実際、全公共部門被傭者の70―75％が女性となっている。福祉国家のディレンマは連帯賃金交渉にもとづいた経済においてインフレ傾向をもつ公共部門の賃金をいかに抑えるか、ということにあることはいうまでもない。その定義からいって生産性の上昇は社会サービス部門ではきわめて緩慢であり、公共部門の賃金がそれに対応する民間部門の賃金に追随することが認められるなら、政府にとって深刻なコスト危機すなわち財政負担のおそれが生じる。しかし賃金の平等に取り組んでいる以上、政府による主な解決策は両部門の集団交渉システムの下で賃金の調整を促すことであった。

　いずれかの政権がこの社会的慣行の領域で抜本的変更に手をつけることができるかどうかは疑問である。それを行うことは政治的理由から本質的に困難であろう。普遍主義的であるということは、事実上全てのスウェーデン国民がその福祉に依存しているということにほかならないからである。実際、前保守・自由主義政権による改革の試みの大部分は「コスト削減」を目的としつつ、システムの「縁辺」に集中していたように思われる。実のところ前政権はいくつかの領域、特に積極的労働市場施策において支出を増大させている。1991―94年の保守・自由主義政権が従来の社会政策の論理にはっきり根本的な変更を加えようと企てた領域は二つある。一つは賃金・所得平等政策である。そこではより大きな賃金格差への移行が奨励された。ただしこのことは1980年代の労組および社会民主党の政策と対立するものとみることはできない。

　もう一つは潜在的により広い影響をもつものである。社会民主党の伝統的政策である社会・保健医療・教育のサービスの公共部門独占に代えて、1991―94年の政府は民間・公共のサービスの代替選択肢の混合を認める規制政策への転換を提案した。提出されたモデルは非営利の協同組合ばかりでなく営利企業も含む民間のサービス機関が公的機関と競合することを認める――ただし水準、料金、利用者の選別に関する厳しい規制に服した上で――というものだった。ここで考慮されたのは、民間サービスが利益の上澄みをさらうこと、つまり最も好ましい利用者のみを選んで費用のかかる利用者ばかりを公共部門サービスに負わせること、を禁止することであった。にもかかわらずこの試みは「分権化」の波にのった地方政府のレベルで小規模に実施されたにすぎなかった。

　サッチャリズムとレーガノミックスが西欧世界で保守・右翼的な潮流を打ち

出して以来、スウェーデンの非社会主義政党も福祉サービスのある程度の民営化を図った。だが政策は常に政治と結びついているゆえに福祉国家の削減は容易には実施されず、むしろ「逆転不可能」なものであった。これまでスウェーデンでは福祉国家の危機からの帰結は民営化ではなく、主として行財政の「分権化」であった[17]。しかし保守・自由主義政権の過去の失敗は社会民主主義的な公的福祉の立場の将来にわたる安定を保障するものではない。たとえばスウェーデンのEU加盟については経済成長と反インフレの目標が強調されがちであるが、それはスウェーデンの福祉国家に敵対的な効果をもつかもしれない。

　労働市場の領域では国家の役割がこの20—30年の間に高まった。公共部門の被傭者は過去に比べてはるかに重要性を増し、中央・地方政府が使用者として基軸的な役割を果たすようになっている。こうしてここ20—30年の間にスウェーデンの労働市場の組織構造は大きな変化を経験した。現在の組織は多数あり、集権化・均質化されている。中央レベルではLOの他SACO（＜訳者注＞スウェーデン専門職中央組織）、TCO（＜同＞被傭者中央組織）が主だった組織として現れた。その下のレベルでは産業別組合と地区労組が賃金決定交渉の主な当事者となった。

　1970年代以降、労使の歴史的妥協の重要性はかなり失われた。1990年代前半の労働条件の改革は労使協定によってではなく立法によって進められた。[18]労働組合運動は国家を道具として用い、使用者の特権が労組によって大々的に攻撃された[19]。「被傭者基金」をめぐる紛争が激烈となり、その結果としての政治的分極化は「歴史的妥協」の終焉をもたらすことになった[20]。この展開と軌を一にして従来の「制度的コンセンサス」もまたその価値を減じ、コーポラティズム型制度は弱まった。

　現在のスウェーデン・モデルの危機の最も顕著な部分の一つは重い租税負担である。これ以上実質的な増税を行うことはいかなる社会経済的・政治的アクターにとっても不可能だと考えられている。この結果として政府財政赤字も大問題となっている。改革と公共部門の拡大を通じた政策実現はますます難しくなった。公共部門はしばしば解決ではなく問題であると見られるようになっている[21]。要するに、従来のコンセンサスと連帯は国中から失われつつある。社会民主主義の権力は弱まり、経済成長と完全雇用により実現される福祉拡大の正統性は重大な攻撃を受け、部分的にはほり崩されてきている[22]。にもかかわ

らず、社会民主党と労働運動は基本的社会問題への公的解決を求めるという根本的な志向を棄ててしまうようには思われない。

2 新しい欧州の中のスウェーデン福祉モデル

ここからの議論では欧州諸国にこれまでみられる相違と類似に焦点を当てることにしよう。それによってEUという文脈の中でスウェーデン福祉国家を理解していきたい。現時点では欧州通貨同盟の影響についての議論は差し控えたい。それは各国の福祉政策の選択に関するいかなる議論をも封じてしまうであろうから。

公共支出と社会支出は最もよく用いられる指標であるが、この指標では北欧州の中で決定的な違いは見出しにくい。ただしスカンジナビア諸国の中でもスウェーデンは社会支出の多い国である。そこで、代わって社会保障システムの質とスタイルについて詳しくみるのがふさわしいであろう。第一に所得移転対公的サービス、第二に財政構造、第三に福祉の結果についてみることとする。

第一に、福祉国家は「移転国家」と「公的サービス国家」に分類できる。前者においては年金、疾病保険、失業保険、家族手当および企業への移転（企業福祉）といった現金給付が支配的である。後者は市民全てを対象とする普遍的な現物給付、特に教育、医療保健ケア、児童のデイケアといったもの、が中心である。後者はたいがい労働集約的であり、それゆえこの二区分は「公的雇用」の程度によって測ることができる。スウェーデンやその他のスカンジナビア諸国は「公的サービス国家」であり、他方それ以外のEU諸国は所得移転に重点をおいている。スウェーデンの福祉モデルはさらに、寛大な「所得移転システム」をも含んでいる。

第二に各国は社会保障システムの財政において異なっている。フィンランド、フランス、イタリア、ポルトガル、スペイン、スウェーデンは使用者に大きく依存している（社会的拠出）。これに対してアイルランド、デンマークは主として一般税収を財源とする。しかし諸国の中でスウェーデン・モデルは全体としての税率の高さで際だっている。スウェーデン、デンマーク、ノルウェーはいずれも強力な「租税国家」である。オランダとベルギーを例外として他のEU諸国の税率はそれほど高くない。

第三に福祉の結果である。受給範囲と給付の適切さの面でスウェーデンの年

金の権利（市民権型基礎年金に報酬比例給付を加算する）はEU一般（職種別年金のみ）より発達している[23]。貧困についてはEU内で大きな格差があるが、高率の税とその再配分によってスウェーデンでは貧困率が低い。また就業参加の度合いは南北で開きがある。北欧諸国は相対的に就業率が高い。この要素は主に労働市場における女性の地位に影響されている。もし女性が賃労働に参加するならば、児童ケアや高齢者サービスが与えられなければならない。他方、全ての市民は男女とも家族の一員としてではなく個人として社会保障の受給権を得なければならない。一言でいえばスウェーデンはこの点で簡単に区別がつくのである。

　以上に加え、欧州統合は国境管理の撤廃、税制の協調、政府による生産物買い上げと補助金の撤廃、そしてとりわけ経済政策の協調を含んでいる。国民国家間の社会政策の統合の試みが1980年代になされたが、行き詰まってしまったようにみえる。欧州理事会は1989年に労働者のための基本社会憲章を採択したのに続いてアクション・プログラムを採択した。これは域内市場計画を支えるためにおそらく政治的に必要であったが、現状の各国民国家の水準を目立って変えてはいない。ここでは欧州の様々な福祉国家の将来にとって重要な三つの論点を考察することが必要であろう。

　経済統合は国民国家間で労働市場の収斂を進める傾向をもつ。雇用はおそらく主にサービス部門で増加し、女性の参加は全地域でより拡大するであろう。

　失業の減少についてはどうであろう。統合の深化の目的は経済成長の改善であり、それによって新たな雇用が生まれることが期待される。にもかかわらず、直接の影響は控えめにいっても不確かである。正確な数字ではないが、スウェーデンのEU加盟の純効果は中期で1.5％の新雇用と評価される。だが1.5％は8～10％に上る現状の失業率を補うには不十分である。政策決定過程がEUに移行することは当面ありそうもないが、もしそうなるならスウェーデン的な積極的労働市場政策はもはや不可能となる。

　ここでもう一つの問題、社会的ダンピングの問題が出てくる。低水準の社会保障が市場シェアと競争力を高めると考えられている。各国の賃金水準が異なるためにEUの中で不公正な競争が起こるかもしれない。

　この過程では三つの相互に関連した諸段階が生じるであろう。第一に、低コスト諸国の生産者はより有利になる。このことはまだ明白ではない。というの

も実質所得水準、生産性、欧州外すなわちアジア諸国の低コスト生産者を考えに入れなければならないからである。第二に、高コスト諸国では企業がバーゲニング・パワーを強める。このことは少なくともスウェーデンにおいては無視できない。高コスト諸国の欧州企業はすでに活動を国外に移している。企業の国際化の進展は「退出の選択」を与え、企業のバーゲニング・パワーを増大させるのである。その結果第三に、EU各国の使用者はときには国民国家の直接の支援を受けて「低コスト」戦略を追求する誘惑にかられる。

　欧州委員会はすでに加盟諸国に異なる租税体系を協調させるよう説得に努めている。しかも欧州委員会からの提案はアルコールとたばこ製品に関する課税の協調を含んでいる。それはスウェーデンの他フィンランドやノルウェーに特徴的にみられるかなり強力な酒類・薬物反対政策への脅威となると考えられている。こうしてスウェーデンとフィンランドはEU加盟国となったにもかかわらず、欧州統合は決着ずみの争点とはなっていない。そこにはこれ以上の統合の推進への強い大衆的抵抗がある。

3　新しい道への新たなスローガン？

　現在よく耳にする節回しは、現行のスウェーデンの社会保障システムが寛大すぎ、容易に濫用を招き、再建されなければならないのだと大合唱する。これが現在常識的な考え方、すなわち現下の経済危機にあっては福祉システムを保障することはできそうにもないとする考えである（ただし、1996年以来財政赤字は一時的に統御できているようであるが）。失業率は下がらず、インフォーマルな経済活動の類に属する仕事も無視できなくなっている。経済がまもなく正しく動き出さなければ、現行のシステムの大幅な削減はいずれにせよ不可避であると判断されるであろう。このシナリオは多くの先進諸国においても提唱されている。

　もちろん福祉を削減するか否か、というこの争点については多くの論争がある。今や社会のどの部分の勢力も来るべきシステムに影響力をもとうと努力している。代表者達は問題および望ましい代替選択肢に関する意見を表明している。近年は市民社会への移行という考え方──市場ほど疎遠ではない、慈善事業やヴォランティア福祉に代表される親密な社会的義務──が公の議論に入り込んできた[24]。

社会保障システムの改革の特定の論点については数多くの批判的な報告が公表されている。それらは個々の施策やシステムの特定の側面に関心をもつ。新しい年金は拠出によって決定される「生涯年金」に向かいつつある。疾病・労災保険の行政と運営も再検討されている。その他、変化と提案について詳細にわたり検討する多くの政府委員会がある。

こうした従来の政策の再検討は様々な省庁、委員会に分かれてなされている。委員会の作業は各委員が政治的・組織的その他異なった利益を代表していることによって大きく影響される。この領域の論争の最前線は異なった政治的・経済的ブロックに沿って形作られる。ＳＡＦと穏健党（＜訳者注＞スウェーデンの保守政党）はもっとも明瞭に削減を推進し、より多くの市場的要素を取り入れる立場である。労働組合運動特にＬＯとＴＣＯ、障害者団体、年金生活者団体のような運動は、いかなる後退に対しても防衛しようとする。社会民主党と今の連合パートナーである中央党は、経済的に妥当であると考えられることと政治的に望ましいこととのバランスを定めようと努めている。他の政党、利益集団もまたそれぞれの意見を提出している。結果として、この過程はスウェーデンの社会福祉の新時代を非常に分かりにくいものにみせている。あらゆるものが互いに絡み合い、何一つ確かなことはない。

スウェーデン・モデルは暴力革命なしに平等・連帯社会を達成しようとした社会民主党と労働運動の漸進主義的（改良主義的）政策の成功した結果であると認められている。彼らと肩を並べる政治・経済勢力は農民運動を主な例外として政策形成への影響力を多かれ少なかれ失った。それから半世紀経ち、スウェーデンは他の諸国と比べて最も寛大で包括的な社会保障施策と絶対的に高い雇用水準（失業率３％未満）による経済成長の持続を実現した。

しかし1976—82年と1991—94年の時期のスウェーデンでは、スウェーデンの社会福祉が少なくとも幾分寛大すぎると考える非社会主義諸政党が政権に就いた。失業率は国民総生産の成長鈍化にともなって1970年代後半から上昇しはじめた。スウェーデン・クローナは切り下げられ、利子率が引き上げられた。これと並行してスウェーデンの社会支出は1970年代後半以降は劇的な増加を示さなくなった。様々な研究者達はこの現象をさして「成熟」、「定着」あるいは「危機」といろいろな言い方をしている。

この変化を通して政治的・経済的右派は――ＳＡＦおよび部分的には穏健党

も——「反福祉国家」を以前より声高に唱えはじめた。彼らは経済学者コミュニティの中にも強力な支持を見出している[25]。経済学者達は「労働インセンティヴ」、「市場ベース」という概念を、社会民主党と労働者が継承している伝統的な資産、「連帯と平等」という概念に対するアンチテーゼとして主張し続けている。しかし左派も経済の不安定ゆえに福祉の部分的削減が不可避であることを認め、それを防ぐことはできなかった。

ときには社会民主党自身が給付の削減に取り組むことがある。たとえば1990年の危機パッケージでは史上はじめて社会民主党政府が給付水準を押し下げた。一日当たり疾病給付が賃金の90％から75％に減額された。自由党とのこの政策協力は労災保険改革にも道を開いた。組合運動は既存の福祉システムを頑として守ろうとしてきたが、それは労働運動の中での指導的地位を保持したいからである。とはいえ状況は特に好転していないのであるが。

ある意味でこの状況はスウェーデンの福祉国家の「転換」と規定することができる。その文脈では、社会民主党の変化にともないバランスに重点が移り、「平等社会」への熱情が冷めてきていることも理解できる。彼らは経済と政治の最適解を探しているのである。1980年代から社会民主党は財政赤字回避のため公的サービスの「分権化」を押し進め、増税と公共部門拡大に消極的な態度を示している。これによって負担は地方政治に移転されることになった。

要するに、左派・右派とも国際経済への統合の中でより安定した経済を保障できる福祉国家の新しい形をみつけようとしているのである。この状況の下では失業問題が解決すべき最重要案件となっている。だが現在までのところ、高等教育の著しい浸透がはじまっているとはいえ、何ら解決は見えてきていない。

最後に現在進展中の年金改革についてふれておく。奇妙なことにこの改革は1994年に合意がなされ、大枠が作られながらも1997年に改めて再検討されている。立案されつつまだ施行されていないそのシステムは、スウェーデンの社会保障の新しい出発点を表す。従来の公的基金は大幅に縮小され、国家の関与の少ない、場合によっては民営の基金がおそらく出現する。それでもシステムは基礎的社会保障原則と報酬比例原則の二つの原則の混合に基づくことになろう。それゆえ新しい年金システムの典型的な内容は以下のように要約できる。再配分の面では中立的な報酬比例の年金。年金受給額は保険料拠出額によって算定される。賦課方式財源の年金で貯蓄投資的要素がとり入れられる[26]。注目され

ているこの報酬比例型年金は、保険料支払い期間が30年から40年に延長されるため、新しいシステムでは「労働インセンティヴ」が重視されるはずであるという含意をもっている。しかしこの改革案は労働運動内に大トラブルを引き起こし、改革の過程が決着する見通しはない。幾人かの観察者にいわせればそのことが現在の貯蓄・消費パタンに甚大な悪影響を及ぼしている[27]。

第4節　結論──堅固なものすべて宙に溶け去るか？──

　スウェーデン・モデルはある面では交渉システムの脱集権化、政治的忠誠の低下という内的変化に直面している。別の面ではスウェーデンの福祉国家は将来のEUシステムの中でかなり弱体化してしまう可能性がある。ここで強調したいのは国際化、もっと正確にいうならば「欧州化」の重大性であり、国民国家的福祉国家の主権が失われることである。1880年代や1930年代とは対照的に、もはや争点は国民国家の中だけにかかわるのではない。

　グローバルな経済統合と実体経済に結びつかない金融取引きの重要化にともなって、かつてよりスウェーデンは外的圧力に脆弱になった。小国経済に関するカール・ポラニー（Karl Polanyi）の議論は以前よりも今日意義を増している[28]。

　加えて、疑いようのない経済の危機あるいは再編が福祉システムの上に巨大な圧力を及ぼしており、このことが政治的・制度的調整を際限なく続けさせることになっている。具体的には従来のスウェーデン・モデルの重要なコンセンサス形成の場である調査委員会が徐々に除かれつつある。このような統治能力の弱体化は政治システムの危機の一側面でもある。1988年以来従来の五大政党制は、緑の党、キリスト教社会主義、右翼大衆主義の政党の台頭、さらにフェミニズム政党の出現の明らかな脅威により、流動性のかなり高い7～8政党の配置に移行した。議会で活動する政党の増加によって、ありうる政策結果も多様化した。

　他方、普遍的福祉政策の基本原則への固着については際だった安定がみられる。それは1991―94年の非社会主義政権と現在の社会民主党政権の両方が表明している。さらに1995年はじめから現内閣は「古い緑」、つまり中央党との非公式の議会内連合（ちょうど1930年代と50年代にそうであったように）によっ

て支えられている。このことは動揺の時期にあって一つの強さをもたらすのか、単にシステムの動脈硬化症にすぎないのかは予断を許さないが。

　もう一つの危機は、社会・政治配置における勢力配分の根本的変化である。とりわけ使用者連盟（ＳＡＦ）は中央賃金交渉ばかりかコーポラティズム的政策決定への参加の場から撤退した。ＳＡＦとそのシンクタンクはまた福祉の領域で新しい発想を発達させようとしている。たとえば私的慈善の線に沿った個人福祉モデルの考え方がそれである。しかしこうした「個人福祉モデル」へ向かう動きへの強い歯止めもありうる。それは労働市場における新しい同盟、新しい社会契約である。なぜなら他のさまざまな社会勢力――ホワイトカラー、労働者、フェミニスト――の間でそれは起こりうるからである[29]。

　国民国家の社会福祉システムの将来は「経済的必要」だけではなく、政治勢力そして国民国家レベル、ＥＵレベルについての彼らの見解によって左右される。多くの人が指摘するように、ＥＵ問題に関するスウェーデン国内の議論で最も頻繁に用いられる用語とは「調整」である。この言葉は福祉国家の可能性についての一種のあきらめを反映している。しかしＥＵ加盟国であっても、スウェーデンには選択の余地があり、自らのモデルの主だった要素を保持することは十分可能なのである。この変化にあって決定的に重要な点は国民国家による政治経済的決定の安定である。もしこの安定が揺らぎ、欧州レベルでも新たな安定が見出されなければ、「スウェーデン・モデル」の福祉国家の諸前提は大幅に弱まってしまうだろう。

　今日スウェーデンで新たな福祉改革を求める考え方は、かつての社会的公正・公平のイデオロギーよりもむしろ経済安定の論理にもとづいている。その関心は国民間の平等の達成よりも経済再建に有利な環境づくりに向けられている。現行の給付水準の改革については、大部分の社会政策改革推進論者は労働インセンティブがシステム全体によって保障されるべきだと主張する。行政については彼らは行政過程の効率を重視する。

　われわれはまた、ある国の現在の経済成長は他の国の成長と関連づけて理解される必要があるということを念頭におくことができよう。この文脈では、スウェーデンの社会保障水準はどの国よりも高い。そこから示唆されるのはスウェーデンの水準は現在のグローバルな経済システムの中で維持するには高すぎるということ、そして世界経済の中で「ゲームに勝つ」ためにはもっと競争

力のある国内構造をシステムがもつ必要があるということである。一般に受け入れられている知見にしたがえばそういうことになる。

いうまでもなく、あらゆる論争は移り変わっていくイデオロギーの上になされる。スウェーデンの中道左派が一連の危機に直面しはじめる以前には、彼らは寛大な福祉国家を財政的に運営し続けることができた。それは経済成長の持続と政治的安定を含む有利な環境があったからにほかならない。普遍的福祉を唱える者は、世論に承認された善としての平等と社会的公正を主張した。その基礎にあるのは堅固にみえる鎖の弱い部分を覆い包む連帯であった。スウェーデンが経済的危機に直面したとき、意見を異にするブロック間の妥協の大半は分解しはじめた。この過程でとりわけ社会民主党は、幾分消極的にとはいえ平等という考え方を信奉することを少なくとも部分的に断念した。1991年―94年の非社会主義政権の下で、また現在の政権にあって社会民主党は従来の福祉システムを修正あるいは改革する「不可避性」を認めたようにみえる。社会民主党はEU加盟を選択し、その決定はさらなる改革の基礎になった。いずれにしても1960年代、70年とは全く異なる新しい考え方がみられる。今日「生産性」は1930年代のスローガンへの回帰を表す「平等」よりも重要視される。生産性の増大が必要とされており、おそらく報酬比例型の、もしかしたら所得調査さえとり入れた施策が、新しいもしくは修正されたシステムの一部をなすことになろう。

「危機」よりもむしろ「転換」という用語を頭において、スウェーデンで新たに姿を現す福祉国家のありうべき形を考えることは有効だろう。それは社会福祉の完全な破滅ではなく一定の修正を意味するからである。スウェーデンでは現在普遍的要素と選別的（ただしかなり包括的な）要素の混じった国家中心の社会保険制度があり、それは法令上の制度と職能別の交渉による制度を含む。これがたとえば包括的な普遍的定額制度を基礎とし、多様な職種別・職能別の制度および民間・貯蓄投資型の福祉給付の組み合わせと合体した、国家関与のより薄い混合型に部分的に置き換わる可能性があろう。とはいえこの方向の移行には明らかにかなり長い時を要する。

しかしながら決定的な問題は平等主義的な社会争点、すなわち社会的公正、に固着し続けるかどうかということである。それは専門職能的な団体や一般市民の閉じたグループの個別利害より広いものである。福祉国家には多くの象徴

的価値が付与されている。システムの変更が「3分の2社会への急速な移行」の形をとるなら、輝かしいスウェーデンの福祉国家が単なる世俗化した考え方に堕したとして批判を浴びるだろう。だが今までのところ大多数の社会運動と政党はそのような移行に対して強い反対の立場を示している。

　平等の観念をこれまでの社会政策にとっての決定的要素の一つと考えるなら、現在議論されている代替選択肢は資本主義（世界）経済の残忍な側面に対する聖なる戦いの政治的敗北の徴しということになる。しかし大部分の観察者の目からみて、スウェーデン人には現在の世界経済システムで他国にキャッチアップするための改革の方法を選ぶこと以外に選択できることはない。もちろん進展中の政策提案に対し異議を唱える人々はいるが、これまでのところ優勢な考え方・活動に対する首尾一貫した代替選択肢は日の目をみていない。そこで、将来答えが出るであろう、次の興味深い疑問が出てくる。スウェーデン社会民主党はその政治的正統性を失うか。1991年選挙の敗北は一時的な後退にすぎないのか。社会民主党は解体するのか。それとも自由主義・保守主義的な世俗化としての「中間の道」で生き残るのか。そして「歴史の終わり」とフランシス・フクヤマ（Francis Fukuyama）流の自由主義の勝利の後も、まだスカンジナビア的「例外主義」の道は残されているのか。

　これらの論争の終着点が普遍的・包括的福祉国家の完全な荒廃でなければ、「労働者と農民」、あるいはもしかすると女性と退職者が、今一度平等、公正で保障のある社会をめざす道を追求するかもしれない。率直に言って、将来について大胆に予測できる者はいない。新しい状況はまだ定まらないからである。マーシャル・バーマン（Marshall Berman）[30]は近代の到来についてのその優れた研究においてシェイクスピアのことは念頭におかなかった。しかし、「このままでいるか、そうでないか」それが問題である。

注

1) D. Lachman et al, *Challenges to the Swedish Welfare State*, Washington D.C.: International Monetary Fund, 1995, p.1.
2) OECD, *The Welfare State in Crisis*, Paris: OECD, 1981.

3) R. Titmuss, *Essays on the Welfare State*, Lodon : Allen and Unwin, 1958.
4) R. Rose and Rei Shiratori, eds., *The Welfare State East and West*, Oxford : Oxford University Press, 1986（邦訳：白鳥令，R・ローズ編著　木島賢・川口洋子訳『世界の福祉国家：課題と将来』新評論、1990年）.
5) W. Korpi, *The Working Class in Welfare Capitalism*, London : Routledge, 1978 ; G. Therborn, "The Coming of Swedish Social Democracy," in Anali Feltrinelli, Milan, 1984.
6) S. E. Olsson Hort, "The Swedish Model," in J. Berghman and B. Cantilon, eds. *The European Face of Social Security*, Aldershot : Avebury, 1993.
7) OECD, *Social Expenditures : 1960–1980*, Paris : OECD, 1994.
8) G. Esping-Andersen, *The Three Worlds of Welfare Capitalism*, Cambridge : Polity, 1990.
9) M. W. Childs, *Sweden : the Middle Way*, New Haven : Yale University Press, 1936.
10) Lachman et al, *op.cit*. 参照。
11) G. Ahrne and W. Clement, "A New Regime? : Class Representation within the Swedish State," in *Economic and Industrial Democracy*, vol. 13, pp. 455–479, 1992. ; M. M. Micheletti, "Swidish Corporatism at a Cross Roads : the Impact of New Politics and New Social Movements," in J–E. Lane, ed., *Understanding the Swedish Model*, 1991.
12) S. Kuhnle, "Norge i mote med Europa," in A. Hatland, S. Kuhnle & T. I. Romeren, *Den norske velferdsstaten*, Oslo : Ad Notam.
13) Ministry of Finance, *Reforming Social Security*, Stockholm : Expert Group for Public Finance (ESO), Ministry of Finance, 1995.
14) RRV, *Fraud and abuse*, Stockholm : Riksrevisionsverket, 1995.
15) Dagens Nyheter, Sept. 1996.
16) H. Hernes, *Welfare State and Women Power*, Oslo : Norwegian University Press, 1987.
17) R. Morris, ed., *Testing the Limits of Social Welfare*, Hanover, NH : University of New England Press, 1988, 参照。
18) C. Berggren, "Work Reforms in Sweden 1970–1990 : From Labour Market Pressures to Corporate Strategy," in T. Boje and S. E. Olsson Hort, eds., *Scandinavia in a New Europe*, Oslo : Scandinavian University Press, 1994.
19) B. Rothstein, *The Social Democratic State*, Pittsburg : Pittsburg University Press, 1995.
20) D. Sassoon, *Hundred Years of Socialism*, London : I. B. Tauris, 1996.
21) O. Petersson, "Democracy and Power in Sweden," *Scandinavian Political Studies*, vol. 14 : 2, 1991.

22) S. Svallfors, *Välfärdsstatens moraliska ekonomi* (The Moral Economy of the Welfare State), Umeå: Boréa, 1995.
23) J. Palme, *Pension Rights in Welfare Capitallism*, Stockholm : SOFI, 1990.
24) H. Zetterberg, *Before and Beyond the Welfare State*, Stockholm : City University Press, 1994. 参照。
25) A. Hugemark, *Den fängslande markanden* (The Fascinating/Attractive Market), Lund : Arkiv, 1994.
26) A-C. Stalberg, "Pension Reform in Sweden," *Scandinavian Journal of Social Welfare*, Nr. 4, 1995.
27) ＜訳者注＞改革年金案は1998年6月に議会で最終的に合意された。
28) K. Polanyi, *The Great Transformation*, New York : Beacon, 1944.（邦訳：カール・ポラニー著 吉沢英成［ほか］訳『大転換：市場社会の形成と崩壊』東洋経済新報社、1975年）。
29) G. Olofsson, *Klass, rörelse, socialdemocrati* (Class, Movement, Social Democracy), Lund : Arkiv, 1995.
30) M. Berman, *All that is Solid melts into Air*, London : Verso, 1982.

第4章　スウェーデン（2）
大量失業・高齢化時代へのスウェーデン的戦略

グン・フランセーン・ユング
（小川　有美訳）

　スウェーデンは社会統合の度合いの高い国として知られる。この指摘は正しく、他の多くの諸国よりも同質的な国であるがゆえに、われわれの任務はより容易であったといえよう。しかしここで指摘したいのは、社会の統合はみずから起こるのではない、ということである。それは長年にわたる経済・社会分野の改革政策の結果にほかならない。

　ここ何年かわが国の社会政策は圧力を受けている。数字をあげるなら失業率は1930年代の不況以来経験されていない10％以上に上っている。

　今日われわれは世界の人々から、スウェーデン・モデルは棄てられようとしているのかと問われる。人々はまた、スウェーデンの福祉モデルが厳しい経済危機の原因なのではないかと考えている。この点は後にふれるとして、まずこの数十年の経済発展の背景について述べることにしよう。

　第二次大戦後の数十年間にわたりスウェーデン経済は従来両立しえないと考えられてきたいくつかの社会的目標を組み合わせることに成功した。高度経済成長が広範囲の社会政策、そして完全雇用と結合されたのである。1970年代の石油危機から成長率の低下が始まったが、それはほぼ全ての豊かな産業化諸国に共通の現象であり、スイスやアメリカのように全く別の福祉モデルをとる、より平等でない経済資源配分の国も例外ではなかった。この分野の実証的研究でも、高度の福祉国家路線それ自体が経済成長に負の影響をもつことは示されていない。

　スウェーデン型の福祉国家への批判は、高税率からくるインセンティヴ問題に集中している。労働市場慣行の面では、西欧世界の他の産業化諸国で支配的にみられる形と比べて、スウェーデンの経済活動のあり方が際だって不利であるという偏差を見出すことは難しい。実際、スウェーデンは世界で最高の就業率を示す国の一つであり、男女合わせた労働時間は80年代に実は増加したので

ある。1950—60年代と比べ70—80年代に成長は鈍化したとはいえ、依然他の豊かな産業化諸国と同じ水準にあった。1990年代に起こった深刻な経済不況と高い失業率の持続の結果、スウェーデンはさまざまな福祉制度の削減を強いられるようになったのである。

いくつかの社会保険制度の給付率や医療ケアその他の社会サービスの公共支出は削減されなければならなかった。効率を高めるための圧力が県自治体と市長村自治体にのしかかった。しかしシステムの一部について水準が低下したとはいえ、われわれは福祉システム一般についてはほとんど手をつけずに維持することができたのである。

スウェーデンの社会政策の詳細な特徴に立ち入る前に、スウェーデンの労働市場政策について少々ふれておきたい。この政策は市民の権利の面でも義務の面でも社会政策と密接に連関しているからである。

全ての市民は社会権をもっているが、また同時に社会への義務も負っている。そうした諸義務の要点は、いずれの成人市民もその個人的能力に応じて生活収入を稼ぎ、所得税を払わなければならないということである。仕事に就き続けるという強い道徳的コミットメントはスウェーデンにおいて幅広い政治的コンセンサスを得ており、それは「就業戦略」と呼ばれる政策体系の重要な要素でもある。

そのことは社会保障システムの構想と実施に大きな影響を与えてきた。ここからくる指導原則の一つは、仕事に就く機会を減らすような誘因の発生に社会政策が手を貸してはならないということである。仕事は、働かないという選択よりも高い報酬を与えなければならない。給付と租税はこのことに沿って構想されなければならない。

スウェーデンの社会保障システムには特に労働インセンティヴを生み出す三つの要素がある。1）システム全般、2）所得制限原則の撤廃、3）個人の権利。

社会保障システム全般は労働市場の柔軟性をもたらす。それは将来ますます重要性を増すと考えられている。社会保障システムは労働市場全体を包摂している。社会保険によってカヴァーされ、その権利が消滅しないことを知る個人は、職業の転換や教育に時間を割くことを恐れない。個人は保険給付のために一つの使用者にずっと縛りつけられることはないのである。

就業を促進する第二の重要な要素である所得制限原則の撤廃とは、働けば働くほど給付も増大するという意味である。ただし一定のシーリングによる給付制限はある。こうして報酬比例の社会保険は、所得と給付の間の連関の薄い基礎保障システムよりも、報酬労働をはるかに促進することができる。
　第三の就業促進的な要素は、社会保障システムが賦与する個人の権利である。これは何よりも女性が賃金労働に就くインセンティヴを与える。女性はもはや男性に社会保障を依存することはない。報酬比例方式の親保険の方式は、若い女性が家族を作る前に労働市場に定着する動機づけをもたらす。この点については後にもう一度ふれよう。
　「就業戦略」は働く義務だけではなく、働く権利——国連人権宣言に含まれている権利——に関するものであることは特に強調したい。
　長い間スウェーデンの経済政策の主な目的は完全雇用であった。誰もが働く権利をもつべきである。労働市場政策は経済政策の一部であり、経済目的を達成するのに役立たなければならない。労働市場政策の重要な任務は失業を防ぐことである。経験的観察上、失業の期間が長くなると人はそれだけ働いたり仕事を見つけたりすることが困難になる。労働市場からの排除には大きなリスクがある。
　積極的手段による労働市場政策に力点をおくことはまさしくスウェーデン的である。一時的な公共的雇用、教育の延長、再訓練、長期失業者を採用する使用者への補助金等はこうした積極的手段の一例である。確かにいえることは、社会民主党政府は周縁化や社会システムの悪化の影響がこの国をとらえてしまわないようにたゆまず努めてきたということである。そのためには公的財政の均衡、および経済成長と雇用の均衡を維持するきわめて緊縮的な経済政策が求められるし、社会政策領域における慎重な改革と調整も必要となる。産業化諸国のほとんどはわれわれが今直面しているのと同じ挑戦を受けている。景気後退は政府財政赤字を招いた。大量失業は恒常化するおそれがある。退職年齢は徐々に低下する傾向があり、同時に若い人々が定職に就くことがますます難しくなっている。多くの場で女性の失業が増え、それが出生率の低下をもたらした。人口は高齢化し、それは所得移転システムと社会サービス両方の支出への重圧を意味する。大量失業には貧困と社会の統合の解体がともなう。
　しかしさまざまな国々の社会問題がしばしば共通であるとしても、戦略は異

なってくる。われわれは決して福祉国家を解体しようとはしていない。むしろわれわれの意図は生産的労働を奨励・援助し、同時に個人への保障を与えるよう福祉システムを再編することにある。これが今後の困難な諸問題への最善の解決であるとわれわれが考えるやり方である。

ここから社会政策のさまざまな領域に入っていこう。最初は高齢者である。

スウェーデンは世界で最も高齢化した人口をもつ国の一つとして知られる。高齢者ケアについての指導原則は、高齢者が近親者にケアを依存することになってはならないということである。この方向の歩みに対応して、高齢者ケアの包括的な公的システムが発展した。

スウェーデンの高齢者の多くは一人で暮らしている。しかし公的ケア・サービスは家族の責任放棄をもたらしたわけではない。傾向としては世代間の社会的契約は向上し、家族は高齢者が公共機関から受ける援助の二倍のものを与えているという現今の評価がある。この領域での大きな改革は、長期ケアと在宅サービスを一つの行政単位、すなわち市町村に統合することであった。これによって、全体的なアプローチの可能性、より高い連続性と柔軟性、その結果としての資源のより効率的な活用の面で向上がみられた。1992年に導入された高齢者関連の新法制では、市町村は高齢者ケアの財政的責任と最終的責任を担うことになった。このことは福祉の根幹部門におけるローカル・分権的な力を高めたばかりでなく、ケア・サービスをローカルなニーズと条件に適合させる余地を与えた。

高齢者が自宅で独立した生活を続けられるようさまざまな支援策を用いることは、限られた資源の有効活用ということも意味する。在宅ケアがもはや不可能になったときは、別の形のケア——サービス住宅、居住ホーム、グループ・ホーム、養護ホーム——が得られるようにしなければならない。こうした多様な形の施設によって入院という高費用の選択肢をできるだけ避けることが可能になる。利用者個人自身は異なったケアを選択する余地を与えられるだけではなく、それに関わる決定に影響力を行使する機会を与えられなければならない。

以上に関連して、われわれは人口動態と経済の推移によりよく適応するための年金制度改革に取り組んでいることも述べておきたい。この改革は将来においても高齢者の保障を確かなものにするであろう。

スウェーデンの福祉国家は戦後を通じてさまざまな面で変化してきている。

そうした変化は社会構造と政治的な勢力関係・優先順位をともに反映している。30—40年代には社会政策は都市と農村の双方のニーズと要求を満たすよう構想された。50—60年代には新しい産業化・サービス社会の条件に応える報酬比例型社会保険が支配的となった。70—80年代には何よりも家族政策の改革が主流となる。それは女性の労働市場への参入と並行して導入された。諸改革はスウェーデン社会のこうした重要な変化に必要な基盤を提供したのである。女性の職業参加を実現するため、公的財源による児童ケア施設が拡充され、現在の形の親保険が制定された。

機会の均等を達成するためには、両性間で権力・影響力が等しく配分されていなければならない。女性と男性は経済的独立のため同等の機会をもたなければならない。また経営・雇用・サービスにおいて同等の条件を与えられなければならない。そして女性と男性は職業的キャリア上昇のため同等の機会を与えられなければならない。

われわれは家庭と子供を守る責任についても女性と男性が同じ責任を共有しなければならないと信じる。

この目的を実現するため、一歳以上の必要な子供全てにデイ・ケアを与えることを目標に児童ケアが拡充された。今日スウェーデンではこの目標はほぼ達成されつつある。有給の育児休暇は15ヶ月分の収入を補填する。父親・母親は各自一ヶ月の休暇を取り、その後の13ヶ月は両親の間で好きなように分けもつ。

育児休暇は仕事と家庭生活の調和をより容易にし、家族と労働市場における男女の平等を促進することを意図している。いろいろな点でスウェーデンの労働市場で男女は隔離されている。しかし今日女性は全職種で見出され、状況は正しい方向に向かっている。

男女平等の追求はあらゆる領域のあらゆる政策決定においてなされている。大多数の決定は直接・間接に、積極的意味でも消極的意味でも、機会の均等に関係している。それゆえスウェーデン政府は全ての政府・議会の決定が機会均等の観点から吟味されなければならないと決定した。このことが平等化のプロセスを助けていると私は信じるものである。

　　（なお、私のコメントはスウェーデン政府の政治的な見解にある程度立脚している。）

第5章　フィンランド
1990年代におけるフィンランドの経済危機と社会政策

ハンヌ・ウーシタロ

（佐藤　陵一訳）

要約

　本論文は、1990年代のフィンランドで起きた、深刻な不況のもとで実施された社会政策の結果を論じている。分析の対象は、この異例の経済状況においてフィンランドの福祉国家が直面した諸事象と、その結果として生じた政治的問題である。本論文は、フィンランドの経済実績を諸外国のそれと比較し、また政府が社会・経済社会政策の目標をどのように設定したのかを考察している。更に、景気後退期において、福祉国家に対するフィンランドの世論が如何に変化したのか、という問題を検証している。

　また、所得水準、所得分配、貧困対策、社会サービス、および保健サービスを分析し、フィンランドにおける福祉の成果を考察している。そこではフィンランドの世帯が予測されたＧＤＰの減少よりも低い経済的損失に苦しんでいる、ということが確認されている。しかし、その調査結果によれば、景気後退のあいだ、所得分配の状態や相対的な貧困水準は変化していない。つまり、この間の所得の損失は、相対的に均等に拡大していたのである。その際に、重要な手段となったのは福祉国家の再分配システムであった。これらの結果にもとづいて、福祉国家の縮小（あるいは解体）に関する説明要因と福祉国家の成長に関する説明要因は異なる、ということを主張する。福祉国家の中で確立した構造や制度は、たとえ政治・経済状況が困難な時でさえ、強力な装置として機能しうるのである。

第1節　はじめに

1980年代から1990年代にかけて、ほとんどの西欧先進工業国において、福祉

国家は経済的・政治的諸問題に直面している。それぞれの国によって深刻さや時期は異なるが、そこでは福祉国家の財政危機が政治的課題となっている。多くの国では、これらの経済的・政治的問題はすでに1980年代に顕在化していた。しかし、フィンランドの場合、1980年代は経済的に非常に成功していた時期であり、それゆえ、当時のフィンランドは、しばしばヨーロッパの中の日本と呼ばれていた。ところが、1990年代初頭に、これら全てのことは劇的に変化してしまった。中・東欧の旧社会主義諸国を別とすれば、フィンランドは、どのOECD加盟国も経験したことのない深刻な不況に陥ったのである。フィンランドは、1980年代あるいは1990年代に景気後退を経験したOECD加盟諸国の中で、その景気後退が、1930年代における大恐慌よりも深刻であった唯一の国である。

本論文は、この深刻な不況のもとで実施された社会政策の結果を論じている。また、この異例の経済状況においてフィンランドの福祉国家に生じた諸事象と、その結果として生じた政治的問題を扱っている。分析は、以下のように行う。第一に、フィンランドの経済実績を諸外国のそれと比較する。第二に、政府がいかにして経済・社会政策の目標を設定したかを考察する。第三に、所得水準、所得分配、貧困、社会サービス、および保健サービスに焦点を当て、政策の結果やその他の変化に注目する。第四に、1990年代のフィンランドの事例は、福祉国家の理論にとって特に興味深い事例であることに触れ、さらに、福祉国家の不可逆性や、その成長の説明要因と縮小の説明要因の相違に関する、いくつかの暫定的な理論的結論を導き出す。

第2節　1990年代における各国の経済実績の比較

重要な経済指標であるGDP成長率と失業率を見ることから始めよう。図4—1と図4—2は、1985年から1995年までの、各国におけるこれらの経済指標の動向を示している。フィンランドでは、1980年代後半において高い経済成長率が記録された後、1990年にはゼロ成長となった。その後の3年間はマイナス成長が続き、この間にGDPは13％低下した。1994年には、低下した時と同じスピードではないにせよ、相対的に高い成長率が観察されており、その傾向の持続が期待されている。図4—1が示すように、他の国々も1990年代に経済

的困難を経験してきているが、その困難の程度はフィンランドが経験したほどではない。

図4－2にみられるとおり、フィンランドにおける失業率の上昇は、経済成長率と同様に、他の国々とは異なる動きを示している。1990年以後の3年間において、労働力人口の4％以下であった失業率は17～18％にまで上昇している。これは実際、ＯＥＣＤ加盟諸国の中で、スペインに次いで二番目に高い数字である。近年、失業率は低下し始めているが、特に長期的な観点から見るならば、それは非常に高い水準で推移し続けていることがわかる。

当然のことながら、マイナス成長や失業は、単なる経済的問題ではなかった。公共経済は相当の歳入不足に陥る一方で、国民の増大するニーズや深刻な金融危機のために、財政支出は増大する傾向にあった。特に、景気後退期に発生した金融危機は、450億から500億フィンランド・マルカの支出を国家に負担させる原因となった。銀行が営業活動を継続するためには、国家は銀行に対して助成金を支給せざるをえなかったのである。これらの結果として、1990年においてＧＤＰの10％であった公的債務は、1993年に同50％、1995年には同70％と、急激に増加した。

1990年代の経済実績に関していえば、フィンランドの事例は非常に特殊であるといえる。その悪化の原因には、輸出産業の競争力を弱めたフィンランド・

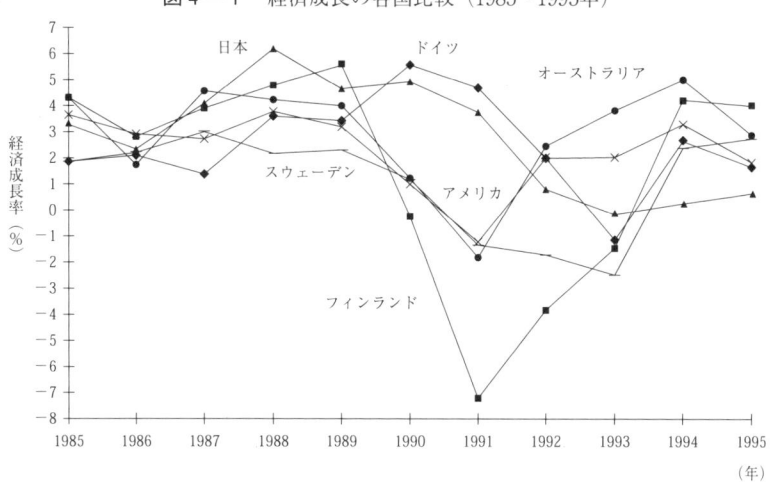

図4－1　経済成長の各国比較（1985～1995年）

出所：*OECD Economic Outlook 59*, June 1996.

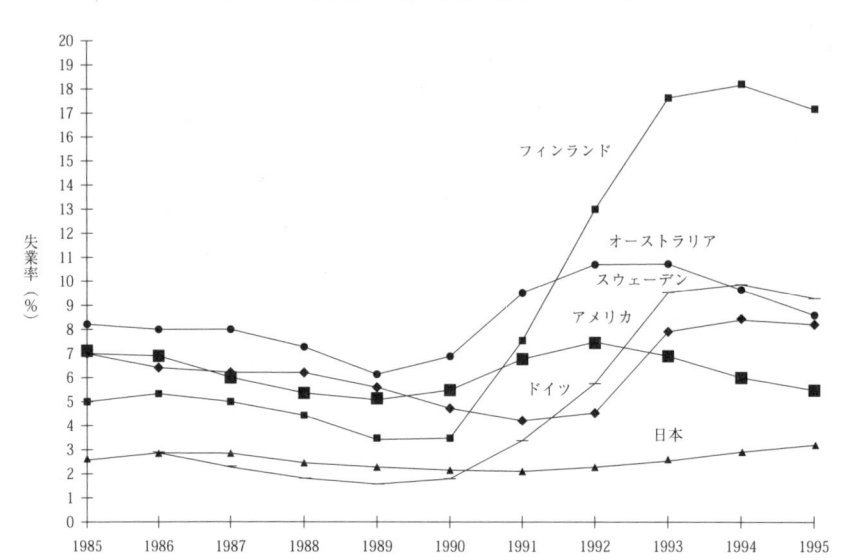

図4—2　失業率の各国比較（1985〜1995年）

出所：*OECD Economic Outlook 59*, June 1996.

マルカのドイツ・マルクへの一定水準での固定、及び金融市場の性急な規制緩和というような不適切な経済政策の決定だけでなく、ソ連との貿易関係の喪失といった外的要因も含まれるであろう。この特殊性ゆえに、フィンランドの福祉国家で生じている事象を観察することは、特に興味深いことであるといえる。そのためには、まず、この数年の間にフィンランドを統治してきた政府の社会・経済政策を概観する必要がある。

第3節　社会・経済政策

1　中道右派内閣（1991年〜1995年）

1991年3月における総選挙の後、中道右派勢力が政権に就いた。これは、「中央党（旧農業党）」（the Centre Party）と保守派の「国民連合」（National Coalition）を中心として、いくつかの小政党と共に形成された連立内閣である。この内閣は議会で議席の過半数を獲得する一方、「社会民主党」（Social Democrats）は選挙で敗北し、野党となった。

エスコ・アホ（Esko Aho）を首班とする中道右派内閣は1995年3月までの任期を全うした。この内閣は1991年の時点で、経済危機の深刻さを予見することができなかったが、他にそれを成し得た者もいなかった。この危機に対する認知は徐々に高り、そして、危機に対する内閣の経済政策の重要な基本方針が策定されていった。

内閣は、公的債務と財政赤字を主要な問題として捉え始め、財政支出の大幅な削減を提案し、実行する一方で、税率を大幅に引き上げた。インフレーションもまた、重要な問題とみなされ、緊縮財政政策が採用された。また伝統的に、フィンランドの政府は製紙業や金属機械工業の国際競争力を経済成長における重要な要素として考えてきており、中道右派内閣もこの先例に沿う形で、これらの主要な輸出産業の諸条件を改善するための法案（フィンランド・マルカの通貨収縮＝デフレ政策）を提出した。

失業率の上昇もまた重要な問題として認識された。しかし、それを低下させるために採られた手段は、主として間接的なものであった。すなわち、経済の成長、インフレーションの統制、および通貨の安定が、失業率を低下させるカギとして考えられたのである。

内閣は、すでに1991年に社会的給付を削減し始めていたが、景気後退の初めの数年間において社会的経費は増加し続けた。また、失業と社会支援のための支出は急激に増加していたにもかかわらず、社会的経費の実質増加率は1991年に9.3％という高い数値を記録した後、1993年には1.6％へと低下した。社会的給付の削減は、単一あるいは幾つかの給付形態に集中することはなく、全てのスキームに及んだ。この手法は次のような変更を促した。すなわち、給付の促進に関する指標の撤廃、失業給付・疾病給付・保育給付における所得補償水準の引き下げ、及びいくつかの給付に関する受給資格条件の厳格化である。

2　大連立内閣（1995年〜）

新議会選挙は1995年3月に実施された。政権与党――特にエスコ・アホ首相の中道政党――は敗北を喫し、最大野党であった社会民主党が大幅な躍進を遂げた。新内閣は、同年4月に「社会民主党」のパーヴォ・リッポネン党首（Paavo Lipponen）によって組織された。これは、「社会民主党」、「国民連合」（保守派）、「左派連合」（the Leftist League：イデオロギー上、社会民主党よりも左

側に位置する)、「スウェーデン人民党」(Swedish People's party)、及び「緑の党」(the Green League)が参加する大連立内閣であり、議会において3分の2以上の議席を占めている。他方、前政権で中心的な役割を担っていた「中央党」は、最大野党となった。

　パーヴォ・リッポネン内閣の基本政策では、二つの目標が強調された。それは、雇用状況の改善と国民生産に占める公的債務の比率を低下させることであった。新内閣は、これらの目標が達成されない限り、福祉社会は崩壊の危機に陥ると主張した。そして福祉社会の根幹（社会福祉、保健サービス、所得関連の社会保障、および全国民に対する最低限の保障）を維持するためには、かなりのリストラと支出の削減が不可欠とされた。内閣は、これらの支出の削減を任期の初めの2年間で実施すべきだと判断し、削減目標額を設定し、そして支出の削減計画を作成した。しかし、その計画の詳細については、将来的な課題として残された。

　新内閣の基本政策はまた、リストラに関して次のような原則を強調した。それは、補助金制度によってもたらされる労働意欲の低下を取り除くことであった。この課題に取り組むために、内閣は作業グループを設置した。この組織の目的は、社会的所得移転、料金、及び税金を調整するための全体的な見積もりを提示し、且つ最も弱い立場にある人々に対する保障を削減することなく必要とされる手段を提案することであった。この機関によって示された多くの提案は、1997年度予算に組み込まれていった。

　企業から徴収されていた社会保障負担のうち、労働関連給付に関係のない負担は徐々に廃止される予定であり、また賃金生活者や年金受給者から徴収されていた国民年金の負担も廃止される予定である。

　厚生年金の負担と支給額を均衡させ、またその負担を引き上げようとする圧力を抑えるために、1996年に厚生年金計画が改正された。他方、1993年以前の国民年金計画は、二つの部分から構成されていた。いわゆる基礎年金は普遍的なものであり、65歳以上の全ての人に支給されていた。第二の付加年金は、制度化された雇用関連の年金に対して審査が行われていた。そのため、付加年金の支給額は、他の年金が増えると減額される仕組みになっており、また一定の厚生年金の水準に達すると、支給は止められた。この二つの部分は1996年の改革で統合され、それにより前者の普遍的な基礎年金に所得審査が導入された。

同様の試みは疾病保険制度についても行われ、最低限度の生活を保障するための手当の受給資格が厳格化された。それ以前では、収入のない人々（主婦や学生）でさえ疾病保険の生活保障手当を受給する資格を持っていたが、1996年以降は、疾病を理由に収入を失った人のみがこの手当を受給できるように変更された。

　失業給付の見直しは、労働市場で活動する団体との協議の上で、迅速に行われた。この改革では、給付の支払期間と支払基準に関する再検討が行われた。同時に、雇用状況を改善するための労働政策により、リハビリや職業訓練の促進と拡充が図られた。

　フィンランドの社会・保健（そして教育）サービスは非常に広い範囲で、公的部門によって供給されている。実際には、これらのサービスの供給責任は地方自治体にあり、自治体は（これらの、そして他の）サービスを供給するために市民に対して課税を行っている。他方で、自治体はこれらのサービスの資金として国から包括負担金を得ており、そのサービスの水準や質は国によって監督されている。内閣は、その基本政策の中で、福祉社会に対する基礎的な社会・保健サービスの役割を強調している。そしてこの社会・保健サービスは、非制度的なケアと様々な中間的サービスを発展させることによって、再編されるべきであるとしている。また、内閣は基本政策において、労働に関する能力を維持したり、早期のリハビリを促したりするための、予防的な社会福祉政策や保健政策について強く言及している。これらの目標が、地方自治体に対する包括負担金を、内閣が大幅に削減するための障害となっていないのは、内閣が、自治体の経済が国家の経済よりもはるかに良い状況にあると主張することによって、これらの支出の抑制を正当化しているからである。

　このように費用の削減や福祉国家の縮小に関する議論は進行してきているけれども、社会保障に関する重要な改善も行われてきている。それは、未就学児のデイケア・サービスに関する権利の拡大である。この権利は、それ以前では3歳以下の児童にのみ与えられていた。

　大連立内閣における租税政策の目標は、税制と税率をOECD加盟諸国並みにすることである。このことは、国家経済の均衡は全体の税率を引き上げることなく実施されるであろうということを示唆している。税制は、労働と雇用に有利な形で変更される予定である。税制改革は、全所得層に、そしてその中で

も特に低・中間所得層に恩恵をもたらすべきであるとされている。実際、資本所得、利子所得、及び法人所得に対する税率は28％に引き上げられてきており、また労働者に対するより低い課税は相当程度、新たに設けられる環境税によって補填される予定である。

内閣は現在まで、わずかな例外を除いて、自らの作成した法案を議会で通過させることに成功してきている。また内閣は、労働組合や経営者団体との間に、所得政策に関する幅広い合意を形成してきてもいる。さらに国家予算の赤字は、おそらく数年の間に、コントロール可能になるとみられている。

内閣の経済政策における新しい重要な要素は、実現予定の欧州通貨同盟に加入する条件としてヨーロッパ連合が設けている、経済・通貨同盟（EMU）の基準の達成である[1]。政府は、このことはEMUへの参加が決定されたことを示唆するのではなく、フィンランドが参加を希望するようになった時に、フィンランドがその能力を持つことを意味するようになるだけだと強調している。この主張は、財政支出の統制や緊縮財政政策の維持といった課題を優先させることを重視し、結果として、政権任期の四年間で失業率を半減させるという雇用目標を後退させている。この雇用目標が達成されえないことは非常に明白であるとみられているが、しかし失業率は今世紀末の時点でさえ10％を越えたままとなるであろう。

ここで、中道右派の前政権と社会民主党および保守派が率いる現政権との間には、主としてどのような相違があるのかを考えてみよう。広い意味でいえば、両者は非常に似ていると思われる。財政赤字・財政支出の統制・国際競争力といった言葉は、両政権の優先課題の中でキーワードとなっている。しかしながら、両政権には二つの決定的な違いがある。第一に、現政権は年金や失業給付に関する支出の削減を実行する際に、労働市場で活動する諸団体との交渉関係を維持することに努め、またそれを成功させている。前政権は労働組合と対立していたが、逆に、前政権は、農業生産者団体と非常に良好な関係を持っていた。第二に、社会民主党と農業党（現中央党）の間の伝統的な相違を反映して、両政権の社会政策のプロフィールは幾分異なっている[2]。フィンランド農業党は、普遍主義と基礎的な社会保障の主唱者であり、これらの目標に関連する支出の削減を回避しようと努めた。他方、社会民主党は労働関連給付の主たる擁護者であるが、失業給付や疾病給付に関する改革を行っており、さらに国民年

金や疾病生活保障手当の改革で示されたように、フィンランド福祉国家の普遍主義を後退させることを意味するような、いくつかの改革を実行している。

3 社会政策に関連する支出の削減と社会的経費の動向

社会問題・保健省は、社会福祉システムの改革が行われなかった場合と比較して、その改革が社会的経費をどの程度低減させるのかを計算することにより、その改革の経済的効果を算出している。図4－3は改革が実行された場合の結果を示しており、そこでは、支出の抑制が実施されなかった場合よりも、2000年の社会的経費が8.6％低下していることが確認できる。1980年代における毎年度の社会的経費の平均増加率がやや低めの約8％であったことに留意するならば、この図は、より長期的な視点でみることができる[3]。さらに、失業給付と家族給付の削減の効果は、平均よりも大きくなっているのに対して、高齢者や障害者の介護、ヘルス・ケア、および疾病に関する経費はより小さく抑えられていることがわかる。

図4－4にみられるように、GDPに占める社会的経費の割合は、景気後退の初めの二年間において非常に急速に増加している。これは第一に、分母であ

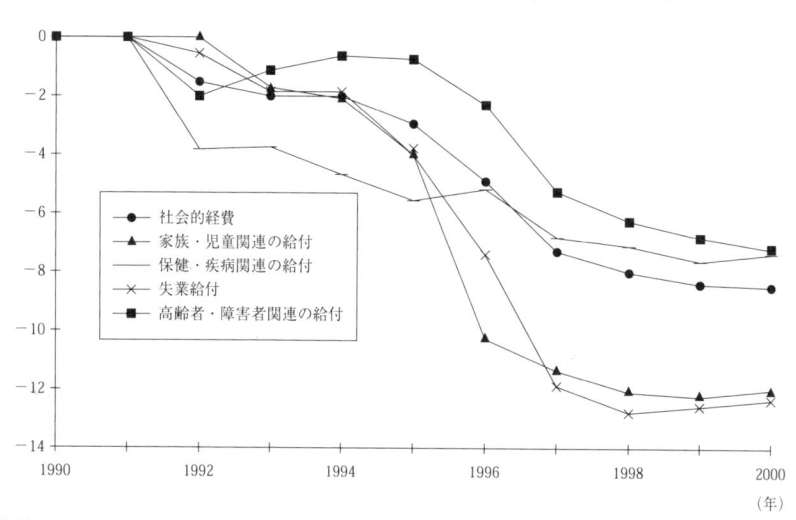

図4－3 社会的経費の抑制（1991～1996）のインパクト

出所：The Ministry of Social Affairs and Health, Finland : *Sosiaaliturvakatsaus*, 1996.

図4—4　OECD諸国における1993年の社会的経費とフィンランドにおける1990—2000年の社会的経費の予測（対GDP比）

フィンランド

━●━ 社会的経費、GDP比

	GDP比(%)
スウェーデン	40,3
フィンランド	36,2
オランダ	33,6
デンマーク	33,2
ドイツ	31,0
フランス	30,9
イギリス	27,8
ベルギー	27,6
イタリア	25,8
ルクセンブルグ	24,9
スペイン	24,0
アイルランド	21,4
ポルトガル	18,3
ギリシア	16,3

出所：The Ministry of Social Affairs and Health, *op. cit.*, 1996 ; Nososco (1996), *Social Security in the Nordic Countries*, Nososco 5, Copenhagen : 1996.

るＧＤＰの減少によるものであるが、また第二に、それは社会的経費の実質的な増加にも起因している。フィンランドのＧＤＰに占める社会的経費の割合は、ＥＵ加盟国の中でも中間レヴェルの水準にあったが、数年の間に、その割合は一位のスウェーデンに次ぐほどまでに増加している。

　図４―４は、社会問題・保健省によって行われた、2000年までの社会的経費に関する予測を示している。この予測は、毎年の経済成長率が3.5％であり、そして失業率は低下していくという仮定に基づいて行われている。それによれば、ＧＤＰに占める社会的経費の割合は1995年においても減少し、そして2000年までに、それは30％近くまで低下し続ける予定である。

　このような概算はそれを行う際に用いた仮定に左右されるわけであるが、3.5％の平均成長率という仮定は、全体として非合理的である。たとえ、1995年の成長率が4.2％であったとしても、ＧＤＰに占める社会的経費の割合が予測の水準にまで低下することはないであろう。また、この予測において推定されている数値と同じくらいの水準に、その割合が低下していくかどうかに関しても、疑問の余地がある。

4　福祉国家に関するフィンランドの世論

　フィンランドにおける福祉国家の財政危機は、福祉国家の将来に関する国民的な論議を引き起こしている。この論議の内容は多岐にわたっており、簡単に要約できるものではない。しかし、どの国においてもそうであるように、国民的な議論というものは、ある種新自由主義的な傾向をもつ。自由の問題や、市民に対する国家の過大な後見、非常に高い税率、そして社会的給付の結果としてもたらされる意欲の低下といった問題は、新自由主義者による批判の的となっている。これと反対の立場に立つ者は、この主張を経験的に誤りであるとして退け、そして将来においてもスカンジナビア型の福祉国家の維持を期待している。この議論における第三の立場は、スカンジナビア型福祉国家の長所を評価する一方で、過去に達成した栄光にしがみつくのではなく、新たな状況や課題に対して国内的にも対外的にも、福祉国家を調整していく必要があるとする。

　ところで、福祉国家を巡るこの論争は、イデオロギー的というよりは、むしろ現実的な論争であると言える。というのも、この論争の中心にあるのは、国

家の歳入と歳出の均衡を回復させ、そして民間のイニシアティヴが発揮される範囲を明確化するために、財政支出――従って福祉国家――は削減されなければならない、という主張なのである。

　国立健康福祉開発研究センター（STAKES）は、福祉国家に関するフィンランド人の意見を知るために、1991年以来、世論調査を行ってきている[4]。このデータを分析した我々の研究によれば、初めて体系的な調査が行われた1975年以降、フィンランド人の福祉国家に対する支持の水準は、1990年代の先行き不透明な景気後退期において最も低いことが明らかになっている。しかし、1996年の最新のデータによれば、この支持は再び上昇し始めている。我々の研究はまた、福祉国家はフィンランド人の心の中で特別の地位を占めている、ということを発見している。フィンランド人は、財政支出の抑制を行う必要性を理解しているが、その抑制に関しては、国防費や、農業および工業への支援、また文化活動やスポーツへの支援等の国家機能に関する支出の抑制を望んでおり、それ以外の国家機能に関する支出の抑制を望んではいない。当然のことながら、政策決定者が直面するジレンマは、社会的移転と社会的な保健・教育サービスに関する経費は財政支出の中で最も大きな部分を占めている、という問題である。

第4節　政策の結果

　フィンランド人の生活水準に影響を及ぼした社会・経済政策の結果は、どのようなものなのであろうか。ここでは、それらの結果を完全に検証することはできないので、四つの争点のみを扱うことにする。まず、⑴世帯の所得水準を観察し、⑵所得の不平等度の変化と、⑶貧困水準の変化を、それぞれ考察する。最後に、⑷社会・保健サービスの状況に関して説明する。

1　景気後退期の世帯の所得

　ＧＤＰが3年間で13％低下したことに留意した上で、世帯の所得の動向を観察し、そしてそれがどの程度減少したのかを見てみよう。この問題は、図4―5を用いると検証可能となる。この図は、景気後退前の時期から1994年までの世帯所得の変化を表している。現時点で入手可能な世帯の所得とその分配に関

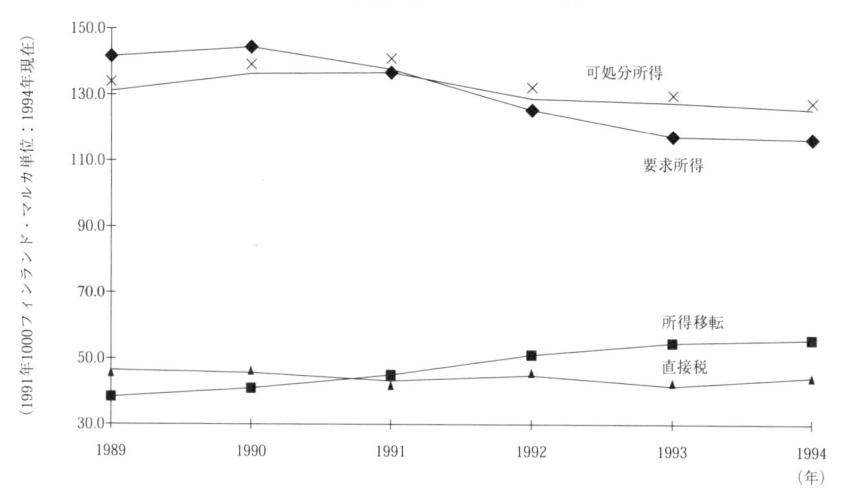

図4—5　家計所得（1989—1994年）

（1991年1000フィンランド・マルカ単位：1994年現在）

可処分所得
要求所得
所得移転
直接税

出所：H. Uuditalo, *Income Distribution in Finland. The effects of the welfare state and the structural changes in society on income distribution in Finland in 1966-1985*, Studies No.148, Helsinki : Central Statistical Office of Finland, 1989 ; *Income Didtribution Statistics 1994*, Income and condumption 1996 : 10, Helsinki : Contral Statistical Office of Finland, 1996.

する最新の統計は、この1994年までのデータを含んだものである。図4—5は世帯の所得を説明するものであるが、世帯の規模や構造は考慮していない。また、ここで確信をもって記述しうることは、中道右派内閣の時期（1991〜1995）に生じた世帯所得の変化のみであることに注意されたい。

世帯の平均可処分所得は、1991年において最も高い値を示している。しかし、その後の数年間で、その値は著しく低下しており、この低下傾向は1994年まで続いている。1995年の概算では、平均可処分所得は増加へ転じたことが示されている。また、最大時点（1991年）から最小時点（1994年）までの可処分所得の平均低下率はマイナス7.6％であり、この値はＧＤＰの低下率よりもかなり低い。

図4—5において最も興味深い調査結果は、要素所得と可処分所得の変化の比較である。世帯の要素所得（給与所得、自営業所得、資産所得）は1990年に最も高い値を示している。また、1994年までの要素所得の低下率は、可処分所得の低下率7.6％に対して、約18％であった。これは大部分、失業率の上昇によるものである。ところが、フィンランドの福祉国家はこの所得の減少の大部

分を、所得移転を通じて補償してきており、この期間の所得移転は約40％ほど上昇している。この所得移転の増加は失業給付の増加によるものであるが、年金支出や社会支援経費もまた著しく増加している。図4―4は既に、国民経済のレヴェルで社会的経費がどの程度増加してきているのかを示したが、図4―5は、平均的な世帯のレヴェルで同様のことが起きていることを示している。当然のことながら、これは、困難に直面している個人や世帯を支援する福祉国家ならではの現象である。以上のことから判断すると、フィンランドの福祉国家は、急激な経済的変化による困難を緩和する能力を持っており、また国民経済という他のレヴェルにおいて公共経済の問題にも貢献してきている、といえる。

2 所得分配

(1) 国際比較

ルクセンブルグ・インカム・スタディ（ＬＩＳ）の一連のデータに基づいて、アトキンソン（Atkinson）、レインウォーター（Rainwater）、及びスメーディング（Smeeding）が行ったＯＥＣＤ諸国に関する最近の研究は、そこで用いられた尺度にかかわりなく、1980年代後半のフィンランドがＯＥＣＤ加盟国の中で最も平等な所得分配を行っていた、ということを示している[5]。このことは、図4―6において示されている。また、図4―6は、社会的経費の規模と所得分配の間の関係にも焦点を当てている。そこでは、社会的な保護に関連する国の支出が増えれば増えるほど、その国の所得の分配はますます平等になる、という関係が見られる[6]。しかし、これは因果関係であり、同時発生的な関係ではない。すなわち、社会的移転および（直接）税による再分配の効果が、所得の分配を平等化する方向で作用しているのである[7]。

以上の研究結果は、フィンランドにおける1980年代の後半、すなわち景気後退前の時期について言及したものである。ではその後、フィンランドにおける所得分配はどのように変化しているのであろうか。

(2) フィンランドにおける所得の分配

フィンランドには、1966年から1994年までの、比較可能な所得分布のデータがある。これらのデータのうち、1966年から1985年までのデータは、5年ごと

図4―6　OECD加盟15ヵ国における可処分所得の分配と福祉国家の規模（1985年）

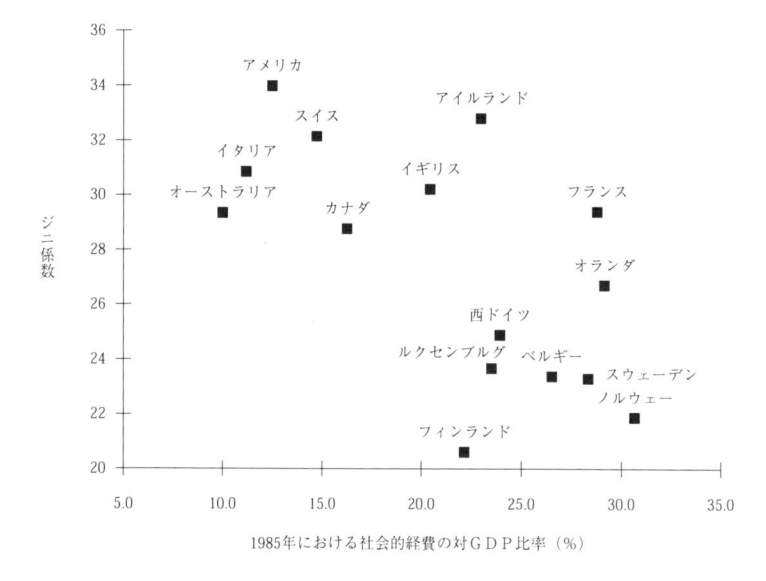

[図：縦軸はジニ係数（20〜36）、横軸は1985年における社会的経費の対GDP比率（％）（5.0〜35.0）。プロットされた国：アメリカ（約12.5, 34）、スイス（約14.5, 32）、イタリア（約11, 31）、アイルランド（約23, 32.7）、オーストラリア（約10, 29.3）、カナダ（約16, 28.7）、イギリス（約20.5, 30）、フランス（約28.5, 29.3）、オランダ（約28.5, 26.6）、西ドイツ（約23.5, 25）、ルクセンブルグ（約23.5, 23.6）、ベルギー（約26.5, 23.3）、スウェーデン（約29, 23.3）、ノルウェー（約30.5, 22）、フィンランド（約22, 20.5）。]

出所：ILO, *The Cost of Social Security 1984-1986*, Geneva : international Labour Office, 1992 ; Atkinson, A., Rainwater, L. and Smeeding, T., *Income distribution in OECD countrise. Evidence from the Luxembourg Income Study*, Paris : OECD, 1995.

に実施されていた家計調査に基づいており、他方、1986年から1994年のデータは所得分布統計に基づいている。どちらのデータもフィンランド中央統計局が集めたものである。但し、所得分布統計は、家計調査よりも大きなサンプルに基づく年間統計である[8]。また両データとも、非常に似通った所得概念を用いて加工されているが、両方のデータ・ソースを比較してみると、所得分布統計が示した所得分配の不平等度は、家計調査のそれよりもわずかに高くなっている[9]。確かに、これらの一連のデータは正確には比較可能ではないが、両データにおける差異は、標本のばらつきの限度を越えていないといえるだろう。

　経済的厚生あるいは生活水準という観点で見る場合、最も重要な所得の概念は可処分所得である。賃金、給与、自営業所得、資産所得の合計は、要素所得になる。これに、年金、疾病保険給付、失業保険給付およびその他の給付などによる所得移転を加えると、総所得が得られる。そして、この総所得から直接税（税金のようなその他の支払を含む）を差し引いたものが、可処分所得である。

世帯の構成員の数やその構造は変化するため、世帯の所得水準を比較するには、ある種の調整を行う必要がある。これは、同一の基準を用いることによって可能となる。それは、唯一正しい基準というものが存在せず、多くのオルタナティヴが存在するためである。ここでは、ＯＥＣＤで用いられている基準を適用する[10]。この基準に従えば、ある世帯の一人目の成人は1.0、二人目の成人は0.7、そして子供は0.5として換算される。例えば、一人の成人からなる世帯が一定の生活水準を維持するために1.0の所得を必要とするのに対して、二人の子供と両親からなる世帯はその2.7倍の所得を必要とすることになる。

ここでは、世帯間の所得分配ではなく、個人間の世帯所得の分配が比較されている[11]。本項の冒頭で触れたＯＥＣＤ諸国に関する研究も、似通った手法を用いており、さらにそこでは、上記とは異なる調整のための同一の基準や不平等の尺度を用いることにより、その分析結果の妥当性が検証されている。

社会的移転の再分配効果は、要素所得と総所得の分配を比較することによって求めることができる。総所得と可処分所得の比較は、直接税の再分配効果を表わし、また要素所得と可処分所得の比較は、社会的移転と直接税の複合された効果を表す。

ここでは所得分配の不平等度の基準として、ジニ係数と所得十分位を用いる。すなわち、ジニ係数が高いほど、不平等も拡大するのである。また、所得移転と直接税による再分配の効果は、社会的移転と直接税に起因するジニ係数の変化として表される。

図4－7は、1966年から1994年までの、フィンランドにおける所得の不平等の変化を表している。この図にみるとおり、不平等は、1966年から1976年の間に急速に低下している。その主な原因は、社会的移転と直接税による再分配効果が高まったことに見出されるが、それはまた、1960年代後半にフィンランドで導入され、そして所得の分布をかなり狭めた、所得政策にも求められる[12]。この不平等の低下は、1976年以後の10年間にも観察されているが、その低下の割合は非常に小さい。そして、1985年から1994年までは、ほぼ同一の水準で推移している。ここで特に興味深いことは、景気後退の時期に、所得の不平等が拡大しなかったことである。例えば、全体の所得に対して、最低所得層（第10十分位）の合計所得が占める割合は、景気後退期において、驚くほど安定している。

図4―8にみるとおり、要素所得の分配は1966年と1976年の間により平等に

図4―7　可処分所得の分配（1966～1994年）

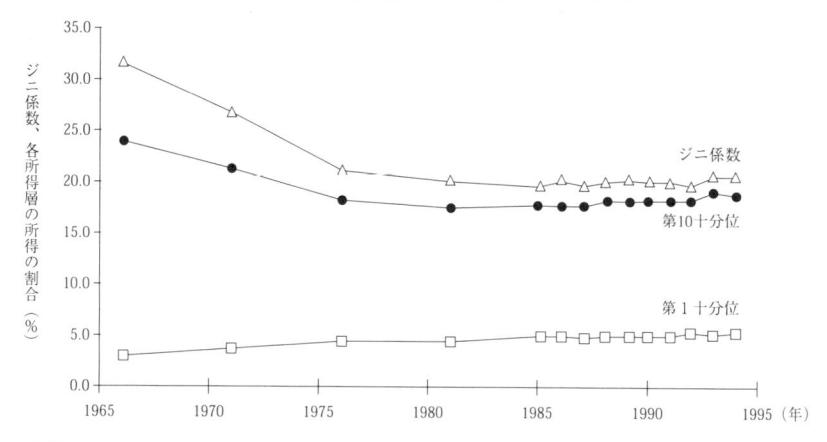

出所：H. Uusitalo, *op. cit.*, 1989 ; *Income Distribution Statistics 1994, op. cit.*

図4―8　要素所得・総所得・可処分所得の分配（1966～1994年）

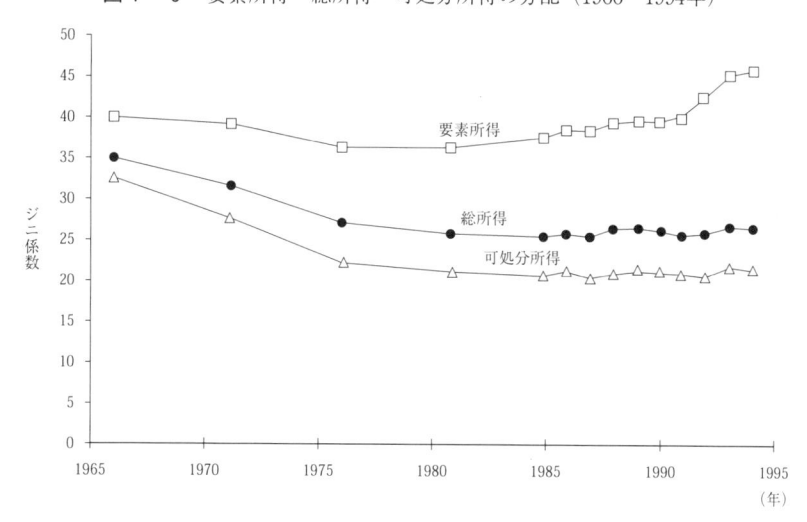

出所：H. Uusitalo, *op. cit.*, 1989 ; *Income Distribution Statistics 1994, op. cit.*

なっているが、可処分所得の分配と比較してみると、それは1981年以後より不平等になっている。これは主に、高齢者人口と非就労人口の割合の増加によるものであろう。また、この不平等化の傾向は景気後退期において、さらに強まってきている。そして、失業の増加は要素所得の分配における不平等を拡大

する方向で作用してきている。他方、総所得の分配における不平等度の変化は、可処分所得のそれに非常に類似しており、このことは直接税の再分配効果が急激に変化してきていないことを意味する。

社会的移転と直接税による再分配効果は、図4—9においてより明瞭に示されている。これらの効果は、ジニ係数の変化（縦軸）として測定されたものである[13]。長期的な傾向として、所得移転の再分配効果は1966年以来高まってきている。この効果は、1980年代後半において安定したように見えたが、景気後退期において再び高まってきている。この変化に対する説明のポイントは、GDPとの関連でみた、景気後退期における社会的経費の増加である。

直接税の再分配効果は、1966から1976年の間に社会的移転の効果と同様の比率で上昇している。その後この上昇傾向は、1989年までに、かなり緩やかになっている。1989年以後は、この効果は相対的に安定している。

所得移転と直接税による全体の再分配効果もまた、1966年から1975年の間にかなり上昇しているが、その後はより低い比率で上昇している。

1990年代の景気後退期における以上の変化を要約すると、次のようになる。まず、所得の分配は非常に安定している。また、極めて高い失業率に起因すると考えられる要素所得の分配の不平等は、社会的移転の再分配効果の上昇に

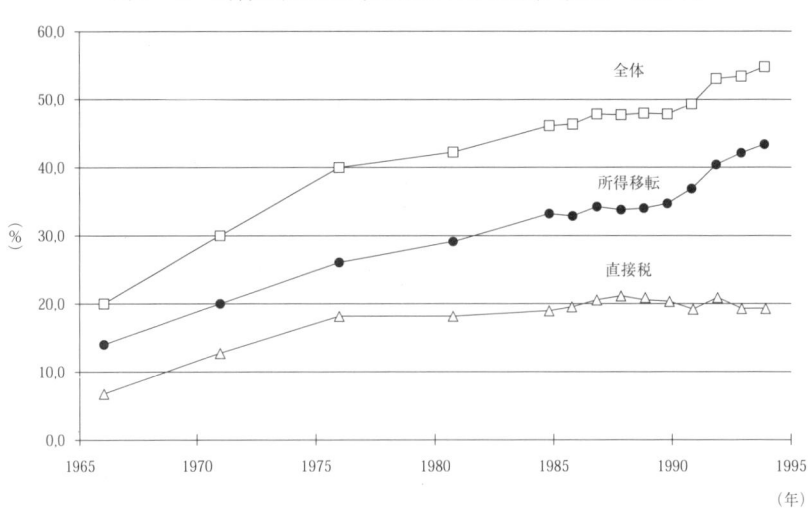

図4—9　所得移転および直接税の再分配効果（1966〜1994年）

出所：H. Uusitalo, *op. cit.*, 1989 ; *Income Distribution Statistics 1994, op. cit.*

よって補われている。そのため、可処分所得の分配は変化していない。

3 貧困

相対的な貧困水準に関する比較研究によれば、フィンランドは、貧困率の最も低い国の一つである[14]。図4—10は、フィンランドにおける一定期間の貧困指数の変化を示している。「所得の貧困」は、国際的比較において通常採用されている尺度である。これは、その国の中で、可処分所得が中位数以下にある世帯に所属する人の比率を表している。「消費の貧困」も同様の尺度であるが、これは可処分所得ではなく、消費支出に基づいて算出される。この二つの尺度は相対的な貧困に焦点を当てており、またどちらの尺度も同様のパターンを示す。例えば、図4—10にみられるように、1980年代には、どちらの貧困率も相当に低下している。しかしながら、景気後退期における貧困率の変化は、実際、驚くべきものである。すなわち、「所得の貧困」の値は、相対的な貧困水準が

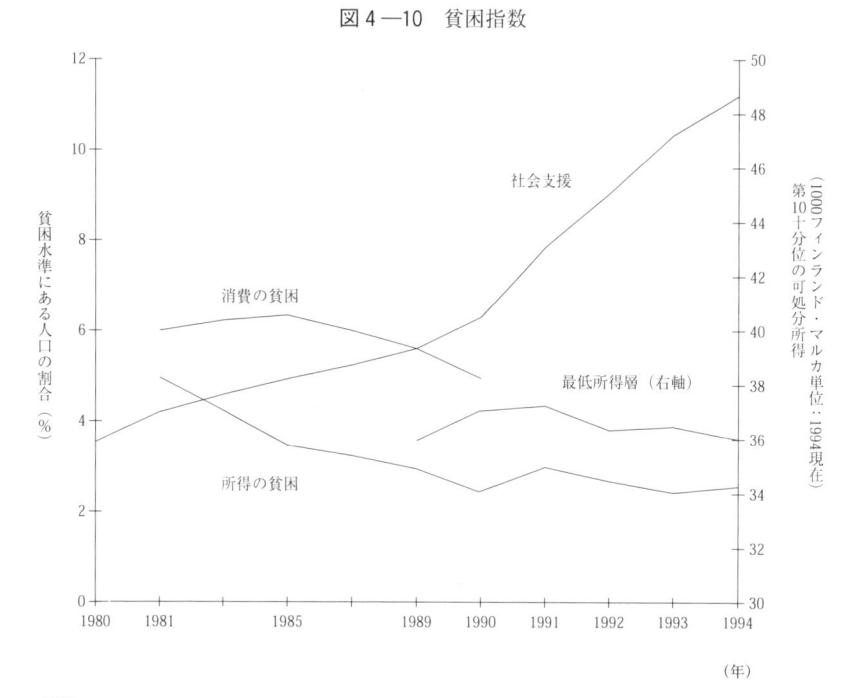

図4—10 貧困指数

出所：*Income Distribution Statistics 1994, op. cit.* ; *Toimeentuloturvakasaus,* Sosiaalija terveys-ministerion julkaisuja 1996：3, Helsinki：1996.

変化していないことを示しているのである。当然に、この分析結果は、所得の不平等の変化と完全に一致する。

「社会支援」は、1年の間に、最終的な手段である、審査を要する社会的給付を得る人の比率を測定したものである。その数は、既に1980年代に上昇しているが、これは少なくとも部分的には、受給要件が緩和され、その結果として多くの人々が最終的な手段である社会的給付を求めるようになったためである。しかしながら、社会支援に依存する人口の割合が二倍になった1990年代では、このような給付の供給サイドからの改革は行われていない。すなわち、1990年代における「社会支援」の上昇は、失業率の増加や実質所得の水準の低下、及び好況期である1980年代に負った債務の返済が困難になったことに、主な原因があるのである。

この「社会支援」という貧困の尺度は、ある意味において、「所得の貧困」のような相対的な尺度と矛盾するが、これを説明することはそれほど難しくはない。図4－10に示されるように、景気後退期における最低所得層（最低ランクの可処分所得を得ている10％の人々）の実質所得の水準は、低下している（同様に、他の全所得層の実質所得水準も低下してきている）。そのため、最低所得層にある人々は、他の所得層に含まれる人々と同様に、世帯を運営する際の経済的困難に直面している。この経済的困難は、人々がますます社会支援へと向かう原因となっており、また絶対的貧困も上昇している。ここでの結論をいうと、所得水準の低下と失業率の上昇を伴う経済の後退は、フィンランドの世帯に経済的問題をもたらす原因となっているが、フィンランドは福祉国家であるがゆえに、所得の低い人々に対する経済問題の重圧は、他の所得層の人々と比べて、それほど高くなっていない。それゆえ、相対的な所得の安定が共有されており、そしてまた相対的な貧困水準も安定しているのである。

4　地方の福祉政策

本項までは、所得や金銭という観点で測定されうる経済的厚生の諸側面が、景気後退期において、どのように変化したのかを検証してきた。しかしながら、この種のアプローチは、「スカンジナビア型福祉国家」に特徴的な一側面、すなわち、これらの国々において圧倒的に公的部門によって供給されている、社会、保健、およびその他の（教育などの）サービスの役割を軽視している。

フィンランドにおいて、社会・保健サービスの供給に広く責任を負っているのは、他のスカンジナビア諸国と同様に、地方自治体である。しかしながら、景気後退の中で、自治体それ自体の収入（税収）が減少し、また自治体に対する包括負担金の支給額を国家が引き下げてきているために、自治体の予算は経済的な圧力にさらされている。そのため、1980年代後半において毎年約10％増加していた社会・保健サービスの供給コストは、1993年に減少へと転じている。初期の段階では、地方自治体は、サービスとコストをかなり均等に削減していたが、次第にそれらの優先順位を設定し始め、そしてより選択的な方法で削減を実行している。これらの措置により、社会・保健サービスの量と質が低下する一方で、利用者の払うべき料金は上昇した。そのため、景気後退期にこれらのサービスの必要性が増大する人々にとっては、付加的な問題がつくり出されたことは明らかである[15]。しかしながら、国立健康福祉開発研究センターが作成した統計によれば、1993年までの社会・保健サービスの成果は、概ね満足を得られている。主な例外は、アルコール乱用者、知的障害者、及び心の問題に苦しむ人々に対するサービスである。これらの例外的な事例では、そのサービスの供給は明らかに低下してきている[16]。

第5節　暫定的な結論

　景気後退期の経験に関する適切な要約は、以下のようになる。失業と景気後退は、所得水準の低下の原因となってきている。不安定な雇用状況はより一般的なものとなってきている。各世帯の経済的困難はより深刻になってきている。景気後退は、フィンランド人の生活水準の上昇を極めて長期的かつ継続的に妨げており、また同時に、社会的給付の削減は将来に関するかなりの不確実性をもたらす原因となってきている。

　しかしながら、フィンランドでは、スカンジナビア型の福祉国家は景気後退の間も維持されてきている。さらに、この景気後退の深刻さを考慮するならば、景気後退が市民の福利に及ぼす有害な結果を緩和する上で、福祉国家は驚くべきほど十分に機能してきている、と言える。所得分配は変化しておらず、また相対的な貧困水準は景気後退以前と同程度の低い水準にある。これらの成果は、福祉国家の再分配機能によるものである。すなわち、国民が自身の資力によっ

て生活を維持しえなくなる状況において作用すると想定されているこの機能は、景気後退期のフィンランドにおいて、その想定どおりに作用したのである。しかしながら、フィンランドの福祉国家は、寛大でも普遍的なものでもなく、また景気後退直前の時期と比較すると、ミーンズ・テスト（資力調査）を要する給付に依存するようになってきていることも事実である。

　これらの分析結果を福祉国家に関する理論に関連づけて考察すると、興味深いことがわかる。福祉国家の理論は概して、福祉国家が成長する状況の下で発展し、そして検証されてきている。しかし福祉国家の縮小あるいは再編に関する理論は、その成長過程に関する理論と同様の論理を辿るとは限らない[17]。アメリカやイギリスは、福祉国家に関する重要な政治的問題を経験してきているが、フィンランドは、他のどの国も経験したことのない経済的に困難な時代を経験した国なのである。

　フィンランドの事例は、福祉国家は一度確立されてしまうと、それを解体することは不可能になるという仮説に支持を与えている、と見ることができる。例えば、経済成長は、福祉国家が発展するための前提条件として考えられている。たとえ、経済成長と福祉国家の関係が絶対的なものでもなく、また経済成長以外の他の要因が福祉国家の成功のインパクトを弱めてしまう可能性があるとしても、この前提条件は肯定される。しかし、フィンランドの事例では、経済の深刻な低迷状況は福祉国家を崩壊させる原因とはなっていない。福祉国家の政治理論を考えるならば、これは特殊な事例である。福祉国家の理論ではまた、福祉国家の成長を促進する主体としての社会民主主義政党の役割と、他方で、この成長を阻害する主体として協調しあうブルジョア政党の役割が強調されている。しかし、フィンランドでは、景気後退の初めの時期に、これらの条件は満たされなかった。すなわち、この時期には、社会民主党は野党となり、また中道政党や右派政党は、議会の圧倒的過半数を掌握する連立政権を形成していたのである。福祉国家の成長に関する政治・経済理論の枠組を考えるならば、1990年代のフィンランドの事例は、実際、特殊であるように思える。

　とはいえ、フィンランドの事例はそれほど特殊でないと見ることもできる。ピエルソン（Paul Pierson）は、福祉国家の縮小過程と、その成長過程は異なると述べているが、フィンランドの事例はこの見解を支持していると主張しうるからである[18]。ピエルソンによれば、福祉国家によって創り出された既存の

構造と制度は、その縮小過程おいて重要な役割を演じる。1990年代のフィンランドがそうであったように、例外的な状況の中でこの構造や制度は、それ自体の安定を支持し、且つそれらの急激な縮小に対して抵抗する選挙民や利益集団を創り出す。しかし、この構造や制度は、頑なに過去にしがみつこうとするわけではない。逆に、変動する状況の下で自らを存続させるために、しばしば柔軟な戦略を採用したり、また相当の政治的学習能力を発揮したりするのである。フィンランドの事例では、これらの構造や制度は、不利な経済的状況と困難な政治的状況の下で存続するに足る十分な強さをもっており、またそれは将来においても維持されるであろう。

　特殊な事例というものは、そこで行われた分析や理論的解釈が非常に性急なものであるとみなされやすい。しかし、本論で用いている統計の指標は1994年までのデータを含んでいることに注目していただきたい。この1994年は、景気後退が始ってから4年目の年であり、またいくつかの回復の兆候が現れた初めの年である。しかしながら、景気後退への政治的対応が、財政支出の削減や抑制という形でなされるまでに約2年の歳月がかかっており、さらに、説明しうる事柄は、中道・右派政権の政策によって起こりうる結果のみである。その後の大連立内閣における政策の結果は、未だ、適切な統計の上に現れてきていない。また、図4－3に示されるように、社会的経費の抑制の効果は、この内閣の任期期間中である1996年において最も大きくなっている。また、家族政策関連のサービスの縮小、所得移転の抑制、そして失業給付の削減は、これらの給付に依存している世帯に大きな打撃を与えるであろうし、他の給付（高齢者や保健）の削減の影響も顕著なものとなろう。

　それゆえ、社会的移転の効果や諸々の給付による再分配の効果は、数年の間に、現在の水準よりも低くなると考えられる。これは不平等や貧困の拡大をもたらすが、その拡大の程度は僅かであろう。これらのデータが入手可能になった後でさえ、この結論は妥当性をもつであろう。

　失業に関していえば、その状況は非常に悪いといえる。一般に、高い失業率は、フィンランドだけでなくヨーロッパ全体でも、経済的・政治的諸政策が直面する重要な問題の一つとして考えられている。その他の問題でフィンランドの福祉国家にとって深刻なのは、人口の高齢化の問題である。これはほとんど全てのOECD諸国にも存在する問題であるが、フィンランドでは、第二次世

界大戦後に生じた非常に大規模なベビーブームのために、来世紀の初頭において、人口の高齢化が急速に進むと考えられている。フィンランドが直面する第三番目の問題は、ヨーロッパの経済統合である。これは他のいくつかのヨーロッパ諸国も同様に直面する問題である。しかし、それは、特にフィンランドでは福祉国家の根幹にかかわる財政的な問題を生じさせている。すなわち、統合されたヨーロッパ市場の中で、高い税率と高額の社会保障負担を維持することは可能であるか、という問題である。フィンランドの福祉国家は、1990年前半の困難な状況を切り抜けてきてはいるが、これらの問題を解決したわけではない。それは、政治的および経済的な政策課題の中で、ますます頻繁に取り上げられるようになるであろう。

当然のことながら、このようなことは、何も新しいことではない。福祉国家の歴史は、論争と対立にみちた歴史であるが、またそれは、既存の問題に対する革新的解決と、様々な政党や利益集団の間の実りある協調関係にみちた歴史なのである。

注
1) この基準は、(1)インフレーションの上限：インフレ率の低い3加盟国の値＋1.5％。(2)財政赤字：ＧＤＰの3％以内。(3)公的な債務：ＧＤＰの60％以内。(4)為替レート：為替相場システム（ＥＲＭ）の範囲内。(5)金利の上限：利率の最も低い3加盟国の値＋2％。
2) M. Alestalo, P. Flora, and H. Uusitalo, "Structure and politics in the making of the welfare state : Finland in comparative perspective," in R. Alapuro, M. Alestalo, E. Haavio-Mannila, and R. Vayrynen, eds., *Small States in Comparative Perspective. Essays for Erik Allardt*, Oslo : The Norwegian University Press, 1985 を参照。
3) この比較では、全く十分ではない。なぜなら、1980年代における社会的経費の増加は、人口構成と失業率の変化による、便益の供給における変化と、便益の利用における変化とに起因しているからである。ここでの削減の効果は、前者のみを含んでいる。
4) T. Sihvo, and H. Uusitalo, "Attitudes towards the welfare state have several dimensions," *Scandinavian Journal of Social Welfare*, 4, 1995, pp. 215-23 ; T. Sihvo and H. Uusitalo, "Economic crises and support for the welfare state in Finland 1975-1993," *Acta Sociologica*, 38, 1995 b, pp. 251-62 を参照。

5) A. Atkinson, L. Rainwater, and T. Smeeding, *Income distribution in OECD countries. Evidence from the Luxembourg Income Study*, Paris : OECD, 1995.
6) この二つの事象の間には強い相関があるといえるが、常にこのような関係が見出されるわけではない。例えば、フィンランドやオーストラリアでは、社会的経費の水準以上に、所得の平等性が高くなっているが、アイルランドやフランスでは逆に、所得の平等性は低くなっている。
7) 例えば、D. Mitchell, *Income Transfers in Ten Welfare States*, London : Avebury, 1991 ; W. Korpi, and J. Palme, "The paradox of Redistribution and the Strategy of Equality : On the Role of Welfare State Institutions for Inequality and Poverty in the Western Countries," unpublished paper presented at the RC19Conference in Canberra, August, pp. 19–22, 1996 を参照。
8) 家計調査に関しては、H. Uusitalo, *Income Distribution in Finland : The effects of the welfare state and the structural changes in society on income distribution in Finland in 1966–1985, Studies* No.148, Central Statistical Office of Finland, Helsinki, 1989, pp. 28–31 を参照されたい。『1994年所得分布統計』では、1994年のデータのソースを見ることができる（但し、フィンランド語のみ）。*Income Distribution Statistics 1994*, Helsinki : Central Statistical Office of Finland, 1996.
9) Uusitalo, *ibid*., 1989, pp. 28–9 を参照。
10) 筆者は1989年に、この手法を用いて1966年から1985年までを対象とする詳細な分析を行った（*ibid.*）。しかし、最近の数年間を対象とした分析は未だ行っていない。
11) さらに詳しい方法や説明に関しては、*ibid*., pp. 20–30 を参照されたい。
12) 詳細な分析に関しては、Usitalo, *op. cit.*, 1989. を参照されたい。
13) 社会移転の再分配の効果＝100×（要素所得gini―総所得gini）／要素所得gini。直接税の再分配の効果＝100×（総所得gini―可処分所得gini）／総所得gini。直接税の再分配効果＋社会移転の再分配の効果＝100×（要素所得gini―可処分所得gini）／要素所得gini。
14) V-M. Ritakallio, *Koyhyys Suomessa 1981–1990*, Tutkimuksia 39, Helsinki : Stakes, 1994 ; Atkinson, Rainwater and Smeeding, *op. cit.*
15) このことは、全てのサービスに関して該当するわけではない。例えば、失業の増加により、子供のデイケア・サービスの需要は低下してきている。
16) H. Uusitalo, M. Konttinen, and M. Staff, eds, sosiaali– ja terveydenhuollon palvelukatsaus, Raportteja 176, Helsinki : Stakes, 1995.
17) P. Pierson, *Dismantling the Welfare State? Reagan, Thacther, and the politics of Retrenchment*, Cambridge : Cambridge University Press, 1994 を参照。
18) *Ibid.*

参考文献(引用文献を除く)

B. Gustafsson, and H. Uusitalo, "Income distribution and redistribution during two decades : Experiences from Finland and Sweden," in I. Persson, (ed.), *Generating Equality in the Welfare State. The Swedish Experience*, Oslo : Norwegian University Press, 1990.

第2部　アジア

第6章　日本

21世紀における新しい福祉国家のモデルに向かって

丸尾　直美

（五味　太始訳）

第1節　はじめに

　この論文において、私は第一に日本の福祉国家の主要な特徴について説明したい。第二に、私は高齢者人口がいかに社会保障と福祉国家に重要な影響をもっているかを示したい。全人口に占める高齢者（65歳以上）の比率は、1995年の14.8％から2005年には18％へと増加すると見積もられており、さらに2025年には26から28％になるだろうとされている。国民所得に占める社会保障費[1]の比率は、少なくとも日本においては、高齢者率（全人口に占める高齢者の比率）に比例して増加しており、もし日本がスカンジナビアモデルに従うとすれば、高齢者率が現在のスウェーデンよりもずっと高くなるだろうから、将来の社会保障費は現在のスウェーデン以上大きくなるだろうと見積もられている。これが何故日本がスウェーデンの福祉国家モデルに従うことができないかという理由になっている。混合福祉（welfare mix）あるいは福祉多元主義が、将来における税や社会保障費の過度な負担を緩和するために必要となろう。

　第三点として、一方において勤労者の社会保険への加入率を高めまた税基盤を拡大することによって、他方において社会保障給付金に依存しなければならない人たちを減少させることによって、福祉依存者／納税者人口の比率（社会保障給付金を受給する人の税や社会保障の費用を支払う人に対する比率）の上昇を押さえる必要があると私は指摘したい。社会保障の生産的側面がもっと慎重に考慮されなばならない。私はまた、完全雇用下の安定的な経済成長が持続的な福祉政策を進めていくために必要とされていることを示したい。

　最後に、経済的安定と分配に対する資産の増加と変動の重要な影響を強調したい。この影響は国民所得に占める総資産価値の割合が例外的に高い日本においては特に大きい。福祉国家の下で、ケインズ主義の需要管理と、税と社会保

障給付金による所得再分配の組み合わせが、20世紀後半における高度産業社会を支配してきた。これらの政策は、21世紀においては資産需要管理と資産分配政策の組み合わせに部分的に置き換えられることとなろう。

第2節　日本の福祉国家モデル

　日本は、最近になるまで福祉国家であるとは想定されていなかった。日本の政策の優先順位は1970年代初頭までは経済成長に置かれていた。福祉国家への政策シフトは、「福祉元年」と呼ばれている1973年に始まった。1973年以降、社会保障給付費とその国民所得に占める比率が増大し始めると、実質年平均経済成長率は過去20年の半分近くにまで落ち込むことになった（図5―1参照）。さらに、国民所得に対する社会保障給付費の総額は、1970年の6％から1997年には17％へと増加した。

　今日、国民年金と国民健康保険はすべての日本人をカバーしている。厚生年金保険と国民年金基金は二層制度となっている。すべての日本人をカバーする基礎年金に上乗せして、従前所得に比例して支給される給付金が被用者には追加支給されている。1996年における基礎年金は当該年齢に達したとき月額65,500円支払われている。1994年における実際に支払われた基礎年金の平均額

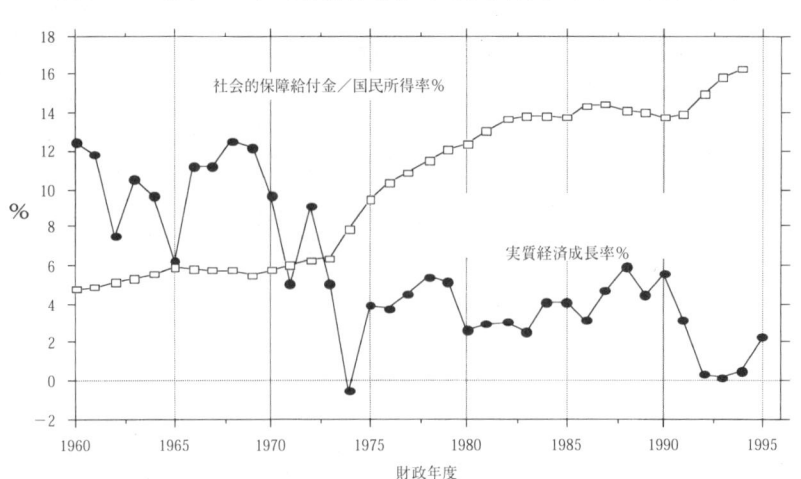

図5―1　日本における社会保障給付金／国民所得率（％）と経済成長率

は、月額43,000円であった。従前所得に応じて支給される年金を含めと、1995年に実際に支払われた厚生年金の平均額は、月額約17万円であった。満額年齢に達したとき、基礎年金を含めた勤労者の公的年金の総額は、現在の価格で月額約24万円である。年金給付金の増加は、消費者物価指数にスライドされている。それらはさらに5年置きに実質賃金のネット増加にともなってスライドされる[2]。大企業と公共部門の退職者は二階建ての公的年金と退職金に加えて、企業年金あるいは共済年金を受けている。

公的年金の給付総額は、1995年には国民所得の8.3％であった。同年において、社会保障給付金の総額の51.3％が公的年金の給付金であった（図5－2参照）。公的年金の基金は150兆円にのぼり、ＧＤＰの30％以上に相当する。

社会保障給付費の第二番目の項目は、医療保険である。1995年の医療費の総額は、27兆円であり、国民所得の7.3％を占めている。その内の88～89％が税金と医療保険の基金から支払われている。病気の支払いと失業者への支払いの給付率（対従前賃金比）は勤労者賃金の60％である。

公的年金と医療保険は日本においては普遍的なものである。しかしながら、日本には比較的遅れている二つの分野がある。高齢者と働く女性に対する社会

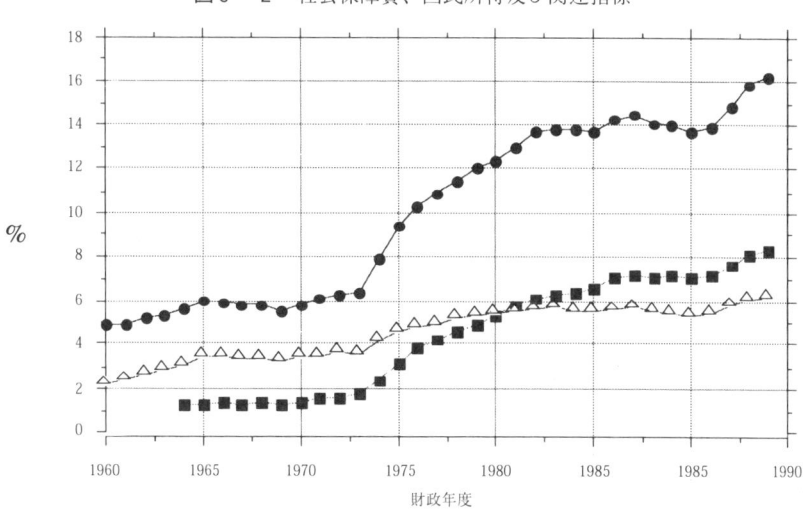

図5－2　社会保障費、国民所得及び関連指標

——●——　社会保障給付費／国民所得（％）
——■——　公的年金給付費／国民所得（％）
——△——　国民健康保険給付費／国民所得（％）

図5—3　財源とサービスの給付（政府案）

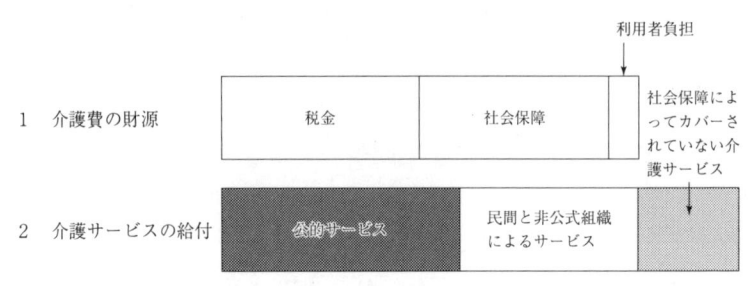

	税金	社会保障	社会保障によってカバーされていない介護サービス
1　介護費の財源			↑利用者負担
2　介護サービスの給付	公的サービス	民間と非公式組織によるサービス	

（福祉）サービスの分野である。1994年に出版された「21世紀のための福祉ビジョン」において、政府は高齢者に対する社会サービスを改善し、子育てを支援するための政策に高い優先順位を置くことになった。政府は子育て期の母親助成のための社会保障制度を導入しようとしている。

高齢者に対して介護保険制度が導入されれば、その費用の10％がサービス受給者によって、残りの半分が税金によって、その残りが公的介護保険から支払われることになる（図5—3参照）。公的介護保険は、公的サービスだけでなく民間のサービス供給をもカバーすることになろう。家族の在宅介護者に対する現金支給は現在の政府計画には含まれていないが、将来介護保険は高齢者の在宅ケアをカバーすることになろう。

日本においては、いかにして高齢者介護サービスを改革し、またいかにしてその費用を公的に賄うのかという白熱した議論がなされてきた。政府はサービスの費用の半分を公費で賄おうとしている。社会保険制度を支持する人たちは、社会保険が導入されると、三つの利点が期待できるという。つまり、介護サービスが普遍性の原則に基づいて供給されること、サービスの供給が民間あるいは非公式組織により促進されること、税負担が軽減されることである。日本における医療サービスは社会保険制度によって賄われているから、医療サービスと社会サービスがともに社会保険制度になるなら、医療サービスと高齢者に対する社会サービスを統合することは容易になるだろう。

介護サービスの主要な制度は、三つのタイプに分類される。表5—1に示されているように、スカンジナビアタイプと、ドイツタイプ及びアメリカタイプである。現在の日本の介護サービスのような社会サービスは、税金によって賄われているが、制約や選別がある。この点、社会サービスは、サービスの大部

第6章　日本　145

表5―1　高齢者のための社会サービスとしての介護の分類

サービスの給付 \ 財源		税金と政府支出	社会保険	税金と社会保険
主に公的サービス	普遍的	A　スカンジナビアモデル	C　ドイツモデル	
	選別的	B　旧日本モデル		
混合福祉				D　新しい日本のモデル

分が公的及び準公的組織によって供給されているので、表5―1におけるBタイプとして分類されよう。対照的に、スカンジナビア諸国においては、社会サービスや大部分の医療サービスは税金によって賄われており、これらのサービスは、主に政府（自治体）によって提供されている（表5―1のAタイプ）。

　日本においては、社会サービスとしての介護サービスは、地方政府や公的資金によって運営される非営利組織によって供給されている。受診者自己負担料金を除くサービスの費用は、税金によって賄われている。国が費用の半分を補助金として拠出し、地方政府が残りを賄っている。社会サービスの受け手は、しかしながら、限定されている。高齢者の2％弱が介護施設などで生活している。社会サービスとして在宅サービスを受けている人たちはさらに限定される（表5―1のBタイプ）。

　政府は、現行制度を図5―3や表5―1のDタイプのような普遍的かつ混合制度へと改革しようとしている。専門家のなかには現行制度を北欧モデルに改革することを主張する者もいるけれども、上記のような理由から日本の介護サービスは混合か多元システムに改革していくほうが望ましい。

第3節　市場システム、計画システム、社会システム

　経済システムは、一般的に公的部門と民間部門、あるいは計画システムか市場システムに分類されている。混合経済は、民間部門（図5―4のB）と公共部門（図5―4のA）、また市場システムと計画システムの混合経済を意味する。

　福祉国家は、民間の自由市場システムと民主的計画システムという混合経済としてよく知られている例である。政府は、市場の失敗やその他の弱点を軽減

図5—4　経済・政府及び社会システム

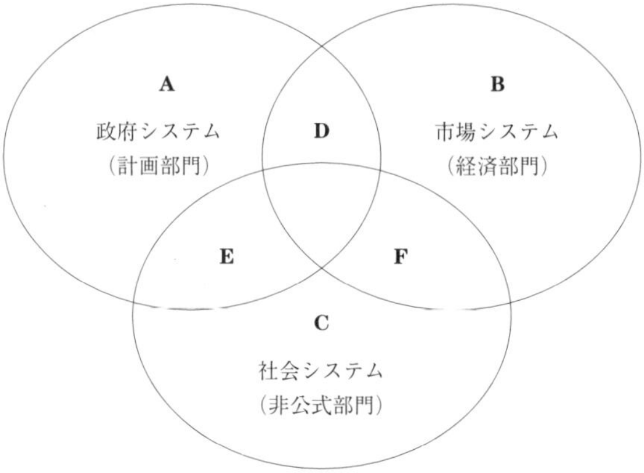

```
           A                    B
       政府システム            市場システム
       （計画部門）    D      （経済部門）

              E         F

                  C
              社会システム
              （非公式部門）
```

重複している領域は混合領域である。たとえば、D＝A∩B

表5—2　経済・政治及び社会システム

システム	主要な統治機能	
政治と計画システム	デモクラシー	マジョリティ・ルール
経済と市場システム	効率・効用を改善するための市場メカニズム	市場による交換
社会的・インフォーマルシステム	互恵性・相互信頼	社会的交換と統合

するために経済に干渉してきた。ケインズ主義の経済政策は、経済恐慌と失業に打ち勝つために、また安定的な経済成長と完全雇用を維持するために導入された。社会保障と社会サービスは、所得配分の不平等を軽減し、国民の福祉を向上させるために発達してきた。

　しかしながら、政府部門があまりにも拡大したとき、政府の失敗[3]が市場の失敗よりも顕著になった。このとき福祉国家の再考が求められることになる。

　日本の混合経済は、しかしながら、社会的あるいはインフォーマル（非公式）システムがサービスを提供し、経済の担い手を統合する重要な役割を演じているという点で欧州のそれとは異なっている[4]。それは、三システム、つまり（A）計画システム（政府部門）、（B）市場システム（経済部門）、（C）社会システム（非公式部門）による多元的経済と呼ばれている。福祉国家の日本モデルは福祉の供給者としての市場とインフォーマル部門に重要な結びつきがあ

第6章 日本 147

図5—5　典型的な日本の企業グループの構造

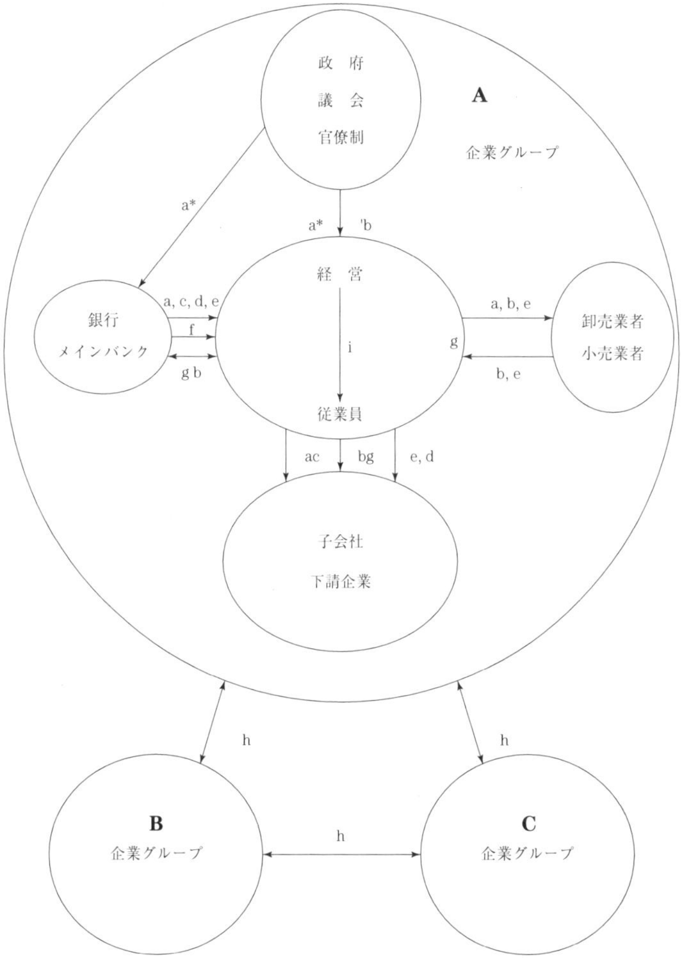

```
                    ┌─────────┐
                    │ 政 府   │
                    │ 議 会   │
                    │ 官僚制  │
                    └─────────┘           A
                                     企業グループ
            a*           a*    'b
                         ↓
  ┌─────┐  a,c,d,e  ┌─────┐  a,b,e  ┌─────────┐
  │ 銀行 │ ←──────→ │ 経営 │ ←──────→ │ 卸売業者 │
  │メイン│    f      │      │    g      │ 小売業者 │
  │バンク│          └─────┘          └─────────┘
  └─────┘   gb         ↓i       b,e
                     従業員
              ac    bg    e,d
                     ↓
                  ┌─────┐
                  │子会社│
                  │下請企業│
                  └─────┘

         h                    h
   ┌─────┐              ┌─────┐
   │  B  │ ←────h────→ │  C  │
   │企業 │              │企業 │
   │グループ│            │グループ│
   └─────┘              └─────┘
```

a ：取締役として経営に参加　　　i ：労使関係
a*：天下り　　　　　　　　　　　　協議
b ：株式持合い　　　　　　　　　　協調的交渉
c ：融資　　　　　　　　　　　　　社員持株
d ：非公式な支配　　　　　　　　　社員教育
e ：長期的非公式な取引　　　　　　非公式・暗黙的契約
f ：貯蓄　　　　　　　　　　　　←→：相互的
g ：出向　　　　　　　　　　　　　→：一方向的
h ：競争

るので、それは「福祉社会」と呼ばれている。それぞれのシステムとその統治機能の主要な特徴は、表5―2に示されている[5]。もちろん、すべての国がこれらの三システムを持っている。その違いは、それぞれのシステムや部門の相対的な規模にある。社会的あるいはインフォーマル・システムは、日本やアジア諸国の方が他の先進産業諸国よりも、重要な役割を果たしている。インフォーマル・システムは、例えば社会サービスや教育を供給する際に、欧州の産業諸国よりも大きな役割を果たしている[6]。

　産業に対する政府の干渉もしばしば非公式である。会社のなかには、関連する中央官庁の非公式な要請に基づいて、退職した政府職員を経営幹部に受け入れている企業や政府関連組織もある。これが悪名高い「天下り」と呼ばれているものである。

　市場部門と会社の中では、日本における社会的あるいはインフォーマル・システムは非常に重要である。日本におけるいわゆる勤労者と経営者の間の暗黙の契約はよく知られている（図5―5参照）。両者の間の暗黙の契約は、相互理解と信頼に基づいた非公式的契約である。終身雇用は、勤労者と経営者の間の暗黙の契約の例である。日本の労働法によると、一年以上の雇用に関する公式契約には法的な根拠がない。だが、勤労者と経営者は、伝統的な慣行として終身雇用を暗黙に受け入れている。年功序列賃金もまた暗黙的契約に基づいている。

　グループの親会社と企業グループ内の系列会社の間の長期の取引慣行と株式の持ち合いの慣行も通常暗黙の契約に基づいている。図5―5は、暗黙の契約や慣行に基づいた日本の大企業と銀行系列会社の間の相互関係を示している。

　エコノミストは、取引費用理論やゲーム理論のような経済分析によってこれらの社会的関係を説明しようとしてきた。ある程度、社会的要因の経済的説明は、私も示したように可能ではある[7]。だが、自己利益追求仮説に基づいたミクロの経済基盤に問題がありかつ制約されているいくつかの分野が残っている。信頼や互恵主義のような社会的要因が重要な役割を演じていると想定されている[8]。

　社会福祉の分野において、「混合福祉（welfare mix）の概念」がキャッチフレーズになってきている[9]。リチャード・ローズ（Richard Rose）教授と白鳥令教授は、この概念を創造し普及させたパイオニアである[10]。一見すると、日

表5—3　政治・経済・社会システムの長所

政治・公共部門	全員に対する公正で平等な対応
経済・市場システム	消費者志向 柔軟性 多様なサービス
社会的・非公式システム	愛や思いやりのような人間的要因

本における福祉国家は、混合福祉や福祉多元主義のモデルのようにみえる。しかしながら、混合福祉は、単なる政治的、経済的、社会的システムの混合ではない。それは予算の制約の下で福祉ニーズを最大限に達成するための三システムの最適な混合である。ここで最適とは、各システムの限界支出当りの限界社会的ユーティリティが等しい場合の最適な混合をいう。各システムに本来備わっているメリットがあるとき（表5—3参照）、これらのメリットを組み合わせることで国民の福祉を改善することが可能となるだろう。最適な混合福祉のミクロ経済基盤がそれほど異なっていなくとも、実際の最適混合は、国によってあるいはまた経済発展の段階によって、異なってくるだろう。それ故、数値で三システムの最適な構成比を明らかにすることは難しい。だが、日本においては高齢者や障害者に対する社会サービス、あるいは子育て期の働く女性に対する政府援助のための資源配分は、最適よりも遥に少ないと通常想定されている。もっと多くの資源がこれらの政策に配分されたなら、高齢者や在宅介護の必要な人たちのための福祉は、著しく改善されるだろう。日本の調査はこの想定を支持している[11]。

他方、日本やアジア諸国の人たちは、何故北欧の福祉国家において民間企業や非公式部門の役割が限定されているのか不思議に思っている。福祉社会の新しいモデルは、表5—3における三システムの最適な混合を求めていくことになろう。

第4節　福祉国家における高齢者人口の影響

日本政府の将来の高齢者の率に関する標準的な予測は、近い将来において、全体としては出生率が現在の1.43から1.8へと回復するだろうという想定に基づいている。もし出生率が回復しない場合、2025年における総人口に占める高齢者率は26％以上になるだろう。これまで増加してきた生産者人口——15歳か

図5—6　全人口に占める高齢者人口の割合

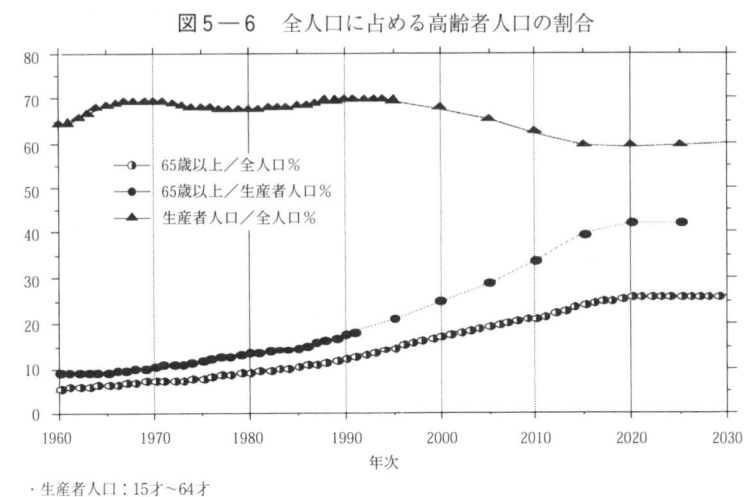

- ○— 65歳以上／全人口%
- ●— 65歳以上／生産者人口%
- ▲— 生産者人口／全人口%

・生産者人口：15才～64才
・1995年以降の数字は推定値
・高齢者人口は65才以上

出所）厚生省の統計資料より計算

図5—7　社会保障給付金と関連指標

1960～1994年の時系列データに基づく

ら65歳——が1996年以降減少し始めた場合、高齢者人口比の増加は大きくなる。この歴史的な変動の結果として、生産者人口に対する高齢率は、1990年代中葉以降著しく増加することになろう（図5—6参照）。平均労働時間の減少を考慮すると、2010年までに労働力供給の減少が明らかになってこよう。

国民所得に占める社会保障費の割合が総人口と生産者人口に占める高齢者率に大きく依存するということはよく知られた事実である[12]。1960年から1994年までの時系列分析と日本の47都道府県の比較分析がこの想定を裏付けている。

図5—7は、社会保障費／国民所得の比率と関連指標間の関係を示している。この図の数字は相関係数を示している。この図は、高齢化因子、所得成長因子、雇用因子と政治的因子が社会保障給付費／国民所得率を決定する重要な因子であることを示している。

1960年から1994年までのデータに基づいた重回帰分析（ＯＬＳ）は、総労働人口に対する高齢者の比率 {(1)・(2)・(3)の回帰分析における N_0/N_e} が、国民所得に占める社会保障給付費、年金給付費、医療保険給付費における変化の重要な説明変数であることを示している。

$$B/Y\% = 2.302 + 0.412 N_0/N_e + 0.970 U_2 - 0.101 dw/w - 0.132 r + 1.093 D \quad\quad (1)$$
$$\quad\quad (2.327)\ (16.012)\quad\ (5.604)\quad (-6.381)\quad (5.858)\ (3.446)$$
$R: 0.998\quad \bar{R}^2: 0.995\quad D.W.: 1.325\quad RMS\ residual: 0.279$

$$Bm/Y\% = 4.939 + 0.065 N_0/N_e - 0.027 dW/W + 0.235 U_2 - 0.125 r \quad\quad (2)$$
$$\quad\quad (-16.555)\ (7.789)\quad\ (-4.964)\quad\ (5.065)\quad (-23.573)$$
$R: 0.997\quad \bar{R}^2: 0.994\quad D.W.: 1.614\quad RMS\ residual: 0.096$

$$Bp/Y\% = -3.242 + 0.245 N_0/N_e - 0.051 dw/w + 0.406 U_2 + 3.528 p \quad\quad (3)$$
$$\quad\quad (-4.639)\quad (4.993)\quad\quad (-5.215)\quad\quad (3.116)\quad (-4.325)$$
$R: 0.998\quad \bar{R}^2: 0.995\quad D.W.: 1.261\quad RMS\ residual: 0.182$

1960年から1994年の時系列データに基づく。係数の下の括弧内の数値はt値。
Y：国民所得、B：社会保障給付費、N_0：65歳以上の高齢者、N_e：就業人口、Bm：社会保障基金と税金によって支払われる医療給付費、r：患者自己負担率、p：消費者物価指数、Ne：労働力×（1 － U_1)、U_1：失業率、U_2：失業者数／（雇用者数＋失業者数）、dw/w：年平均賃金上昇率、dW/W：年総賃金上昇率、D：ダミー変数は社会保障の政治的変数を表す。1975～1994年は1、他年度は0。1974

図5―8A　高齢者率と社会サービス及び医療費間の関係

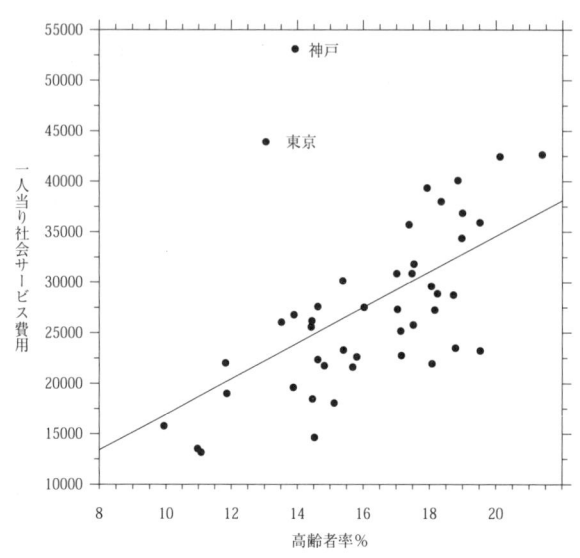

$Y = 351.61331 + 1743.48526 * \times ; R^2 = 0.28452$

図5―8B

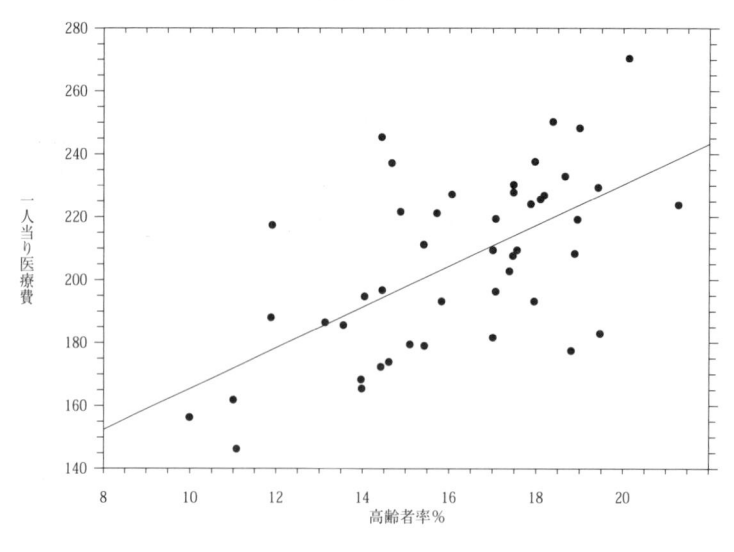

$Y = 98.3607 + 6.64254 * \times ; R^2 = 0.37423$

年は福祉元年と呼ばれた。我々はダミー変数が政治的変数を表すと解釈している。

(1)～(3)の回帰式は、また、高齢者率、所得増加率、経済変動を表す失業率、政治的因子が社会保障給付金／国民所得の比率を説明する主要な変数であることを裏付けている。さらに上記の分析は、安定的な経済成長と完全雇用の維持が国民所得における社会保障費の増加を軽減する上に効果があることを示している。

時系列分析によって観察される相関関係はしばしば誤解を招くおそれがあるが、日本の47都道府県の比較（クロス・セクション）分析は上記の発見を支持している。この分析は、一人当りの社会サービスと医療費が図5—8が示しているように高齢者率と正の相関があることを示している。図5—8のAは、各都道府県の高齢者率と一人当りの社会サービスの間の相関関係を示しいている。東京と兵庫県は例外である兵庫県の社会サービス費は地震復旧対策のため高くなっている。東京の社会サービスは社会主義者の知事時代から例外的に高い。一人当りの医療費も図5—8のBが示しているように高齢者率と正の相関関係がある。

第5節　税と社会保障の重荷

回帰分析の(1)によって見込まれる国民所得に占める税と社会保障負担の将来の見積もりは、国民所得に占める社会保障給付金の率が30％を超えるだろうことを示唆している。この見積もりは別の見積もり方法によっても支持されている[13]。国民所得に占める税プラス社会保障費の負担は、図5—9が示しているように1995年の約37％から2030年には50％を超えるまでに増加するだろう[14]。

エコノミストのなかには、日本経済がいわゆる「スウェーデン病」に陥り、社会保障基金が高齢化のプロセスが安定期に達する2020年代には支払い不能になるだろうと警告するものもいる。しかしながら、筆者の経済分析は、もし安定した経済成長と完全雇用が維持されるなら、社会保障の支払いを含めた税の増加は勤労者世帯の税引き後の手取り実質所得を減少させないだろうことを示唆している[15]。

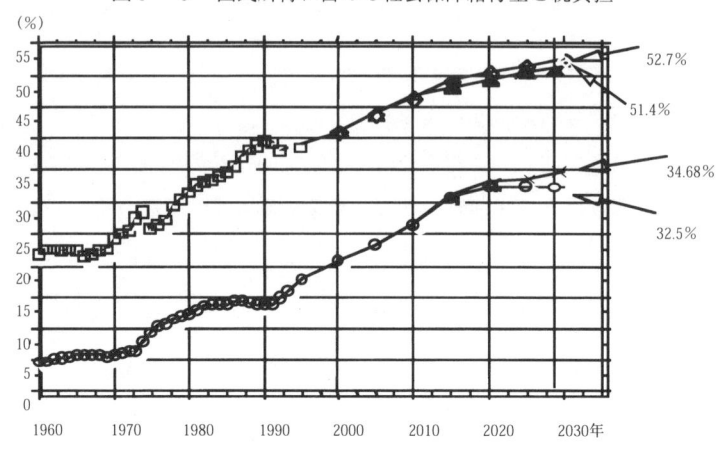

図5-9　国民所得に占める社会保障給付金と税負担

52.7%
51.4%
34.68%
32.5%

○：社会保障／国民所得％．1995及び1995年以降は推定値
○：合計特殊出生率が1.8で2025年の高齢者率は25.8%を想定。
×：合計特殊出生率が1.4〜1.5で、2025年の高齢者率は27.4%を想定。
□：税金と社会保障給付金／国民所得％
▲：合計特殊出生率が1.8で高齢者率は25.8%を想定。
◇：合計特殊出生率が1.4〜1.5で、2025年の高齢者率は27.4%を想定。

図5-10　勤労者世帯の平均所得（1993年ベース）

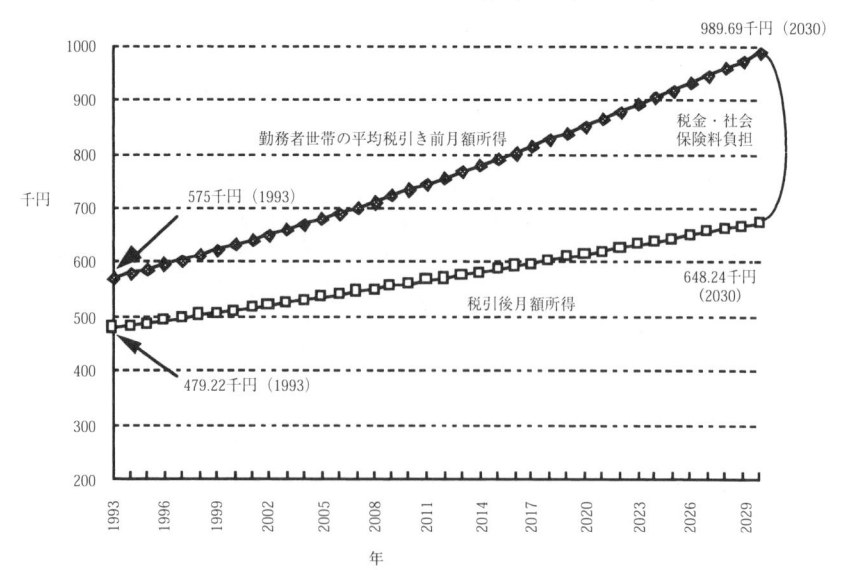

989.69千円（2030）
勤務者世帯の平均税引き前月額所得
税金・社会保険料負担
575千円（1993）
648.24千円（2030）
税引後月額所得
479.22千円（1993）

勤労者世帯の実質平均所得が年率1.5%増加するという想定にもとづいた図5—10は、高齢化のプロセスと税の負担が増加したとしても、平均勤労者世帯の実質可処分所得は増えるだろうことを示している[16]。

図5—10の数字は、平均賃金の増加率が年率1.5%であると想定して見積もられている。注16の方程式は、もし税引き前の所得の変化率がr（可処分所得の税引き前所得に対する比率）の変化率を相殺するならば、税引き後の実質可処分所得は増加することを示している。図5—10は、1992年において479,000円であった月当たりの手取りが、1993年の価格で2025年には648,000円（約6,000ドル）に増加するだろうことを示唆している。もし安定した成長が維持され、社会保障と社会サービスの支払いを実際の収入内に制限するなら、また給付金の受給者が納税者から切り離されるとするなら、次のような結論が演繹されるだろう。

a) 税引き後の所得が増加する限り、現在の勤労者世代の可処分実質所得は増加するだろうし、それ故、可処分所得は現在の世代よりも大きくなるだろう（この結論は、もし $dy/y+dr/r>0$ ならば、維持されるだろう[17]）。
b) 年金給付金が勤労者の可処分所得にスライドするなら、一人当り社会保障給付金は税引き後の賃金増加とともに増加するだろう。

高齢化が進むにつれ、現在の勤労者世代の税の負担は増加するだろう。だが、a) と b) は、現在の勤労者世代の可処分所得は、将来の勤労者世代の可処分所得より大きく、現在の退職者世代の社会保障給付金よりも、将来の退職者世代の社会保障給付金はより多くなるだろうことを示している。

この結論は、世代間の平等についての議論に重要な影響力を持つL・コトリコフ（Laurence L. Kotlicoff）教授の結論と幾分異なっている[18]。彼は、将来の世代は自分たちが支払ったよりもはるかに少ない社会保障給付金を受け取るだろうと主張している。彼の結論は正しいかもしれない。しかしながら、これは世代間の分配が若い世代にとって好ましくないことを意味してはいない。コトリコフ教授の比較は、方程式(a)によって示されている。これは世代分配の平等性を判断するひとつの基準である。他方、本論文で示唆している基準は、方程式(b)によって示されているように、世代間の平等性を判断するための代替的な

基準である。

コットリコフの部分的基準は次式の大きさに左右さる。

$$(1+g)／(1+i) \text{--------------------(a)}$$

iは期間割引率でgは所得の成長率である。

コトリコフは、もし $(1+g)/(1+i)$ が1よりも大きくないなら、現在の勤労者世代は平等な状態にはないと想定している。

しかしながら世代間公正の代替的な基準に従って、もし方程式(b)の大小が判定基準として採用されれば、将来の世代は $dy/y+dr/r>0$ である限りよりよい経済状況にあるだろう。そのとき将来の世代は現在の世代よりも悪い状況にはいないだろう。

$$(1+dy/y)/(1+dr/r) \text{--------------(b)}$$

dy/y は実質1人当たり所得の変化率

dr/r は可処分所得率の変化率

世代会計が導入されたとき、年功賃金格差の縮小により、現在の高齢者は賃金の点で好ましくない修正が考慮されなければならない。どちらの基準においても実質所得の成長率が重要な変数であるということを特に記しておきたい。

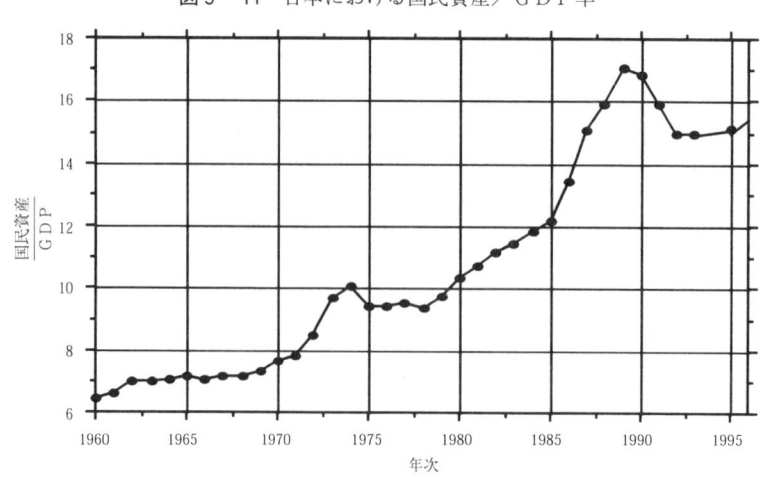

図5—11　日本における国民資産／GDP率

第6節 資産政策と資産再配分

　21世紀への新しい政策として私が重要と考えるもうひとつの政策が資産政策である。ＧＤＰと国民所得に対する資産比率が大きな部分を占めるようになったので、資産は経済安定政策や分配政策にとって重要な変数になってきている。日本において、図5—11が示しているように、ＧＤＰに対する国民資産の価値の比率は1960年の6.46倍から1995年には約15倍にまで増加した。

　バブル経済が崩壊したときこの率は落ちたが、再び上昇傾向を採り始めている。資産の価値が大きくなると、資産価格の増減が経済の安定と分配において重要な影響を有するようになってくる。国民資産の価値が国民所得のように20倍の規模になると、国民資産価値の1パーセントの増加が、国民所得の20％に相当する約72兆円のキャピタルゲインを生む。

　計量経済学の分析は、民間の消費と投資は国民資産／ＧＤＰの変動によって影響を与えられると示唆している。また、この分析によれば、ケインズ経済政策が何故バブル経済崩壊後の回復に影響を持っていないのかというひとつの理由は資産政策を無視していることにある。バブルとその後の景気後退は国民資産が民間消費と民間投資に影響を与えていることを示唆している。例えば、1960〜1995年度の年次データに基づく回帰方程式(4)は、国民資産／国民所得率が実質民間消費の増加の関数になっていることを示す。

$$\text{実質民間消費} = 27.2208 + 1.6070\,W + 4.0688\,A/Y - 10.0524\,U \cdots\cdots (4)$$
$$(4.4577)\ (42.2184)\ (5.0959)\ (-6.2441)$$
$$-1.5989\,dp/p$$
$$(-7.3084)$$

$\overline{R}^2$: 0.9988, D. W. ratio : 1.163　　括弧内の数字はt値。

A/Yの標準回帰係数はA/YがWに次ぐ、第2番目に大きい説明変数であることを示している。W：雇用者所得、A/Y：国民総資産／国民所得、U：失業率、dp/p：消費者物価上昇率

　土地の価格と株式の価格が著しく変動し、経済の変動に影響を与えている。図5—12が示していように、大都市の土地価格が1〜2年前の株式の変動を

追っていることを記すことは興味深い。さらに興味深いのは、スウェーデンにおいてもまた、株式の価格と不動産価格指標がタイムラッグをおいて同様に動いていることである（図5－13参照）。この図は、不動産価格の変動はスウェーデンにおいて株式価格と比べるとそれほど大きくはないけれども、スウェーデンも株式の価格と不動産価格の同様な上昇と下落を経験したことを示

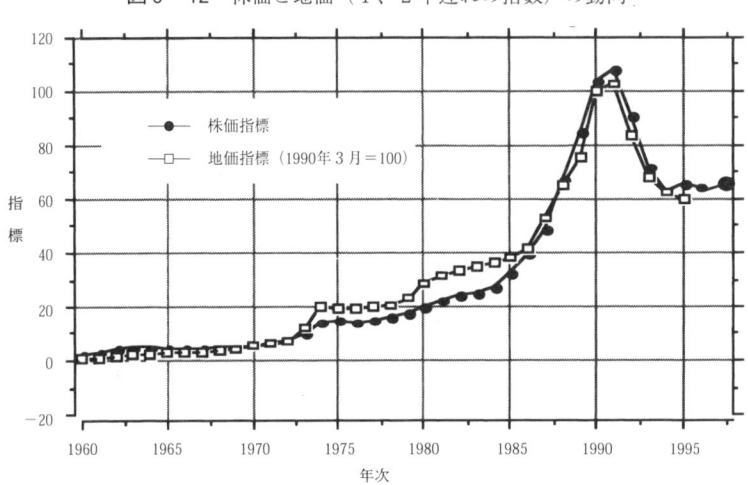

図5－12　株価と地価（1、2年遅れの指数）の動向

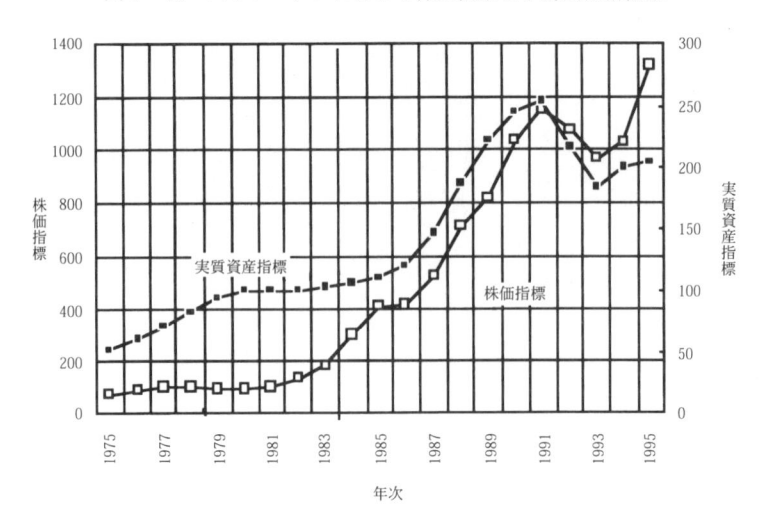

図5－13　スウェーデンにおける株価指数と不動産価格指数

している。日本との大きな違いは、スウェーデンはすばやく景気後退から回復したということである。他方日本では、1990年以来、景気後退が長く続いてる。スウェーデンにおいては、株式価格と不動産価格は1994年から再び上昇し始め、他方日本では土地の価格は1996年においてもいまだ値下がりか横ばいのままであり、株式価格の動向は不透明なままである。

　何故両国において資産価格の動向に類似性がみられるのか、また何故スウェーデンでは経済が日本よりも早く回復しはじめたのか。資産政策における相違がひとつの理由になっているといえよう。これからの研究のために求められるいくつかの興味深い点は消費と投資に対する資産の影響を検証し、可能な資産政策を示唆することにある。

　スウェーデンは最初にケインズの経済安定政策を導入した国として名声を得ている。今日、ケインズ政策の困難さを克服するために新しい経済安定政策が求められている。資産価格が大きく変動した場合、資産価格の動向と資産政策についてのスウェーデンと日本両国の経験は、1990年代の経済安定政策に対して有益な示唆を与えてくれる。

　私は、近著『市場指向型の福祉改革』において、ケインズ的需要管理政策を部分的に資産需要管理政策によって置きかえる必要性を強調した。同著において、私はフローの需給管理重視と、所得分配政策を部分的に資産の安定と分配政策に置き換えることを示唆した。ケインズ的経済政策が実施されたとき、まさに所得配分政策が展開されたように、資産管理政策によって生じることになろう所得と資産の分配にともなう好ましくない影響を埋め合わせるために資産需要管理政策が導入されるとき、資産分配平等化政策もあわせて展開されるべきであろう。同著においてまた私は、社会保障の生産的側面を考える重要性も強調した[19]。日本において、貯蓄の総量が投資の総量を上回っているとき、社会保障支出の拡大はしばしば生産的になる。高齢労働者や子供のいる女性を政府の補助金のような政策を通じて労働市場に参加させることを奨励することも生産的になる。例えば、方程式(5)は、政府の補助金が高齢の勤労者の増加によって引き起こされる政府歳入の増加よりも少ない場合には、政府の補助金は、財政を悪化させるのではなくネットの政府歳入を改善することを示唆する。

政府歳入 $R = tpq(N+N_0) + \varphi \beta w N_0$

政府支出 $E = \gamma w N_0$

$R - E = tpq(N+N_0) + \varphi \beta w N_0 - \gamma w N_0$

N_0 に関して微分すると、

$$\delta(R-E)/\delta N_0 = tpq'(N_0) + \varphi \beta w - w\gamma \quad \cdots\cdots(5)$$

p：価格、q：実質国民所得、N：総労働力、N_0：公的年金を受け取る高齢者、w：賃金、β：高齢者が退職した時の公的年金給付率（replacement ratio）、φ：高齢者が働いたときの年金の減少率、γ：高齢労働者に対する政府の補助金の賃金に対する比率

第7節　日本のマネジメント・モデルを再構築するために

日本の企業経営モデルは、次のような条件の下ではうまく稼動していた。
(1) 人口の年代別構成において若年層の多いとき、
(2) 比較的高率な経済成長が続いていたとき
(3) 労働力が安定して増加しているとき
(4) テクノロジーがキャッチアップ過程にあるとき

しかしながら、これらの条件が失われたとき日本モデルの弱点が表面化することになった。日本の経済政策管理と企業経営モデルを再構築することが今求められている。この論文で示唆された政策は、これらの困難さのいくつかを克服する際に役立つだろう。

注

1) この論文では社会保障はＩＬＯの定義に従って定義されている。それ故、社会保障には所得の保障だけでなく医療サービス給付費や対人社会サービス給付費も含まれる。社会保障総費用には社会保障給付費のほか行政費用や社会保障基金のその年の剰余も含まれる。
2) ここでネット賃金とは、賃金マイナス公的年金の保険料負担額を指す。
3) 公共選択学派の経済学者たちが政治的失敗について多くの事例を指摘してきた。
4) Richard Rose and Rei Shiratori, eds., *The Welfare State : East and West*, Oxford/New York : Oxford University Press, 1986.
5) 丸尾直美『日本型福祉社会』NHK出版、1984年。

第6章　日本　161

6) Richard Rose and Rei Shiratori, eds., *op. cit.*
7) 丸尾直美、前掲書 及び Naomi Maruo, *Economic Policy Management : A Japanese-Approach*, Tokyo : Chuo University Press, 1989.
8) Francis Fukuyama, *Trust*, New York : International Creative Management, 1995.
9) Evers, A, and Svetlik, I.., eds. *Balancing Pluralism : New Welfare Mixes in Care for the Elderly* (Public Policy and Social Welfare, No 13), Avebury, 1993.
10) Richard Rose, *Understanding Big Government* : The Programme Approach, Beverly Hills, Calif. And London : Sage Publications, 1984 ; Ed. Richard Rose and Rei Shiratori, *op. cit.*
11) 例えば、総理府統計局の『高齢者の生活に関する世論調査』1993年をみよ。この調査は、高齢者の最大の心配事が病気とその介護であることを示している。
12) Harold Wilenski, *The Welfare State and Equality : Structural and Ideological Roots of Public Expenditures,* California : University of California Press, 1975.
13) 丸尾直美『市場指向の福祉政策』日本経済新聞社、1996年．
14) Naomi Maruo, "The Impact of the Aging Population on the Social Security and Alli-ed Services of Japan," *Review of Social Policy*, Vol. 1. No. 1, March, 1992. 及び丸尾直美、前掲書、1996年。
15) 丸尾直美、前掲書。
16) 平均世帯の税引後所得は次のようにして得られる。
    税引後所得は、$y^* = (1-t)y$
    y が税引前所得（社会保障負担金を含める）、
    y^* は税引後所得、t は税率である。
    y の税率が33年後に16％から33％へと増加する場合、
    dr/r は次の方程式(1)を解くことで算出できる。
    $y(1-0.33) = (1-0.16)(dr/r)^{33}$ ────── (1)
    方程式（2）に dr/r と dy/y の値を代入すると、33年後の税引後の所得が得られる。
    $y^* = y(1+dy/y)^{33} / (1+dr/r)^{33}$ ────── (2)
17) 新古典派の生活サイクルモデルは、通常、経済成長率が利子率よりも大きい限り、勤労期間から退職後への所得の配分は効率的であると、想定している（Bernhard, 1993）。
18) Laurence L. Kotlikoff, *Generational Accounting*, New York : The Free Press, 1992.
19) O. ホート（Olsson Hort）教授は、当書の中で、スウェーデンにおける社会福祉政策は社会福祉政策の生産的側面を考慮してきたと示唆している。

参考文献

Akerlof, G. A. and Janet Yellen, *Efficiency Wage model of Labour Market*, Cambridge

University Press, 1986.
Azariadis, Costas, "Implicit Contracts and Underemployment Equilibrium", *Journal of Political Economy*, December, 1975.
Becker, G.S., *Human Capital : Theoretical and Empirical Analysis, with Special Reference t o Education*, Chicago : University of Chicago Press, 1993.
Castles, Francis G., *The Impact of Parties : Politics and Policies in Democratic Capitalist States*, Sage Publication, 1982.
Cuno, Franco and Marino Ferror , *Share Systems and Unemployment : A Theoretical Analysis*, Macmillan, 1991.
Kotlikoff, Laurence L., *Generational Accounting*, The Free Press, 1992.
Eds. Felderer, Bemhard, *Public Pension Economics,* Springer-Verlag, 1993.
Fukuyama, Francis, *Trust,* International Creative Management, New York,1995.
Maruo, Naomi, *Economic Policy Management : A Japanese Approach*, Chuo University Press, 1989.
Maruo, Naomi, "The Impact of the Aging Population on the Social Security and Allied Services of Japan", in *Review of Social Policy*, Vol. 1 No.1, March 1992.
Meade, J.E., Liberty, *Efficiency and Equity*, Macmillan, 1989.
Peacock, Allan, *Public Choice Analysis in Historical Perspective*, Cambridge University Press, 1992.
Peacock, Alan and Jack Wiseman, *The Growth of Public Expenditure in the United Kingdom*, Princeton University Press, 1961.
Rose, Richard and Rei Shiratori, eds., *The Welfare State East and West*, Oxford University Press, 1986.
Weitzmann, M., *The Share Economy,* Harvard University Press, 1984.
Wilenski,Harold, *The Welfare State and Equality, Structural and Ideological Roots of Public Expenditures*, University of California Press, 1975.
丸尾直美『日本型福祉社会』NHK出版、1984年
丸尾直美『市場指向の福祉改革』日本経済新聞社、1996年

第7章 タイ（1）

タイにおける現代福祉制度の出現

デチャ・サングカワン

（齋藤　友之訳）

第1節　はじめに

　タイでは、1932年の専制君主制の崩壊後、発展に関する二つの異なった命題が、社会福祉制度の整備の促進と、それのみならず抑制とに対して、大きな役割を演じた。第一の命題は、階級革命を通じた急進的な社会経済発展モデルに基づくもので、西欧型の教養を身につけた市民で政変の指導者であったプリディ・パノムヨン（Pridi Phanomyong（以下、プリディ Pridi と呼ぶ））によって、1933年に導入された。この発展モデルは、社会主義思想に根ざしており、社会経済発展の計画に焦点を当てていた。多くのタイのエリートから、あまりに急進的で理想主義的であるとみなされたこのモデルは、しかしながら、この国の社会計画の発展過程において、重要な役割を果たした。

　第二の命題は、国際交渉に影響力を及ぼす国の仲間入りをするために社会経済発展を目指す、伝統的なモデルに基づいたものであった。この動きは、西欧型の教養を身につけていた陸軍元帥 P・ピブーンソンガラム（P. Phibunsongkhram（以下、ピブーン Phibun と呼ぶ））に導かれた。このモデルは、西欧の市場経済に合わせた、近代化と産業化の過程の上での国家発展に焦点を当てていた。

　この論文では、専制君主制終焉後の1933年当時の初期の状態からはじまった、この現代社会福祉制度の整備をめぐる二つの異なった命題の起源とその影響とを年代を追って詳述することから、説き起こしていくことにする。

第2節　最初の社会福祉計画

　多くのタイ人にとって、西欧のタイ政治史の研究者らと同様に、タイにおけ

る専制君主制の崩壊を招いた1932年6月の政変は、正確には革命ということはできない。なぜならば、この政変は、自らを人民党という政党に組織化したわずかな軍人や市民の指導者らによって進められ、多くの党員や支持者を伴ってはいなかったからである。政変が成功裏に終わった後、彼ら少数のエリートたちは、西欧型民主主義の伝統に従って、国を統治するために人民委員会と国会とを創設した。人民党は、以下のような目的の声明文によって、国民に自らの計画を発表した。

　　新政府は、すべての人々への雇用の提供や、貧困撲滅のための全国的な経済政策に関する法令の発布によって、市民の経済的福祉を促進することを公約する[1]。

　政変の1年後、立憲君主制の下での最初の首相パラヤ・マノパコーンニティーダー（Phraya Manopakonnittithada（以下、パラヤ・マノ Phraya Manoと呼ぶ））に率いられた政府は、国のために公式の新しい経済計画を策定することが、政変を正統化する意味を持つが故に、その計画策定の圧力にさらされた。1933年の政変時に市民指導者の一人であったプリディは、国会の指導者の一人となり、新しい経済計画の骨格づくりを政府の他の指導者たちから要請された。欧州で彼が受けた教育的背景に基づき、プリディは土地や労働者のための国有化施策と産業計画とを提案した。このプリディの経済計画は、漠然とし、理想的で、その上社会主義的なものと見なされた[2]。だが政府は、この経済計画通りに、労働者も農民も学生をも含む社会のすべての成員を、官僚制の中に組み込もうとした。つまり、すべての者を政府雇用として有効に機能させようとしたのである。

　プリディの経済計画は、二つの主要な部分から成り立っていた。第一の部分では、農業、商業、運輸業を含むすべての企業の官僚制への組み入れにおける政府の役割を規定した。計画はまた、労働者が公僕としてこの制度の中に組み込まれる条件を設けた。計画通りであれば、このシステムでは、すべての熟練労働者に仕事が保証されるはずであった。この計画はさらにまた、産業のガイドラインや公共システムに組み込んでいくための経済計画をも提示した。

　第二の部分では、社会保障制度の詳細について提示した。社会保障制度では、

労働者の能力や学歴しだいで職を保証するだけでなく、病人、障害者、妊婦、高齢者、若者、学生に対する福祉的な支援も規定した。また、計画では、多様な税配分を利用する、この福祉システムを財政的に運営するために政府の全責任を定めた。それゆえ、受益者は福祉予算に直接多くの貢献をする必要がないはずであった。

　計画に対する重要な正統化の根拠は、経済的階層に関わりなくだれにでも起こりうる経済的な盛衰であった。これについて、プリディは、すべての階層の人々が、経済的安全保障の変わりやすい状況に対してあらゆる面で無防備である、と論じた。つまり、

　　実体の不確実性は、なにも貧困者だけに限らない。中間や富裕な階層の人々もだれもみな同じ不確実性に直面している。あなたは、自分の人生だけでなく、自分のこどもや孫、曾孫を保証するだけの富を蓄積することができるということが幸せかどうか真剣に考えてみよ。貧しい時代にも幸せな家族の例は数多い。……（略）……唯一の解決策は、市民の幸福を保証するために取り組む政府を持っている場合だけ、と学者が考えているように、経済秩序の不安定性とはそのようなものなのである。すなわち、すべての人々は、こどもかどうか、病気か障害者か、あるいはまた、労務災害者かどうかにかかわらず、生まれてから死ぬまで市民である。また彼らは、食料や衣類、住宅、言い換えれば、生活必需品を必要とする。……（略）……それゆえ、わが国の社会保険に関する計画を策定するために、個々人の状態に応じて、食料や衣類、住宅のような生活必需品に交換するために十分な量のお金を、すべての人々に分配することを政府に義務づけさせる社会保障法を制定することが、政府にとって必要不可欠なこととなろう[3]。

　プリディは、すべての農地における地主や、農民に対する融資事業を行う銀行家同様、すべての市民に対する福祉の保証人としての政府の活動と連動する社会保険の実用的な方法として、自らの計画を擁護した。プリディの計画が政府と国会に提案されるにあたり、その計画を検討するための委員会が設置された。検討委員会の大半の委員がその計画に同意した一方で、パラヤ・マノの率いる少数派が強力に反対した。その結果、この計画は政府と国会との間に衝突

をもたらすことになった。1932年の暫定憲法や恒久憲法の草案作成に関するプリディの先の仕事が、軍人と市民の双方からなる多くの政治的指導者らによって支持されたとはいえ、彼のこの計画は共産主義的な計画として軍指導者や王族たちから強烈な批判を浴びた。この計画が政府に提案されると、パラヤ・マノ首相と他の著名な王族らによって支配された内閣は、この計画を否決した。それゆえ、この計画は、正式に公表されなかったばかりか、社会保険に関してこれらを含んでいる素案の一部でさえも、国内で公式に印刷することは許されなかった。

プリディやその他の若手の急進的な市民らによって占められた国会は、内閣の行動によってこの計画を阻止された。このような政治的な妨害の中で、1933年、国会は解散した。ほかならぬ軍人や王族の指導者たちの中にあって、プリディはぞっとするような結末を迎えることになった[4]。すなわち、彼は後に、共産主義者として責任を問われ[5]、国外追放を迫られたのである。急進的な経済社会開発画の一部分、それも主要部分としてこの国に最初にもたらされた社会保険計画は、政治家や政府のエリートらによって共産主義と結びつけられたのである。これに対してプリディは、全国経済政策を検討するための委員会の会合において、自分自身と計画とを擁護した。彼は、計画は共産主義的なものではなく、資本主義と社会主義の組み合わさったものであることを主張した。しかし、この計画は、彼が以下で指摘するように、政府の指導者らに誤解されてしまったのである。すなわち、

　　……（略）……国会議員の大半が、経済計画を十分支持してくれたものの、内閣の中には、古い政治や経済システムを善しとして、その計画に強力に反対したいく人かの保守派がいた。この保守派のグループは、国会を解散するために政府内の軍人メンバーに働きかけるとともに、この計画そのものや計画について書かれたものを含むその他の法令を共産主義の法令であると定義するために、反共産主義法を公布することを国王（ラーマ7世）に提案した[6]。

全国経済社会計画に統合された社会保険の考えは、事実、それが国会議員によって支持されたものだとしても、一般大衆とは相容れないものであった。第

一に、当時のこの国の政治生活は、エリートたちの小さなサークル、ことに1932年の政変期及びそれ以降に活発な役割を演じた単一政党である人民党のみに限定されており、それゆえ、社会保険は、大衆を支援するものではなかった。第二に、計画それ自体が、狙いの面で漠然としていた。すなわち、誰が有資格者に含まれるのかといった適切な規定を欠く一般的な計画が提案されたにすぎなかったのである。それゆえ、この計画は、政治的支援者も大衆の支持も欠いていた。もっとも計画の支持者たり得そうであったグループは、政治的な関心も政治的な力も持ち合わせていない、農民やわずかな中国系移民の賃金労働者たちであった。

二代目の首相パラヤ・パホーンが退いた後、首相となったピブーンは、その第一次政権期（1938—1944）に、この国を、強力な軍事政権と国粋主義的教条を持つ国にした。プリディはやがて、タイに帰国することが許され、彼は政府や国民に配慮して1933年の彼自身の全国経済社会開発計画を持ち出さないことを条件に新政権に加わった。

1944年、ピブーンは、第二次世界大戦中に日本との密接な関係を持っていたことが発覚したために首相の座を追われた。戦後の４年間は、日本による占領期に海外で組織化された親欧・反日の運動体である自由タイ（the Seree Thai）のメンバーの中から頭角を現したエリートたちによる、公選の文民政権によって、この国は主導された。1944—1948年の間に七つの政権が生まれた。そのうちの一つは、プリディが首相として率いていたが、アナンダ・マヒドール国王（the king Ananda Mahidol）[7]の不可解な死で終わった。大衆はこの出来事を、反王制主義の感情やプリディの全国経済社会開発計画と結びつけて考えた[8]。1946年に首相の職を辞したプリディは、再び多くの人から共産主義者との関係を持っていると見なされるようになった。それゆえ、彼は中国への政治亡命を模索し、そして余生をフランスで過ごしたのである。

第３節　ピブーン政権下の社会福祉制度の発展

アナンダ・マヒドール国王の死後、1946年のタイにおける政治的な不安定状態は、強力な軍人と国粋主義者の政府をもたらした。一時的な亡命の後、帰国したピブーンは、政治的人気を回復し、1948年には首相として第二期目の政権

を始動した。ピブーンの福祉政策は、1938—1944年の第一次政権期に遡ることができる。1938年にピブーンは、多数の軍のメンバーを含む25人の閣僚と共に、はじめて権力の座に着いた。"タイ人のためのタイを"というスローガンが、華僑や西欧系の企業家と競争する上で、自国資本の企業を育成するために、この時期よく使われた。

政府の国家建設に関する任務は、タイ社会に社会福祉制度を含む現代的社会制度を創設することにまで及んだ。1940年には首相府の下に、公共福祉庁が創設された。ホームレスの収容施設やリハビリセンター、高齢者用住宅など、数多くの西欧の影響を受けた福祉制度が、この時期に創設された。1941年には、熟練労働者が職に就くことを促進し、失業を抑え、街頭における物乞いを防ぐための職業斡旋法が通過した。西欧の影響を受けた社会事業や社会福祉の教育もまた、1942年のタイ文化法（the Natinal Cultural Act）によって設立されたタイ文化評議会（the Natinal Cultural Council）を通じて、初めてこの国に導入された。社会事業や社会福祉のカリキュラムは後に、第二次ピブーン政権下の1954年に、社会行政学部が設立されたタマサート大学に移された。

ピブーンによる西欧思想の普及は、1948—1957年の第二次政権期、すなわちタイが産業化の初期段階に突入した時期には、一層強化された。1952年、ピブーンは、福祉問題に対応するため、そして市民の福祉に関する適切な規定を検討するために、社会福祉委員会を設置した。同委員会は、ピブーンを委員長とし、その他多様な行政部門や議会から抜擢された10名の委員で構成されていた。委員会の主な任務は、公共福祉局と他の関連機関の福祉政策に関するガイドラインを提示することであった。1952年11月の社会福祉委員会の会議において、社会保険制度は、社会的支援規定の下で保護されるべき障害者や未熟練労働者はもとより、熟練労働者のために制定すべきであることを決めた。また、同制度には、妊婦、病人、身体障害者、退職者、さらには、死亡及び遺族保険までをその範囲に含んでいた。委員会はまた、社会保険計画上、労働委員会を創設することも決めた。労働委員会は社会保険に関する法令を立案し、政府にそれを国会に発議させた。これは、国会において多くの反論に遭うこともなく、1954年2月に法律として制定された。

1954年の社会保障法は、使用者及び被用者並びに政府に対し、社会保険基金への分担金の支払いを義務づけた。この制度は、賃金労働者、自営業者、16—

60歳までの失業者およびその扶養家族をカバーするものとして制定され、出産手当、家族手当、疾病手当、障害者年金、老齢年金、葬儀補助金が含まれていた[9]。政府と使用者、被用者からの分担金は、被用者の月給の平均4パーセントから構成された。自営業者および失業者は、制度の中でより高い割合の分担金を払うことでこの制度への加入が認められた。この法律では、すべての国家公務員は除外され、彼らは分離雇用手当制度の中でカバーされた。また、この法律によって、大蔵省内に社会保険局が設置された。同時に、内閣によって、社会保険政策を監督する8—12人の委員からなる社会保障委員会が設立された。

しかしながら、この社会保障法は制定後、官報において正式に公表されたものの、政治家、マスメディア、公企業及び民間企業からの強い反対を受けて、その施行は延期された。この制度は、一般大衆にはまったく知られていなかった。最初の延期の後、この法を施行するためにさまざまな試みがなされたものの、1990年に新しい社会保障法が制定されるまで、ついに施行されることはなかった。

タイにおける社会保険制度の長期に及ぶ施行の延期をめぐっては、多くの解釈がある。社会保険制度の発展を歴史的視点から見て、チャンダラビシン[10]は、1954年の社会保障法の失敗の原因は、法律制定に先だって労働者のニーズの調査が行われなかったためとする。法律それ自体は、非常に広範囲な領域を持ち、保険の基本原則も非常に漠然としたものであった。最も重要な要因は、法律の制定以前に、法のコンセプトや社会保険制度の運営について大衆に情報を与えることに政府が失敗したことである。法の恩恵を受ける者は、もっぱら賃金労働者であったが、彼らは制度からどのようにして利益を受けられることになるのか知らなかったのである。

ピブーン政権による社会保険政策の開始と政策執行の延期は、法そのものの政策的な面においてよりも、むしろ政治的な文脈の中において、より一層、分析しやすい。第二次政権期において、ピブーンは、軍人及び市民の双方のライバルに対峙して行動していた。二人のもっとも有力なライバルが、国防省の副大臣となって陸軍を押さえていたサリット・タナラット（Sarit Thanarat（以下、サリット Saritと呼ぶ））と、警察局の局長となって警察軍を押さえていたパオ・スリヤノン（Phao Sriyanond（以下、パオ Phaoと呼ぶ））であった。ピブーンは、国民の支持を得るために権威主義的な政治統制を緩和するなどの

政治手法を通じて二人のライバルに対抗しようとした。また彼は、多くの社会や文化に関する法律の下で、社会事業を開始した。1952年には、文化省が、伝統芸術と伝統的な生活習慣を含む文化の促進のために創設された。公開演説はかつては違法とされていたが、この国の民主化の促進に伴いピブーン政権により再び奨励されるようになった。1955年に政党法が国会を通過すると、ピブーン自身も国会における政治力の基盤とするため、セリ・マナングカーシラ党（Seri Manangkhasila Party）という政党を旗揚げした。ピブーン政権はまた、個人の所有する土地を適切に配分するために土地所有制限を定めた土地法も通した。この法律の正当性は、ほんのわずかな富裕者から大多数の貧困者へ土地資産の移転を促進することにあった。さらに、タイで最初の近代的な労働法である、1956年労働法も通過し、同法により労働組合が合法化された。

　1956年中頃、社会保険局は、再度、1954年の社会保障法を施行するために、内閣に対して施行規則を提案した。今度は、社会保険制度が民間保険会社の業務を奪うものと考えた民間保険会社から、社会保険制度の施行に対する反対が生まれた。民間企業もまた、税とは別の形で資金を提供させられるものであるとして、同法の施行に反対した。法に対する反対が厳しい状況だったため、政府は一年間社会保険制度の執行を延期しなければならなかった。この期間の社会保険制度の執行の試みは、1957年にピブーン政権の失脚とともに水泡に帰した。政府が政治的、財政的に不安定なことから多くの非難を受けたため、ピブーンはその法令を大衆の議論にはかけないことを決め、そして、政府の安定を図るために、その執行を将来に委ねることにしたのである。

第4節　軍事官僚体制下での労働福祉政策

　1957年にピブーン政権を打ち倒し大衆の支持を受けた指導者サリットの時代、タイ経済は歴史上これまでないぐらいに、国際市場の中に引きずり込まれた。1961年、サリット政権は、経済成長と貧困の緩和を主要な目標に掲げて、最初の六ヶ年全国開発計画である全国経済社会開発計画に着手した。同計画では、道路、通信施設、発電、大規模農業灌漑のような基盤整備に大半の政府資金が向けられた。

　政府は、原材料や機械の関税免除や輸入製造品の税率緩和を含む多様な規定

第7章 タイ（1） 171

を、外国投資家を引き寄せる誘因策として用意した。コストが安く従順な労働力をもとに、産業と外国資本を誘致するために、政府は、労働組合の活動とその組織化とを合法化した1956年の労働法を廃止した。社会保険制度を施行することは、この時期には顧慮されなかった。なぜなら、社会保険制度の施行に関する検討の殆どの時間は、その制度と労働コストの高騰に反対する考えを持った官僚機構と軍主導の内閣の周辺で、費やされていたからである。

　この時期、増え続けていた賃金労働者の福祉は、その殆どが家族や親戚のネットワークによって提供されたが、ある程度は当初、政府と雇用主によって立てられた労働福祉の計画によっても提供された。労働福祉は個々人を基礎に置いた後見主義的な形態で制度化されていったが、政府と雇用者には、家族や親戚のネットワークからの支援に加えた、もう一つの支援の源になることが期待された。ところが、政府の社会福祉や労働福祉の計画は、全国経済社会開発計画に基づくガイドラインと監督の下で運営された。それゆえ、殆どの労働福祉の計画は、個人としての賃金労働者を救済するために立案され、階級としての賃金労働者の福祉のための団結権であるにもかかわらず、政府の労働者に対する政治的排斥によって厳しく制限された。労働不安についても、産業と外国資本を誘致するために労働運動を禁止したのと同様に、後見主義的な規則によって統制された。この論文の残りの部分では、今日のタイにおける社会福祉制度の発展を犠牲にし、ある意味では全国経済社会開発計画を補完するために行われた、労働者に対する政治的排斥と労働人口の操作による、労働福祉に関する権威主義的軍事政権の政策について詳しく述べることにする。

　近代タイ政治における労働者への政治的排斥は、この国のわずかな工業労働人口の大半が中国系移民であった19世紀末に既にその淵源があった。この初期の頃から、タイにおける労働運動は政治的に弱い存在とされ、政府の強い統制の下で不十分にしか組織化されてこなかった[11]。実際、政府は、労働者団体に導かれる労働運動の諸活動に対抗するために、広範な政治的統制手段を講じてきた。また、中国系移民労働者の労働運動の弾圧は、しばしば彼らの指導者らを国外追放することでなされた。中国系移民労働者のかわりにタイ人労働者を登用する策も、労働運動の体制が未成熟であった間に政府によって労働者を統制するために採られた、別の政治的手段であった。

　1958年、サリット政権は1956年の労働法を廃止した。多くの欠点があったに

もかかわらず、同法は、国際機関によって設定された労使関係の基準に近づきつつあった。この労働法は、労働問題に関する主要な三つの部分からなっていた。第一は労働者保護に関するものであり、第二が労働者の組織化、そして第三が労使関係であった[12]。軍の指導者たちは、この労働に関する条項が、あまりに進歩的であることを見逃さなかった。すなわち、1958年のサリットによる労働法（1956年）の廃止は、サリット以降10年以上続くことになる、労働者への厳しい政治的排斥を基本とする軍事政権への道を開いた。

1958—1972年のタイにおける労働者への政治的排斥は、労使関係と労働福祉を全く無視し、真剣に考えられてこなかった。事実、軍に支配された政府は、労働者の福祉と、国の主要な目標である経済成長との双方に同じぐらい役に立つことを意図した、ある程度の労使関係と労働福祉の規定を用意したにすぎなかった。しかし、それも1965年に公布された労働争議調停手続法では、ストライキや労働組合は禁止された。同法によれば、ストライキは、調停の交渉が十分に尽くされ、仲裁人が選任されるまでは、合法とは認められなかった。また、その交渉は、解決あるいはストライキに先立って105日間は行えるとされた。仮に調停が拒絶されても、交渉の期間すなわち合法的なストライキを行うことができるまでの最短期間は、最大75日まで延長することができるとされていた。

1965年の労働争議調停手続法は、政府当局すなわち労働局に、労働争議の解決のための権限としてガイドラインしか与えていなかったため、実用にはほど遠いものと非難された。同法はまた、政党、使用者もしくは被用者、あるいは労働局の職員の誰もが、同法に定められた規定を理解できなかったために、非難された[13]。それゆえ、同法は施行されず、効力を持つこともなかった。この法が非実用的であったため、最も一般的な代替策は抗議行動であった。この点について、マブリーとスリサームボック（Mabry and Srisermbhok）によれば、この時期のほとんどのストライキは抗議行動に起因し、しかも、タイ人労働者の伝統的な寡黙さのゆえに予告なしに、超越した権威に挑むために行われたという。彼らはまた、ストライキの中で昂揚される高い熱望を抗議行動だけが生みだしえた当時、戒厳令下の激しい欲求不満は、不確実な結果のために105日目までものあいだ活動を延期することをタイ人労働者に許しはしなかった、とも指摘した。さらに、彼らは、タイの文脈の中で、抗議行動は、1965年労働争議調停手続法の非実用的な交渉よりも、よほど有効な一つの紛争解決の手段で

第7章　タイ（1）　173

あった、と結論づけた。

　国際機関からの圧力、なかでも国際労働機関（ＩＬＯ）の批判に対して、1972年のタイ国家最高評議会（the National Executive Council）は第103号声明を布告した。この声明は、1972年に法典化された、労働者の保護や労使関係、労働団体を含む、労働福祉に関する大臣声明を発布することを内務省[14]に認めた。また、労働局に対しては、工業もしくは商業関係の事業所をその管轄権のもとに規則や条件に従わせるに足りる十分な権限を与えた。この声明が、1958年以来の労働運動を制限する統制の終焉を明示していたとはいえ、タイにおける労働者の政治的排斥は、1980年代初頭までこの国は戒厳令の下にあったため、実際問題としては引き続いた。労働組合やユニオンも再び合法化されたが、労働結社の自由は、その構造や構成、活動に関する多くの制限によって、依然、確立し難かった。また、労働組合は同一の産業毎の設立に制限されていた。異なった産業もしくは県（province）で雇用されている労働者が、それらにまたがった組織に加入することを禁じていた。すなわち、

　　……（略）……一つの被用者組織は、同一の使用者の被用者もしくは、使用者の数に関わらず同一県内に所在する同一形態の企業に雇用されている者で構成されなければならない[15]。

　これらの労働法令は改訂され、1975年には他の法から独立した労使関係法が制定された。一週間の最大労働時間は48—54時間に定められた。先の声明では、被用者の祝日、年次休暇、病休、超過勤務手当割合、女性や児童労働者に関する条項、福祉や被用者のための労働上の健康管理などについても規定していた。また、未熟練労働者および組合未加入労働者に最低限度の賃金を保証することを試みる最低賃金条項も、導入された。そして、政労使の三者による最低賃金委員会（Commission on the Minimum Wage）が、最低賃金を管理するために設置された。

　しかしながら、労働不安は労働者がよりよい賃金や施設、労働環境を要求するたびに発生した。モレルとサムダヴァニジャの分析によれば、1970年代の労働不安は、労働団体を明確に合法化した新しい労働法制の公布、工業分野での労働力不足、インフレ、生産コストの圧力、就職競争、経済危機など多様な要

因によるという。ストライキやロックアウトによっていくつかの操業停止がみられたが、ストライキに参加した者や多数の労働運動の指導者らを首相権限によって裁判抜きで逮捕や投獄することで、操業停止は最小限にとどめられた[16]。

1991年には、国家平和維持評議会の下で再び軍主導政府が生まれ、国益の名の下に、1975年の労使関係法の改正を通じて労働局長官に強い労働者統制権を付与することで、労働組合や組織に対してその統制権限を行使した。国会はそして、国営企業労働者により組織化された全ての既存の労働組合を解散させるための法律を可決し、彼らの争議権に終止符を打った[17]。国会はまた、国営企業の使用者を、その他の賃金労働者をカバーしている労働法制の保護から引き離す、国営企業労使関係法を施行した。この法は、すべての国営企業の使用者は、新たな社会保険制度からも除外されるかも知れないことを意味している。

国営企業の労働組合の廃止という軍主導の政府の行為は、労働福祉サービスを享受する全ての人々から切り離された集団として国営企業の使用者は見なされるという一つの事例であり、彼らに提供される福祉プログラムは、普遍的かつ幅広い基盤を持ったものではない。彼らが得ている雇用による利益の水準は、彼らが本来リスクから保護されなければならない以上に、個々人を手厚く保護することになっていると、有力エリートから見なされている。国営企業における労働組合の排除は、全組織労働者の65パーセントが国営企業に雇用されている者であったため、殆どのタイの労働組合運動に大きな打撃を与えた。

総じて、今日のタイにおける労働法制は、依然として、労働者、使用者および国家権力の間にある、パトロン―クライアント的な関係を反映している。このような垂直的で権威主義的な関係は、一般的にいって、賃金労働者の覚醒を妨害するものと見られている。これらの労働法制は、後見主義的な形態で設計されたばかりか、同時に、個々の労働者に、彼らの階級の一員として政治活動に集団的に参加することも認めなかった。軍に主導された政府によって発せられた労働に関する諸法令は、1980年代後半および1990年代初頭にタイが高度成長期を迎えたとき、社会福祉制度の発展に実に大きな影響を及ぼしたのである。

注

1) Kenneth Perry Landon, *Siam in transition : A brief survey of cultural trends*

　　　 in the five years since the revolution of 1932, NY : Greenwood Press Publishers, 1968, p.262.
2）　David K. Wyatt, *Thailand : A short history,* New Haven, CT, London : Yale University Press, 1984, p. 247.
3）　Landon, *op. cit.,* 1968, pp. 264-5.
4）　David A. Wilson, *Politics in Thailand*, Ithaca, NY : Cornell University Press, 1962, p.123.
5）　二人目の首相であるパラヤ・パホーンパユハセナ（Phraya Phahonphayuhasena（以下、パラヤ・パホーン Phraya　Phahon と呼ぶ））は、一九三四年に、プリディの社会主義者としての責任について調査するための委員会を組織し、委員会はプリディの共産主義の汚名を晴らすことを満場一致で決定した（Landon, *op. cit.,* 1968, pp. 323）。
6）　Pridi Phanomyong, *Chiwir thi punpuan kong kaphachao lae 21 pi thi lipai nai satharanarat ratsadornjin* [*My unsteady life and 21 years of exile in the People Republic of China*], Bangkok : Thianwan Press, 1986, pp. 24-5.
7）　チャクリ王朝の第八代国王で、ブーミポン・アデュルヤジェ現国王の兄。
8）　Wyatt, *op. cit.,* 1984, p. 263.
9）　Thailand, Praratchabunnyat prakunsangkhom poh soh 2497 [The Social Insurance Act 1954], In Ratchakitchanubeksa *[Royal Thai Government Gazettel, 71, 11 (7 Febuary)]*, Bangkok : The National Assembly, Photocopied, 1954, pp. 122-149.
10）　Nikhom Chandravithun, *Kan prakunsangkhom 30 pi hang kan rohkoi* [*Social in surance : 30 years of long haul*], Bangkok : Komol Kimthong Foundation Rress, 1985, pp. 13-29.
11）　Thanet Arpornsuwan, In Thanet Apornsuwan, Phichit Chongsathitwtana and Suphachai manusphaibool, *The trade union movement in Thailand,* Bangkok : Friedfich Ebert Stiftung, 1978, pp. 7-19.
12）　Prizzia Ross, *Thailand in transition The role of oppositional forces*, Hawaii : University of Hawaii Press, 1985, p. 27.
13）　Bevars. Mabry, and Kundhol Srisermbhok, *Labor relations under martial law : Thailamd experience,* Asian Survey, 25, 1985, pp. 615.
14）　労働政策は現在、一九九三年に設置された労働・社会福祉省の所掌事務となっている。
15）　Thailand, National Executive Council, *Prakat khana chabub thi 103* [*The National Executive Councli Announcement Number 1033*], Bangkok : Phatocipied, 1972, p. 33.
16）　David Morell, and Chai anan Samudavanija, *Political conflict in Thailand ; Reform, reaction, revolution,* Cambrige, MA : Oelgeschlager, Gunn and Hain Pub-

lishers Inc, 1981, pp. 186-7

17) International Labour Office, *Thailamd : Report to the government on the planning of social security and initial implementation ; Part 1 ; main polciy issues and technical problems,* Geveva : International Labour Organisation, 1991, pp. 140-2.

第8章 タイ（2）

タイにおける社会福祉

プラチュアブ・ナムチィプ
（齋藤　友之訳）

要　約

　本論は、タイの現状および福祉国家の発展に関して、近年のタイ政府の政策において見受けられる最近の潮流を概観しようとするものである。労働者保護のための住宅、ヘルスケア、教育機会の提供や、山岳部族の開発といったことに対する、政府の役割に由来する広範な事象を扱うことで、筆者は、タイ政府が一般に利用している残余モデル（the Residual Model）がいかに成功してきたかを考察する。また、タイを福祉国家に向かわせるための将来の政府像に対して、一貫して統合的なアプローチを追求しつつし、政府が福祉の主たる供給者から公と民（NGOも含めた）の活動の促進者や調整者へと、その役割を変化せざるを得ない日がすぐそこまできていることを示唆する。

第1節　はじめに

　世界の他の国と同様、タイにおける社会福祉の歴史も、仏教哲学に深く根ざした慈善事業あるいは人間にかかわる博愛主義の形で、過去数世紀その足跡をたどることができる。タイの人々は、苦難のときには常にお互いに助け合ってきた、という事実がそのことを証明している。
　政府はタイの人々の福祉を実現するために、社会福祉サービスを提供する責任を負っている。この点は、以下のように現行憲法第65条に明確に規定している。すなわち、
　「国は、法に基づき、国家の要求に応じて教育と職業訓練の維持及び促進を図り、あらゆる段階で教育を提供するために民間部門との連携を図らなければならない。国は、資金提供や種々の必要不可欠な教育と職業訓練を提供するこ

とによって、貧困者や恵まれない人々を支援しなければならない」

社会福祉の条項では、六つの面から社会サービスを規定しており、以下のような省庁に責任が分掌されている。

①住　　宅：国家住宅委員会（the National Housing Authority）、内務省
②教　　育：教育省、高等教育省（the Ministry of University Affairs）、国家教育委員会
③公衆衛生：保健省
④所得保障：労働・社会福祉省
⑤社会福祉：労働・社会福祉省
⑥一般社会サービス：内務省、労働・社会福祉省

タイにおける社会福祉は、社会サービスを利用する際に、人々がその費用を負担する必要性を認めた場合のみ、政府がその国民の責任以外ののこりについての責任を持つ、という残余モデルのもとで提供されている。

しかし、政府は、ミーンズ・テスト（資産調査）に基づいて自活できない貧窮者のために、憲法で明示された無料の社会福祉サービスを提供する。

タイにおける福祉サービスの給付には、奨学金給付、職業基金と貸付、無料のメディカルケアと施設ケアなどのように金銭給付と現物給付とがある。

第2節　タイにおける社会福祉の現状

タイにおける社会福祉は、以下のようなカテゴリーに分類することができる。

1　住宅

賃貸あるいは販売用の低価格住宅の規定では、住宅建設への助言と同様に住宅購入のための貸付についても定めている。第八次全国経済社会開発計画（1997—2001年）によれば、バンコク都と周辺都市の住宅需要は、月当たり3000バーツの支払いができる51.87パーセントの貧困世帯用に、およそ75万7659戸が必要である、と推計している。

国家住宅委員会は、計画人口に対し不十分ながら、バンコクに低価格住宅2万7180戸、周辺都市に2万3362戸（総建設数の86.09パーセント）を建設した。しかし、まだ多くの人々、その中でも低所得者や季節労働者は、居住環境の不

十分な民間の安い住宅住まいのままに置かれている。

2　教育

教育に関する規定では、公立および私立のいずれも就学前教育、初等教育、中等教育、職業教育、高等教育が含まれている。政府は、たとえば助成金や長期の無利子融資等によって、あらゆる段階で教育を提供するために、民間部門の参入を促す政策をとっている。

法によれば、すべてのこどもは、無料の義務教育を終了しなければならない。第八次全国経済社会開発計画の期間中、義務教育の強化策として、全国的に6年制から9年制に教育期間が拡大される予定である。1993年、教育省は、就学前児童の62パーセント、私立学校で教育を受けている者も含め、義務教育対象児童の92パーセントに教育を提供している。

現在、総数3万8210の教育機関があり、そのうちの1627機関はバンコク都にあり、残りの3万6583機関は地方にある。

1995年に政府は、貧窮学生に対して高校から大学への進学を進め、教育機会の拡大を図るための融資用に30億バーツの教育基金を設立した。融資は年率1パーセントの利子で、卒業から2年の支払猶予期間を経たのちの15年返済となっている。

3　公衆衛生

公衆衛生の範疇には、あらゆる段階でのヘルスケアサービス、健康増進、保健活動、リハビリテーションが含まれている。すなわち、大規模病院（a reginal hospital）はもちろん、郡保健所（district health office）、地域病院（a community hospital）、一般病院である。第一次全国経済社会開発計画が開始されて以来、死亡率は1960年の1000人当たり13.5パーセントから1991年の4.9パーセントに減少した。また、人口増加率は1957年の6.3パーセントから1994年の1.92パーセントに減少した。男性の平均寿命では、1990年の60歳から1996年の67.7歳に伸び、現在、女性が72歳と見込まれている。加えて、水痘のようないくつかの重病は撲滅されている。

保健福祉の規定によれば、保健サービスを利用する人々は自費とされている。しかし、貧困者あるいは恵まれない人々には費用が免除され、さまざまな医療

サービスを政府が提供している。この場合、健康保険証（Health Care Guarantee Card）や無料医療証（Free Medical Services Card）を個々に交付し、無料の医療サービスを行っている。これに加え、60歳以上の高齢者も国立病院にかかる経費は無料とされている。

この他にも、政府は、"2000年にはすべての人に健康を"という政策を達成するために、国の隅々までヘルスネットワーク体制を敷き、全国的なヘルスケアを始めた。この政策を達成するために、現在、患者4500人に対して一人の医師しかいないという、医師不足の問題を解決するために、国立および私立大学での医師の養成と同様に採られた戦略が、公的なヘルスケアにおいても人々の参加の奨励といった、予防の奨励である。

さらに、政府は、当該地域における政府の責任を民間に分任し、ヘルスケアサービスを患者に利用させる上でよりよい選択をさせるために、民間病院を利用して、ヘルスケアサービスの提供を図る奨励政策も講じた。

4 所得保障

社会保障を確立するために、とくに労働者の福祉を守ることを目指して、政府は、1994年に社会保障法（the Social Security Act）と労働補償法（the Workmen's Compensation Act）を制定した。

①社会保障：雇用主と労働者からの労働者賃金の1.5パーセントの徴収と同等額の政府補助によって運営する社会保障基金の創設によって、10人以上を雇用している企業の労働者に対し、業務上かどうかは別に傷害、疾病、障害、死亡（これらに妊婦を含む）にみまわれた際の保護を規定している。

現在、社会補償基金には6万9859社が登録され、519万バーツを保有する同基金から手当を受ける資格のある労働者が数多く登録されている。

②労働補償基金（Workmen's Compensation Fund）：業務上の傷害、疾病、死亡に対する労働者の保護を規定している。同基金は、各企業の業務災害に応じて賃金の0.2～2パーセントの間を変動する、雇用者からの負担金で運営されている。

およそ4万4687人の雇用者と同基金から手当を受ける資格のある労働者480万8274人がそれぞれ登録されている。

5　労働福祉

国内外の労働市場において、競争できる有能な労働者の育成を図るために、労働技術の向上策の一環として、職業訓練のような労働者の技能開発、標準的な技術を持つ労働者の就職斡旋を行っている。

さらに、国内外での求人状況を調査に基づく職業紹介と斡旋の手段として、就職情報センター（Career Information Centers）がある。このセンターは自営業を対象とする機関であり、自営業の促進と職業案内はもちろん、職業指導訓練、職業訓練セミナーを行っている。これとは別に、第八次全国経済社会開発計画の期間中、政府は多くの利益の確保やすべての関係者の公正を期すために各国の労働実情に合わせ、外国でのタイ人労働者の雇用基準を改定している。加えて、外国人労働者の雇用に関する監視や許可手続と規制の改定も併せて行っている。

6　一般社会サービス

個人、家族、あるいは社会経済問題、なかでも恵まれない人々や困窮者について規定している。厳しい環境に置かれたこども、この中には、エイズに冒された子供もいれば、貧困な子供、不幸な子供、教育機会に恵まれないこどもなどが含まれている。また、これらの子供と同じように、都市と農村地域とを問わず、性産業の女性、身体障害者、身寄りのないあるいは貧しい高齢者、低所得者、さらには、囚人や保護観察下にある青少年といったように、多様な文化を持つタイ人と同じようにその対象も多様である。

労働・社会福祉省保健局は、国民、その中でも困窮者に対して一般社会サービスを提供する中核組織である。同局の業務は、低所得者への援助と自立の促進、青少年福祉の増進と充実、女性福祉の増進と保護、災害救助、高齢者福祉の増進、貧困者への援助と自立の促進、障害者福祉の増進、困窮者と低所得者への援助、火葬の監督と促進、山岳部族の開発と援助、基本的ニーズの開発、民間の社会サービスの開発、国営企業の開発行政と開発計画のように、目標群ごとに分類されている。

第3節　タイにおける福祉国家の潮流

タイにおけるふさわしい福祉国家とは、長い目でみれば、以下の二つの要因による影響の下で形づけられるかも知れない。
①経済的要因
②政治的要因

1　経済的要因

　タイ政府が、1961年に全国経済社会開発計画を導入して以来、タイはアジア諸国と比較しても非常に急速かつ順調な経済発展をした。第七次全国経済社会開発計画の評価に基づいた経済成長率は、年間およそ7.8パーセントの高い成長を示した。1960年以来、経済発展の成功は、1961年の2100バーツから1995年の6万8000バーツへと32倍に増大し、一人当たりの平均所得の向上に貢献した。しかし、経済成長は、国内の経済格差を解消しなかった。全国経済社会開発計画の間、計画は20パーセントを達成したが、貧困率は13.7パーセントしか減少しなかった。このことは、急激な経済成長が、貧困を撲滅することにはならなかったことを証明している。たとえば、バンコク都と周辺都市に住んでいる人々は、他の地域よりも高い一人当たりの平均所得を得たが、農業労働者は全国の平均所得の約半分という、最低所得層に置かれたままだった。
　しかし、タイではここ5年間の経済成長の間に、一方では貿易不均衡も続いている。1996年6月には、308億バーツの赤字に直面し、直近の9ヶ月間のインフレが6.2パーセントであったが、その収支はマイナス17.1パーセントとなった。
　加えて、1995年と1996年の全政府予算と比べてみると、社会福祉予算の配分は、それぞれわずか28パーセントと29パーセントにすぎなかった（金額では、それぞれ7150億バーツに対して2022億8400万バーツ、8432億バーツに対して2525億7700万バーツ）。この状況からすれば、長期的には、政府はすべての市民に無料の社会サービスを供与する責任を全うすることができなくなるかも知れない。一方、貧困や恵まれない人々に与えられた、現金給付と現物給付の両方の無料の社会サービスは、いまだミーンズテストと現行の福祉制度を基にし

ている。それゆえ、残余モデルは変革すべき時期にきているのかも知れない。

2　政治的要因

　憲法によれば、政府の殆どの政策と全国経済社会開発計画は、市民とくに貧困者や恵まれない人々、女性、青少年に対する福祉サービスの提供を政府責任として明確に定めている。これは、これらの者を助けるために支援することであり、社会の一人の生産的な構成員として、国の開発に参加させるために彼らに力を付けることを狙っている。この福祉には教育、保健、住宅、保護、賃金、労働福祉が含まれ、それらが社会サービスとして提供されている。しかし、昔も今も、政府のすべての政策は、経済状況や予算的制約のために、すべての市民に対して無料の社会サービスを提供できない、という点については疑う余地はない。したがって、社会に対する社会福祉の提供において、社会団体、家族、住民組織、宗教団体、メディア、政府機関、ＮＧＯの参加を促進しなければならない。

第4節　結論

　諸外国と同じようにタイも福祉国家として発展した。その流れは、以前の政策を拡大するための政府を持っていたとはいえ、政府は主として政治的な戦略に基づき、福祉国家の構造に関する理解がないまま運営されてきた。しかし、次の5年から10年のうちに、タイにおける福祉制度は、首尾一貫したモデルの下で運営されるかも知れない。つまり、残余システムは、一般に慢性的な債務超過に直面している経済状況のために変化せざるを得ない。他方、以前の政府は、広範囲な目標群をカバーすることを考え事業を拡大した。この点は、われわれが60歳以上の高齢者と身寄りのない者あるいは貧しい身体障害者に対して無料のメディカルケアを提供するための事業を考察したときに見ることができる。

　われわれは次の20年間にわたりタイの福祉国家を考察する場合、社会福祉に関して政府の本来の役割とは何か、を自ら問わなければならない。一つの政策上の選択肢は、極めて集権的に政府が市民権に基づいてすべての人々に福祉を提供する、という制度モデルをたどるというものである。このモデルは、人々

に政府への依存体質を高め、伝統的な親戚や地域社会のもつ支援機能の崩壊を導くものではあるが、これまでも見られたものである。

すでに述べた仮定要因に基づけば、タイにおける今後の社会福祉制度として分権的な政策選択には、一層の努力と福祉を提供する最初のチャネルとして家族やコミュニティを促進することが強調されるべきだろう。しかも、政府の支援は利用される最後のチャネルとなるだろう。換言すれば、福祉システムのチャネルは、次の五つの支援レベルに分類できる。解決するためのレベルに対して非常に大きい問題がある場合にはそれぞれアプローチすることが重要である。

①家族／親戚
②コミュニティ
③雇用主
④非政府組織とその他の民間
⑤政府

その結果、政府は、すべての労働者の資金、人員、知識、調整（coordination）、その他資源、さらには、人々の利益の拡大はもちろん、社会保障システムに対する参加の促進といった、各分野における援助形態を、直接的な福祉の提供者からサポーターに転換しなければならないかも知れない。それによって、人々自らが福祉ニーズにまず最初に反応することになるだろう。このコミュニティや分権化のアプローチには多くの利点がある。たとえば、コミュニティの人々は、部外者よりもニーズや問題をつかむ格好の位置に置かれている。次に、互助の考え、あるいは恩人への感謝の念を育むことは社会的価値と調和し、タイの人々の生活手段としても役立つ。このような考えの導入は、自尊心と威厳をもち生活することを奨励することによって、ますますコミュニティにおける家族や親戚、その他の住民の中に親愛の情を生む。最後に、このアプローチが、伝統、家族の仏教的価値、コミュニティの支援が非常によいものとしていまでも利用している、タイ社会をつくったように思える。

第9章 フィリピン（1）
住民のエンパワーメント―代替的社会福祉計画―[訳者注1]

ミラグロス・I・イアネス

（菅谷　広宣訳）

　1987年フィリピン憲法は、世界で初めて「愛」という言葉を序文にとりいれている。国民の福祉を向上させるという国家の多義的な責務にとって、これ以上の根源的な原理は存在しない。

　しかしながら、開発途上国であるがゆえに、フィリピンの福祉政策が、いまだ望まれる水準に達していないことは明白である。高い人口増加率、自然や人間がもたらす災害に国が傷つきやすいこと、都市化の社会的コスト、これらがただでさえ少ない資源をさらに激減させ、深刻な資源制約のもとで働く人々のより多くが、貧しく取り残されていったのである。

　とはいえ、政府は複数の革新的な福祉戦略を立て、それらを徐々に展開させてきている。これらの革新を通じ、フィリピンは西暦2000年までに、住民のエンパワーメントでは世界的に競争力のある国となり、世界秩序のなかで自らの位置を見出そうとしているのである。

第1節　フィリピンにおける貧困の状況

1　貧困に関する統計

　フィリピンの貧困率は、1991年の39.9％から、1994年の35.7％へ低下した。数量的な規模でみると、貧困世帯の総数は、1991年の478万から1994年の456万へと、20万世帯を越える減少を示している。同様に、（貧困世帯の中でも――挿入訳者）絶対的貧困世帯の数は、1991年の245万から1994年の232万へと減少している。これが意味するのは、10万を越える世帯が、1994年までに必須の食料需要を満たすことができたということである。

　ただし貧困率は、都市部よりも農村部において高い状態にとどまっている。都市部の貧困率が、1991年の35.6％から1994年の28.8％へと大きく低下した一

方で、農村部の貧困率は、1991年の55.1％から1994年の53.7％へと、2％にも満たない低下にとどまったのである。これは、貧困緩和計画が、都市の貧困地域に集中していたためである。

　絶対的貧困世帯の約4分の3は、教育をまったく受けていないか、せいぜい初等教育を修了しているにすぎない。しかしながら、国の統計は一貫して高い識字率を示しており、基礎的な読み書き能力がある者、および仕事や社会で当然必要とされる読み書き能力がある者の割合（functional literacy rate）は、各々93.87％、83.79％となっている。

　貧困世帯の大部分は、米やトウモロコシ、ヤシの実を栽培する農家である。大家族ほど、また世帯主が若いほど、一般的に貧困率が高くなっている。女性が世帯主である場合、貧困率は相対的に低いが、女性は少ない所得をよりよく管理できるのかもしれない。

　社会福祉の諸指標は、生活の質が向上していることを示している。平均寿命は、1990年の64.9年から、1994年の66.14年へと伸びている。保健や栄養状態の改善は、生児出生1000人当たりでみた乳児死亡率が、1990年の60人から1994年の48.9人へと、かなり低下したことによっても示されている。1989年には就学前児童の13.9％が栄養失調の状態であったが、この割合も1994年には8.4％へと低下している。

　とはいえ、多くの世帯がいまなお衛生的なトイレや飲用に適した水源を利用できずにいることも事実である。これらは健康や栄養作用に直接かかわるが、1990年には半数を少し上回る68％の世帯しか、衛生的なトイレ設備を持っていなかったし、いまも35％の世帯は、安全な水の供給を受けられずにいるのである。

2　誰が貧しいのか？

　こうした統計のほかに、どんな人々が貧しいのか、またそうした人々に特有のニーズは何なのか、これらを知ることが重要である。土地を持たない絶対的貧困層の農民、沿岸の資源を利用できない漁民、基礎的サービスを利用できる可能性は比較的高いかもしれないが、土地保有権の保障がない都市貧困層、先祖代々の土地から追われた土着の群落、これらは明らかな貧困者集団である。また、フィリピン経済の土台であるインフォーマルセクターの労働者は、いま

だ労働法や社会保障の保護を受けていない。これらの恵まれない集団と交錯するように、より一層困難な状況――搾取的で人間性を失わせるほどの――に置かれている個人や家族が存在する。これに含まれるのは、恵まれない女性、児童と青少年、障害をもった人々、高齢者、および大難や自然災害の犠牲者達である。

3　貧困の原因

広く認められているように、貧困は単一の原因ではなく、複雑で相互に関連し合う複数の原因から生ずる。適切な対応を割り出すためには、それらを詳細に分析しなければならないが、少なくとも以下のような四つの主たる原因によって、貧困は生じるのである。これらは行動計画の基礎となるべきものである。

1) 雇用や生計手段の欠如。
2) 富、所得、資源利用機会の集中。
3) 低い労働生産性。
4) 諸サービスの低い利用可能性。特にプライマリーヘルスケア(訳者注2)や基礎教育の質。

第2節　過去の福祉計画に対する評価

1980年代以前には、住民に対する福祉の全体構造についての基本計画が、まったく存在していなかった。確かに、保健省（Department of Health：DOH）や社会福祉開発省（Department of Social Welfare and Development：DSWD）といったいくつかの政府機関が、ある種の社会扶助（social assistance）を提供していた。また、社会保障機構（Social Security System：SSS(訳者注3)）や政府職員保険機構（Government Service Insurance System：GSIS）、その他の社会保障制度も、近隣諸国に先んじて導入されていた。

しかしながら、福祉に対するアプローチは、基本的にばらばらであった。諸制度が互いに別個のものとして機能、展開し、それぞれの役割の明確な輪郭描写も何らなかったため、実体の諸制度全体で、空白や重複が生じることになっ

た。すべての住民に対して社会福祉保護計画を実施するという国家目標に向け、諸制度が協同して進んでこなかったことは最悪である。この問題を克服するために努力はなされてきたが、現在でもなお、空白は存在している。

第3節　現行の福祉計画

こんにちでは、広く包括的な範囲にわたる福祉計画が存在する。

保健計画は、プライマリーヘルスケアの手法を重視している。しかし、貧困者がしばしば保健所（health stations）を利用するといえども、施設や職員数の分布が不十分かつ不均等なため、それは限られたものにとどまっている。

予防的保健サービスのほかに、メディケアⅠのような健康保険の適用範囲を拡大するため、着実な努力が傾けられた。くわえて、メディケアⅡが法制化され、健康保険が自営業者をカバーするようになった(訳者注4)。また、自助や地域社会基盤によるさまざまな健康維持組織、およびボティカサバランガイ(訳者注5)（Botika sa Barangay）とよばれる地域の薬局が、ＮＧＯとの協力で起こされた。

フィリピン食料・栄養摂取計画（Philippine Food and Nutrition Program：PFNP）は、栄養不良の問題に力を注ぐための統合的アプローチである。これに含まれるのは、学齢前の子どもや学童に対する食料援助、栄養摂取や保健に関するサービス（これは駆虫、微量養素(訳者注6)の補給、飲料水の供給を含む）、栄養指導、食料生産の増強(訳者注7)、所得創出事業、および成長観察事業(訳者注8)である。

国家住宅計画（National Shelter Program）は、民間部門の参加によって、貧困者へ住宅に関する援助を提供するものである。これに含まれるのは、抵当融資（mortgage financing）、開発融資(訳者注9)、低所得者向け住宅の建設（social housing production）、地域抵当計画(訳者注10)である。しかしながら、これらの計画は低い生産的能力しか示さず、貧困者に恩恵が届いていないのが現実である。

基礎的教育ニーズに対しては、幼児保育、初等教育、識字教育、および継続ないし成人教育を通じて力が注がれており、すべての人々に教育を（Education for All：EFA）という行動計画に、これらは含まれている。

国家生計計画（National Livelihood Program）は、さまざまな政府機関によって実施されているが、社会福祉開発省の生計プロジェクトを除くと、貧困者には焦点が当たっておらず、企業家精神（enterpreneurship）が重視される傾向にある。

特別の社会福祉サービスは、おもに地域社会を基盤とするアプローチを通じて提供されてきている。これに含まれるのは、特に困難な状況にある子どもや女性に対する保護的また更生的なケア、障害者や老齢者の社会的活用、および被災者のための中核的避難所など災害への備えや対応である。

第4節　新たなる福祉の遠景

どのような背景から国がいまの状況に置かれているかを考えれば、フィリピン政府にとって最大の難問は、いまなお人々の多くを覆っている貧困の問題である。それゆえ貧困の緩和は、フィリピンにおける福祉政策の中核をなすのである。

前記の状況にもとづけば、フィリピンの福祉計画では、以下のことが行なわれなければならない。

1) 成長と公正の問題の双方に力を注ぐこと。成長によって下支えが確保される一方で、公正によって最貧層の生活の質の改善が確かとなる。
2) 政策方針から計画の立案、実施、監督に至るまで、すべての段階で改革を伴うこと。
3) 個別の貧困諸集団がもつ特定のニーズに合わせて、他とは区別された固有のアプローチを採用すること。
4) 家族および地域社会レベルの双方で、集中的なサービスの提供を確保すること。
5) 貧困世帯が経済的な、すなわち生計を立てるための活動に従事しやすくすること。
6) 最低限の基礎的ニーズを満たすサービスを、確実に提供できるようにすること。
7) エンパワーメントに向けた資質形成に備えること。
8) ＮＧＯ―政府―民間部門の協同を結集すること。

したがって、社会福祉のプログラムや政策は、以下のものを含む二面戦略から構成されなければならない。
1) 最も貧しい人々や、特に困難な状況にある人々に対する社会扶助（social assistance）。これは、主として直接の援助を提供するものである。
2) 日々の暮らしはできていても、ひとたび緊急の事態に直面すると、容易に極貧の状態に陥ってしまうような低所得世帯に対して、セーフティーネット（安全網）を用意すること。

第5節　統合された福祉政策

こんにちフィリピンの福祉政策は、全体的な開発の枠組みのなかで、再構築されてきている。その推進力、また標語となっているのは、「フィリピン2000」である。

フィリピン2000は、ビジョン、戦略、そして運動として、1993年に始まった。ビジョンとしてそれが見通すのは、フィリピンが新興工業国となっていくのに伴って、あらゆる家族の生活の質が向上することである。戦略としてそれが含むのは、人的資源の開発と世界的競争力の獲得である。また運動として、社会のすべての部門が力を与えられ、開発過程に参加できるようにすることを、それは求めている。

フィリピン2000の舞台を設定した立法上の所産は、まぎれもなく1991年の地方行政法（1991 Local Government Code）であった。これは、基礎的社会サービスに関する責任を、地方行政単位に委ねるものであった。こうした委譲は、地方行政単位に与えられる権限を増し、統治への参加余地を拡大すると同時に、市民社会の関与を促進するものでもあった。

フィリピン2000は、はじめ経済改革に焦点を当てていたが、平和的プロセスすなわち社会改革と連携して、経済開発は進められなければならないということが、まもなく認識されるようになった。それゆえ、社会改革計画（Social Reform Agenda：S-R-A）が1994年9月27日に打ち出されたのであるが、これは後に、貧困緩和に関する国家の統合的行動計画として採用されることになる。それは、1996年3月に開催された、国家貧困緩和サミット（National Anti-Poverty Summit）期間中のことであった。

S–R–A が目指すところは、以下の通りである。
1) 貧困率を、1994年の35％から1998年には30％に引き下げる。
2) 失業率を6％に引き下げる。
3) 毎年100万の職を創出する。

これらの目標を達成するために、S–R–A には明確な三つの活動重点がある。
1) 基礎的サービスの利用可能性
2) 資産改革、生産的資源の持続可能な開発、および経済的機会の利用可能性
3) インスティテューションの構築^(訳者注11)と統治への参加。

これらの活動重点と交錯するのは、以下の指針的原則である。
1) 社会改革は継続的なプロセスである。
2) S–R–A は、異なる部門の対等なパートナーシップのなかで意味が明らかになる。
3) S–R–A は、恵まれない部門の最低限の基礎的ニーズに対し、力を注がなければならない。
4) S–R–A は、政府および民間部門の双方から、参加を得なければならない。
5) 持続可能な S–R–A につながる政策環境が求められる。

効果を確かなものとするため、S–R–A は以下のような特定の取り残された部門に焦点を当て、それぞれに対応する重点計画（flagship program）に力が注がれる。

部門	重点
1) 恵まれない集団（女性、児童・青少年・学生、老齢者、障害者、大難や自然災害の犠牲者）	包括的で統合された社会サービスの提供
2) 都市貧困層	社会化された住宅
3) インフォーマルセクターの労働者	労働者の福祉と保護
4) 農民および土地なしの農業労働者	農業開発
5) 漁民	漁場および水産資源の保護、管理、開発

6) 土着民　　　　　　　　　　先祖伝来の土地の保護
7) すべての部門　　　　　　　信用（credit）
8) すべての部門　　　　　　　生計の手段
9) すべての部門　　　　　　　インスティテューションの構築と統治への効果的参加

第6節　社会改革へ向けた住民のエンパワーメント

S–R–Aの重点計画は、社会福祉の政策と行政に影響を与える主要問題に、取り組もうとしている。

従前の福祉計画にみられた諸問題に関する既述の所見にもとづけば、四つの主要な問題が、フィリピンの社会福祉行政に影響を与えているといえる。

1　望ましい福祉水準の決定

長い間、貧困は生活の質よりもむしろ所得水準で測られてきた。しかし、家計所得の増加によって、必ず生活の質が向上するとは限らないし、基礎教育、保健サービス、その他の社会保障給付といった公的施策が獲得できるわけでもない。

S–R–Aは、最低限の基礎的ニーズ（minimum basic needs）というアプローチを採用している。最低限の基礎的ニーズないしM–B–Nとは、人間的、身体的、知的および心理的機能にとって求められる、最低限の能力の組み合わせである。これと関連して、貧困の定義は、最低限の基礎的ニーズを満たせない状態が続くことと改められている。

ニーズの種類は、生存（survival）、保障（security）、エンパワーメントないし参加（empowerment or participation）に大きく分類される。それらは、個々の家族に対して、あるいは個々の家族によって6ヶ月ごとに管理され、必要なところにサービスが届くための基礎として利用される。

M–B–Nの活用は、貧困に人間の顔を与え、それに対する闘争を御しやすい戦いに変える。福祉の手段としてのM–B–Nは、家族が置かれている状態の指標として、また貧困緩和計画の効果をはかる尺度として用いられる。

2　矯正的および開発的アプローチのバランス達成

　S–R–A は、開発の全過程に人々が参加することを重視する。政策立案レベルでは、大統領自らが委員長を務める社会改革協議会（Social Reform Council）に、恵まれないさまざまな部門からの代表者が入っている。最高の行政レベルでのこうした代表制は、諸部門の緊急なニーズへの対処を促し、政府計画の迅速な対応を請け合う場を提供している。さらに、そうした代表制によって強調されるのは、諸部門に属する人々自身が、国家とともに福祉計画全体の鍵を握っているということである。

　地域レベルでは、S–R–A は家族を人的資源の基本単位と位置づけている。家族全体へのアプローチ（total family approach）が中心的戦略になったのであるが、個々の構成員よりも家族全体としての生活の質が向上するように、これは立案されている。これはまた、個々の家族構成員が資源として考えられている、ということをも意味する。

　社会福祉計画は、家族を超えて、地域社会基盤により重きを置くアプローチに連動している。このアプローチに含まれるのは、基礎的な社会サービスの自己運営能力を身につけられるよう、地域社会の構成員を組織化し、ボランティアや専門職補助者といった中核となるべき集団の資質を形成していくことである。最貧地域でさえ、開発プロジェクトにおいて政府と協同できるのである。

　地域社会の活用は、ほぼすべての福祉計画の特徴となっている。母子保健サービスについては、健康や栄養摂取に関する教育を提供するよう、保健補助員が訓練を受けて動員されている[訳者注12]。土着の、あるいは伝統的な手法による出産介助者（hilots）は、産前のケアや安全な分娩を請け合うために訓練されている。

　生計プロジェクトについては、自営援助計画（Self–employment Assistance Program）が、国際的な報告でしばしば取り上げられてきた。無利子の融資を受けて小規模事業を起こす貧困世帯の組織化に、それは成功しているからである。貧困世帯による生計プロジェクトの運営経験は、単に所得の増加に結びつくだけではなく、より重要なことに、彼らの労働価値観や協同精神、そして社会的責任感を育てるのである。

　デイケアサービスや補助的給食においてさえ、親のグループが組織され、そ

れがプロジェクトの運営に参加する。そうしたグループは、デイケアセンターを維持するための資金集めにくわえ、センターの建設用地を確保するために地元からの寄付を募ることにも責任を負う。補助的給食については、親たち自身が体重の観察、給食用食材の購入、調理、そして給食自体の運営に責任を負う。

特に困難な状況にある個人および集団に向けられた計画においてさえ、地域社会が活用される。たとえば、災害への備えや災害からの救助、リハビリ、また障害者のリハビリといった場合である。

人的資源の最適な活用を続けてきたことを、フィリピンは確かに誇ることができる。住民の参加とエンパワーメントは、単に運営費を軽減するだけではなく、より重要なことに、持続性をも確かにするのである。なぜならば、開発過程に向き合う当事者であり続けることで、自分たちが尊厳ある重要な存在であるという意識を、住民は持つようになるからである。

上述の諸部門や国家は別にして、S–R–Aは非政府組織（NGO）を活用しようと意図的に努めている。長年にわたって、NGOは絶えず政府の計画を監視し、革新的な提言を行なってきたが、エドサ革命（EDSA revolution）(訳者注13)以後、NGOと政府との協力関係は、より開かれた、そしてより活発なものとなっている。

さらに政府は、エリート集団の活用へ向けて次第に動いてきた。以前は、民間使用者、地主、実業家達は、あまり関係のない人々と考えられることが多かったが、平和的プロセスを達成するために、これらエリート集団自体も、社会的責任を負うべく活用されるようになっている。多くの福祉計画の実施に当たっては、補助金や免税を通じたある種の動機づけによって、NGOや民間基金が活用されている。

これらすべてを活用するなかで、政府の役割（唱道、促進、標準設定、触媒、社会的調整）とサービス提供者とのバランスを、福祉計画は次第に達成してきている。

3 運営効率の確保

すでに述べたように、大部分の福祉計画は、個々の機関が各々対象とする部門や地域をもっている状況で、バラバラに運営されていた。

S–R–Aは、その初期からの政策の一つとして、サービスの集中性を支持し

ている。集中の基本単位は依然として家族であり、M–B–N の調査結果が共通の参照点になっている。S–R–A のもとでのさまざまな重点計画は、補填や相互補完を確かにするため、特定の部門や地域を対象に集中するよう、力を注いでいる。

S–R–A はまた、貧困緩和目標の設定と達成について、地方行政単位に主たる責務を負わせている。貧困緩和目標は、単に国家的な数字ではなくなり、地方レベルに分解されているのである（つまり、地域、州、町ごとの目標になっている(訳者注14)）。

官僚機構を活気づけることも、S–R–A のスローガンの一つであり、個々の職員および官僚機構全体の改革が求められている。この目的のために、倫理回復計画（moral recovery program）が S–R–A に統合されている。これはすべて「バヤニハン」（協同主義）という基本的精神に要約されるが、これはフィリピン人生来の精神でありながら、時に軽んじられてきたものである。フィリピンの福祉計画で非常に特徴的なのは、それが単に立法上の要求ではなく、精神的な安寧を常に喚起する点である。これを注意をそらすための政策であると考えてきた国もあるが、精神性は長きにわたる欠乏状態に耐えるための、不可欠な要素であったのである。

4 貧困緩和に向けた公的資源の公正な供給

社会部門における公共投資は、貧困緩和計画と完全に合致してきたわけではない。しかしながら、S–R–A のもとで、資源活用における改革、特定的にいえば貧困緩和に予算を集中する改革を、政府はいま徐々に始めている。

内部的には、さまざまな政府機関が、優先度の集中する地域や最低限の基礎的ニーズに、計画の焦点を合わせている。地方レベルでは、M–B–N の調査結果に対応すべく、地方行政単位が予算の準備を行なっている。

国家レベルでは、1996年の一般歳出予算が貧困緩和基金（Poverty Alleviation Fund）をすでに含んでおり、貧困緩和予算割当て計画（Poverty Alleviation Budget Allocation Scheme：PABAS）も、1997年までに採用されることになっている。これらのすべては、統合された福祉政策としての S–R–A を早期に開始するための、不可欠な資源を提供することを目的としている。

要約すれば、S–R–A は代替的な福祉政策を展開するための枠組みとして機

能する。つまり、フィリピンの家族の安寧を保障する責務は、もはや国家が単独で担うものではないということである。

　主として財源不足で特徴づけられるフィリピンの状況を考えれば、社会福祉政策は、住民のエンパワーメントに連動する。これは本質的に、最低限の基礎的ニーズに取り組むため、人々に生来備わっているはずの能力を引き出すことを目指すものである。それはまた、限られた資源が大きな効果をあげるよう、サービスの集中的提供へ向けた官僚機構の動員をも伴う。同時に、中央集権的な管理とは異なり、福祉計画を実行するためのより大きな権限が、地方政府に与えられる。

　最後に、住民のエンパワーメントには、裕福な人々の参加が必要である。公正な開発のバランスを、結局は彼ら自身がとるよう望まれるのであり、これが現実に真の民主主義なのである。

訳者注
1)　エンパワーメント（empowerment）とは、公的（ないし法的）な権限や、能力・資格を与えることを意味する。また、社会福祉（social welfare）ないし福祉（welfare）という用語は、社会保障の制度体系の一部としてではなく、社会保障を包含する広義のものとして用いられている。
2)　プライマリーヘルスケア（Primary Health Care：PHC）は、ここでは文字どおり基礎保健の意味で用いられているようであるが、この用語は本来、住民主体の地域保健活動を重視する手法を意味し、1978年にWHOの国際会議で採択された「アルマアタ宣言」（開催地であるカザフスタンのAlma-Ataに由来）において、その推進が国際的に提唱されたものである。同宣言のなかでPHCは、「自助と自決の精神に則り、地域社会または国が、開発の程度に応じて支弁可能な費用の範囲内で、地域社会の個人または家族の全面的な参加によって、彼らが広く利用できる実際的で、科学的に適正、かつ社会的に受け入れられる方法と技術に基づいた、不可欠のヘルスケア」と定義されている。こうしたPHCは、「西暦2000年までにすべての人へ健康を」というスローガンを掲げるWHOにとって、最も重要な指導理念であり続けている。（菅谷広宣、「アジアの発展途上国における社会保障構築への視点」、社会政策学会年報第42集『アジアの労働と生活』、御茶の水書房、1998年、77頁を参照。）
3)　民間人対象の社会保険制度である。
4)　メディケアⅠがSSSおよびGSIS（本文参照）でカバーされる人々を対象としたのに対し、その適用から漏れた人々を対象としたのがメディケアⅡで

ある。SSSは、1954年成立の社会保障法（Social Security Act）に基づき、民間被用者を対象に発足した社会保険制度であるが、80年以降は、年収1800ペソ以上の自営業者も、これに強制加入となっている。くわえて農業者と漁業者も、月収1500ペソ以上を要件に、92年からSSSに強制加入とされている。したがって、メディケアIは、制度上はそれらの人々をも対象とするようになっていたのであり、メディケアIIの狙いは、主としてインフォーマルセクターにあったといったほうがよい。ただし、財政上や管理運営上の困難さから、メディケアIIの実施は進まなかったのが現実である。その結果、95年には、共和国法7875（Republic Act 7875 : National Health Insurance Act of 1995）が、メディケア制度の根拠法であった69年の共和国法6111（Republic Act 6111 : Medicare Act of 1969）にとってかわり、単一の国民健康保険による全国民のカバーが志向されることとなった。なお、同年からSSSは、月収1000ペソ以上のインフォーマルセクター労働者を、強制加入とするようになっている。

5) バランガイは、最小の地方行政単位である。
6) ビタミンなど、微量で足りる必要栄養素のことである。
7) 原著者によれば、食料生産の増強（incremental food production）とは、近隣の空地を利用して貧困世帯に農作物をつくらせ、その所得や食料需要を補おうとするものである。
8) 原著者によれば、成長観察事業（growth monitoring and project）とは、乳幼児が確実に成長していくよう、その体重変化を定期的にチェックするものである。
9) 原著者によれば、開発融資（development financing）とは、低所得者向け住宅開発計画のもとで、政府が民間の土地開発業者に対して行なう融資である。
10) 原著者によれば、地域抵当計画（community mortgage program）とは、自分の土地を持たないスラムなどの住民（多くは不法居住者）が、現在の居住地を所有できるよう、支援するための計画である。そうした住民の居住地域を組織化したうえで、政府が地主から土地を買い上げ、その費用を住民に少しずつ返済させていくという手法をとる。
11) 原著者によれば、インスティテューションの構築（institution building）には、①地方行政単位（Local Government Unit : LGU）や恵まれないさまざまなグループの人々の資質形成、②それらの人々による、村落から国家までのあらゆるレベルにおける統治への参加、③統治における政府と市民社会ないしNGOのパートナーシップという、三つの課題が含まれている。
12) 文脈からして、地域住民が公的な教育・訓練を受けて保健補助員になるのだと解釈できる。これは、本文で次にいわれている出産介助者についても同様である。
13) マルコス政権を倒した1986年の2月政変を意味する。
14) 最小の地方行政単位であるバランガイがいくつか集まって町（municipality）

が構成され、それが複数あわさって州（province）ができている。州の数は現在76であるが、地域開発計画など中央政府の広域行政区画として、全国は15の地域（region）に区分されている。

第10章 フィリピン（2）

胎児期の福祉国家は死産へと向かうのか？

アルフレド・C・ロブレス・ジュニア
（菅谷　広宣訳）

　イアネス次官は、フィリピンの社会福祉問題に取り組むという、やっかいな仕事をしている。彼女は、ラモス政権の諸政策に関する公式の測量図（survey）を、われわれに提示してくれた。すべての住民の福祉を向上させるという目標は、それが福祉国家の形態で提供されるべきであるということを、必ずしも意味しないのである。では、福祉の提供と対照して、フィリピンでは福祉国家の概念が、どのようになっているのであろうか。これを主たる論点とし、私の所見を述べることにする。

　フィリピンの現況で福祉国家を語ることは、逆説を投げかけるのに等しい。ごく最近まで「東南アジアの衰弱した国家（basket case）」とみられていた国において、全体的な福祉水準を引き上げることは、一方ではすべての住民の切実な要求であり、国家もこれを公然の優先事項と認めている。しかし他方では、新自由主義が流布し、国家の政策はその軍門に下っている。つまり、国家の政策を推し進める普遍的な力が、戦後フィリピンで出現してきた胎児期の（embryonic）福祉国家を離れ、最小限のことしかしない国家（a minimalist state）の方向へと、国を導いているように見えるのである。それゆえ、世界的競争の時代に福祉国家は生き残れるのかということが、北欧諸国の問題であるとするならば、フィリピンの状況で問われなければならないのは、福祉は国家抜きに成り立つのかということである。

第1節　胎児期の福祉国家から…

　フィリピンの状況をみれば、この国が十分に発達した福祉国家ではなく、外観をそのように見せようとしているだけであることが、すぐにわかる。福祉国家の発達が妨げられている理由は、発展途上国に共通のものと、フィリピンに

特有のものとがある。

1　福祉国家とその限界

　福祉国家が行なうべき事業の主要領域において、はやくから種々の制度が存在している。しかし、それらの実施上の限界は、すぐに明らかとなる。

　公的初等教育は 6 年間無償で提供され、教育に関する国家予算は、1994年の歳出総額の12.8％を占めた。しかし、初等教育を修了するのは、学齢期人口のわずか70％である。それでもなお、この国の識字率が非常に高い（93％）ことには注目すべきであるが、無償の公的教育という理想は、中等および高等教育レベルでは幻想にすぎない。そこでは、教育機関の過半数が私立なのである(訳者注1)。

　政府は国公立機関として病院・診療所・保健所のネットワークを保持しているが、病院の圧倒的多数は依然として私立である（1632のうちの1095）。1994年の国家歳出総額のうち、9.14％が国防に配分されたのに対して、保健医療への歳出は3.6％を占めるにすぎなかった。国公立病院では、そのサービスに対して圧倒的に大きな需要が存在するが、資金の不足や設備の不十分さが問題となっている。

　社会保障機構（Social Security System : SSS）は、被用者のために拠出制の制度を設立した。疾病、出産、障害、遺族、メディケア（入院）(訳者注2)、労災補償を対象としているが、インフォーマルセクターはもちろん、農業就業人口（労働力人口の44％）の大多数にとって、この制度はほとんど縁のないものとなっている(訳者注3)。社会保障は、1994年の歳出総額の、わずか2.12％を占めたにすぎない。支払われる給付も、受給者の総所得のごくわずかな部分であるにすぎず、いかなる場合であっても、意図される目的を果たすには、まったく不十分なものである。

　重要な点として、失業および家族給付が存在しないことも指摘しておこう。

2　福祉国家としての発展が妨げられる理由

　フィリピンがなぜ、福祉国家としての発展を妨げられてきたのかを理解する手助けとして、二つの理由があげられるだろう。

　福祉国家の概念についていえば、一つの理由は歴史的であり、それゆえ偶発

的なものである。それは、フィリピンにおけるアメリカの影響である。歴史的に西欧諸国との持続的接触がなかったために、フィリピンの諸制度は、大部分がアメリカモデルに倣って形作られてきた。こうした影響は教育の分野で最もはっきりとみられるが、それは保健の分野でも瞭然として明らかである。

　福祉国家のモデルが、このように極めて限定的であったという欠陥は別にして、第二の理由は、多くの国々に共通するものである。つまり、経済発展の水準が低いことである。なかんずく、フィリピン政府は非常に重い債務負担を負っている。一つの明るい兆しとしては、債務返済に充当される予算割合が低下してきており、いまでは社会サービスのための予算にほぼ等しい程度になっているが、それは最近まで国家歳出総額の3分の1を上回り、教育、保健および社会保障を合わせた歳出よりも大きかったのである。また、マルコスの独裁下で経済成長が止まり、事実数年にわたってマイナス成長となった。ようやく上昇に転ずるようになったのは、ここ2、3年のことである。1994年の4.8％、1995年の5.7％という成長率は喜ばしいが、こうした成長率が持続的なものであるかどうかは、決して定かでない。

　これが実状であるため、福祉の提供における国家の役割は、依然として果たされていないのである。

第2節　福祉国家は死産へ向かうのか？

　ラモス政権は、1993年から1998年のフィリピン中期開発計画（Medium-Term Philippine Development Plan：MTPDP）の柱の一つに、「住民のエンパワーメント」を掲げている。柱のもう一つは「世界的競争力」であり、これはフィリピンの工業化を西暦2000年までに進めることを目標としている。世界的競争力の獲得には、外資への開放性（openness）や国家の諸制度の改革も必要であるが、伝えられるところによると、「一層しみったれて痩せた」国家（"a meaner and leaner" state）が、その結果として現われそうである。国家がそうなろうとなるまいと、より可能性の高い結末は、福祉における民間活力の一層の促進であろうが、実際にすべての住民の福祉を保障するためには、基礎にある諸戦略の成功が条件となるであろう。

1 福祉分野の規制緩和と民間活力促進に向けて

市場に依拠する新自由主義的主張は、フィリピンで独特な反響をよんでいる。この国では、マルコスの独裁政治で生じた汚職や暴力が、国家への根深い疑念という植民地時代の遺産と合体しているのである。したがって、ヨーロッパモデルにそった福祉国家の思想が、政治家やテクノクラートのあいだで猜疑心をもって迎えられることは、不思議でもない。

世界銀行やIMFによる圧力もあり、フィリピン政府は規制緩和と民営化の原則を受け入れている。銀行業務や電気通信の分野は、より激しい競争、特に外国からの投資に開放されている。他方、国有航空会社のような国営企業は民営化されてきているし、国有給水会社といった他の国営事業の民営化も協議事項にのっている。この論理は少しずつ社会福祉に拡大されてきており、現行社会保障制度の代替として、チリモデルの社会保障に関心が示されている。保健医療や教育の分野では、民間管理は何ら新しいことではないが、フィリピン大学や多くの国立病院の民営化も、議論されてきている。政府はまた、公務員の数を削減する目標を立てている。新自由主義の処方箋にしたがって、GNPにおける予算の比率も低下してきており、1996年の19%から、1997年には18.4%に下がると見込まれている。

これらのことから生じる重要な問題は、結局のところ、すべての住民の福祉を保障するという自らに課せられる責任の重さに、市場は耐えられるのかということである。

2 国家抜きの福祉？

所得分配が非常に不平等な状況では、福祉における民間活力の促進は、次のことを意味するにすぎない。すなわち、富裕層がよりよいサービスを購入できるようになる一方で、福祉は貧困層にとって手の届かない高価なものになってしまうリスクがある。

パイをまず拡大しなければ、再分配もできないという議論は、非常に魅力的なものである。現在の政策を支持する人々は、常にマクロ指標の改善を指摘する傾向があり、一人当り所得もその一つであるが、これは貧困度の実質的低下を表わすと考えられている。

ただし、こうしたマクロ指標の改善に関しては、つぎのことだけは指摘して

おこう。すなわち、フィリピン政府や世界銀行は、好ましい印象をつくりだすために、統計を操作することさえある。例えば、国内の貧困率が低下したことを示すために、貧困の定義が極端に低い水準に改められている。具体的には、約千ドルという一人当り所得によって、衰弱した国々（basket cases）の集まりから、フィリピンは抜け出すと考えられている。しかし、五人家族で一人一人にそれだけの所得があり、それらをあわせて家計がやりくりされると仮定しても、この一人当り所得水準は、マニラ首都圏（Metropolitan Manila Area）では、かろうじて生活必需品をまかなえる程度でしかない。農村部では、生活コストがより低いことは間違いないが、所得もまた同様に低い。

　いま進められようとしている政策は、都市および農村における多くの部門の人々にとって、福祉の低下という結果をもたらすことになりそうであるが、それがどのようにして起こるのかを示すには、いくつかの例をあげれば十分である。国立の病院や教育機関を民間管理に委ねれば、おそらくそうした施設の基盤（infrastructure）は改善されるであろう。しかし、サービスの費用はそれに伴って上昇し、圧倒的多数の住民にとって、医療や教育は手の届かない高価なものとなってしまう。世界的競争力を身につけるというのは、実際には輸出品の生産を促進することになるが、これは食料自給率の低下に転化しそうである。外資を引きつけるという国家の政策は、フィリピンにおける賃金水準の低さを利点として宣伝するので、賃金上昇に対する偏見が生じることになる。また実際問題として、フィリピンに入ってきているのは、直接投資（equity investment）よりもむしろ間接投資（portfolio investment）である。このため、予想のつかない国際金融市場の変化によって、この国は痛手を受けやすくなっているし、必然的に雇用への持続的効果も生まれていない。民営化は、結局きわめて限られたグループの複合企業によって、国有企業が支配されるようになるリスクを伴う。要するに市場志向の政策は、すでに不平等度が非常に高いフィリピンの所得分配を改善するよりも、むしろ悪化させるリスクを含んでいるのである。

第3節　結　語

　フィリピン人一般には、社会サービスに対する大きな期待が存在するが、国

家がそれに見合うサービスを提供する能力をもつかどうかについては、人々は徹底して悲観的である。ヨーロッパモデルの福祉国家は、政治エリートのあいだでは、否定すべきモデルであると考えられることが多い。その危機によって福祉国家に固有の弱点が強調されるためであるが、このようなシンポジウムは、福祉国家に関連した誤認を、いくらかでも払いのけるという目的を果たすものである。もっとも、国際金融機関や先進諸国によって広められている新自由主義の正統派的信念を前にすると、その効果を評価することは困難であるが。こうした事情が示す結論は、発展途上国が福祉国家に向かうかどうかを分析するには、国内政治と国際的圧力――これらは途上国の政策立案を具体化し、拘束する――を統合的に扱うアプローチが必要になるということである。

訳者注
1) 中等教育では、公立校のほうが多い。
2) 疾病、出産、障害、遺族は、稼得能力の中断または喪失に対する現金給付を意味する。医療（ただし入院の場合のみ）はメディケアを通じて提供されていたが、これは1995年に国民健康保険へ移管されることになった（197頁訳者注4参照）。なお、ＳＳＳでは老齢もカバーされており、障害・遺族とあわせ、一定の要件のもとに年金または一時金が支給されることになっている。
3) ＳＳＳは、民間被用者対象の制度として発足したが、法的には自営業や農業部門、またインフォーマルセクターをも対象とするように、改正が行なわれてきた（197頁訳者注4参照）。したがって、現実の制度がこれらの人々をカバーしえていないのは、おもに捕捉の困難さと拠出能力の欠如に起因している。

付章　韓国

均衡福祉国家への新戦略——未来へのノート——

鄭　基源
（孫　尚仁訳）

第1節　はじめに

　1995年4月、21世紀に向けての福祉構造の再構築と新しい福祉政策の策定を目的とした韓国国家福祉計画委員会が設立され、官民100人以上の学者、役人、専門家が集まり、この課題に取り組んだ。委員会には社会金融保障、社会保険と福祉サービスに関する論文が68本提出され、討議された。

　委員会は「生活水準国際化のための国家福祉に関する基本的考え方」をテーマとした報告書をまとめ、出版した。同報告書は今後数年間韓国社会は新しい挑戦と機会に直面するとし、21世紀韓国を福祉国家に建設するためには新しい福祉政策が必要であるとの結論を出した。委員会は将来の韓国の福祉モデルを設定し、その基本原則を幾つか取り上げた。例えば、経済の成長と福祉との均衡を保つこと、韓国の伝統的価値観と西側の福祉制度をうまく結合させること、すべての社会構成員に国家福祉の最低水準の配分を保証すること、予防的と有効的福祉制度を設立することであった。

第2節　韓国福祉政策の現状

　韓国の社会保障システムは社会保険、公的支援、人的福祉サービスから構成されている。朝鮮戦争（1950－1953）以後、韓国国家発展の基本課題は、経済成長偏重型政策を通じて絶対的貧困者を減らすことであった。こうした努力によって韓国経済は過去30年間年平均9％近くの成長を達成し、一人当たりのGNPは1962年の87ドルから1993年の7,466ドルに跳ね上がり、さらに1995年には1万ドルに上昇した。

　経済の高度成長に伴って、社会も大きく進歩したわけだが、経済の急成長が

収入の配分パターンを変えなかったという指摘もある。ある論者は、国家経済の発展途上では収入の配分は良くなるどころか実際悪くなったとしている。しかし韓国は発展途上国の中で家庭収入の配分が最も公平な国だとされている。経済の発展につれて生活水準は全体的に改善されたのである。生活水準を示す指標、例えば平均寿命、新生児の誕生と死亡率、栄養の摂取、水道の普及率、中学入学率などの指標の変化がこの段階の経済発展がもたらした利益を十分に示している。

しかし、韓国経済が高度成長を達成したとはいうものの、福祉国家という概念は韓国人にとっては依然新しいものである。韓国人の生活の実質的豊かさ度は、先進国に比べれば、依然遅れをとっている。経済成長は目覚ましいものだが、政府の貧困者に対する福祉投資となるとかなり不足している。150万人（人口総数の3.3%）もの人が公的救済対象になっている。この人達の基本的生活需要、例えば収入の維持、医療、教育および住宅などは国家の定めた最低水準にも達していない。全体の救済金額も、ＧＮＰの11.4%（1993年）しか占めていない。ちなみに日本は25.6%（1988年）、アメリカは21.4%（1992年）、イギリスは21.8%（1989年）となっている。

韓国中央政府の社会保障予算は国民総生産の1.9%を占めている。この少ない社会保障支出額の内訳を見ると、およそ4分の3が社会保険で、うち政府、軍隊の年金及び医療保険も含まれている。公的支援と人的福祉サービスはそれぞれ0.1%と0.3%に過ぎない。個人と企業の社会保険に対する貢献度は1994年において国民総生産の3.0%、官民各部門の社会保障支出は国民総生産の5.1%

表附―1　韓国社会保障支出（1994年）

			支　出 （10億ウォン）	ＧＮＰに占める 割合（％）
公共部門	社会保険　公的支援 及び福祉サービス	合　計	6,288	2.1
		中央政府	5,624	1.9
		地方自治体	664	0.2
民間部門	社会保険に対する貢献	合　計	8,956	3.0
		年　金	4,406	1.5
		医療保険	3,177	1.1
		労働者の賠償保険	1,406	0.4
合　　計			15,244	5.1

（韓国銀行　1994年経済統計年鑑による）

を占めている（表附—1参照）。

第3節　福祉国家としての韓国の歩み

1　社会福祉制度の概念

1）　狭い範囲での社会福祉政策は社会保険、公的支援および人的福祉サービスなどの福祉制度のことを差す。

2）　広い意味での福祉政策は社会の発展を意味し、人的資源、住宅、教育、健康などの指標を指す。

2　韓国福祉政策の回顧

発展段階の分類：

50年代と、60年代から70年代中期、70年代中期から80年代後半、90年代の四つの段階に分類する。

1）50年代

朝鮮戦争（1950—1953年）

戦後の状況：未発達な工業とインフラ

　　①資源はインフラの再建に配分

　　②福祉政策に目を向けない

　　③海外からの救済に依存（UNICEF）

　　④教育に力を入れる

2）60年代から70年代中期

「貧困からの脱出」を目指す国家経済政策

　　①第一次5ヶ年経済発展計画（1962—1966）

　　②輸出主導型による経済成長

　　③賃金の上昇と失業率の低下

　　④5ヶ年計画の継続（焦点を社会と経済の発展に絞る（第五次5ヶ年計画から1982—1986））

3）70年代中期から80年代後半

総合的構造調整政策

　　①経済の活性化と産業競争力の強化を目指すもの

社会発展分野における政府の努力
    ①第五次5ヶ年経済と社会発展計画
年金制度の導入
    ①公務員年金制度の導入（1963）
    ②私立学校教師の年金制度の導入（1975）
    ③国家年金制度の実施（10人以上の企業　1988）
医療保険計画の導入
    ①500人以上の企業に対する医療保険計画の実施（1977）
    ②公務員と私立学校教師の医療保険計画の実施（1978）
    ③16人以上の企業（1986）と5人以上の企業（1988）の労働者に対する保険担保の追加
    ④農村における自営業者の自治体医療保険計画の追加（1988）
    ⑤都市部の自営業者の地域医療保険計画と保険担保の追加（1989）
工業事故保険制度の導入
    ①500人以上の企業の事故保険制度の導入（1964）
    ②16人以上（1976）、10人以上（1986）、5人以上（1988）の企業の労働者保険担保の追加
    ③製造部門における最低賃金制度の導入（1988）
    ④すべての工業企業における最低賃金制度の追加導入（1990）
4）90年代
    ①社会保険制度の成立（表附―2参照）

表附―2　韓国社会保険計画（1995年6月）

分　類	リスク	利　益	確立の年	範　囲 (1000人)	管理機関
国家年金	高齢 労働能力の喪失 死亡	収入の維持	1988	8,784	MOHW
健康保険	負傷 病気	医療保護	1977	42,860	MOHW
工業事故賠償保険	工業事故	医療保護と収入	1964	7,850	MOL
失業保険	失業	収入の維持	1995	4,164	MOL

②21世紀の課題と社会福祉政策の新しい発展

第4節　福祉の課題

　韓国人の一人当たり国民総生産は2000年に2万ドルに達すると予想されている。経済の発展に伴って、社会福祉に対する要求も急速にふくらみ、そして多様化している。高水準の生活に対する期待は、当然もっと豊富なレジャー活動、健康の維持、多様な福祉サービスに対する要求に繋がってくる。そして文化と精神の面での要求も自然に社会の中から生まれてくる。
　出生率の低下と平均寿命の上昇で韓国社会は高齢化しつつある。政府と社会は今まで以上に高齢化した人口の面倒を見る責任を負うことになる。家庭構造と役割分担の変化によって別の種類の福祉要求が生まれた。例えば、社会や経済活動に対する女性の参加が多くなるにつれて、託児所やその他の福祉施設が必要になる。離婚率の上昇や家族の絆が弱まること、子供、青少年及び家庭に対する社会の責任が多くなった。
①生活水準を高める社会新需要の高まり
　社会と政治状況の変化
　社会権利としての福祉需給の承認（西側諸国とは概念上違いがある）が要求された
　社会保障基本法の成立（1995年12月）

第5節　韓国福祉モデルの基本原則

　韓国の福祉モデルは均衡を保った福祉国家の建設にその目標を設定している。均衡の意味は経済成長と社会福祉との均衡、個人の自由と社会平等との調和、韓国の伝統的価値観と西側の経験の融合などを指す。
　周知のとおりほとんどの工業国家の福祉制度が危機に陥っている。原因は社会保障における国家の財政負担が重すぎることと、政治状況にあるといわれている。しかし、福祉国家の初期段階にある韓国は、福祉に対する要求の急増に直面している。アジア諸国は別の意味の危機に陥っていると私は思う。
1）モデルの基本原則

①市場原理と超市場原理システムの調和
　　　②普遍性と選択性との調和
　　　③人的・精神的満足に対する追求
2) モデルの目標
　　＊最低生活水準を保つことによって絶対的貧困を無くすこと
　　　①最低生活水準の概念
　　　②自助努力計画
　　＊社会保障システムの確立
　　　①社会保障制度による第一次ネットワーク
　　　②公的支援と人的サービスによる第二次ネットワーク
　　＊社会保障管理システムの効率化
　　　①社会保障システムの拡張によって膨大化したコスト
　　＊福祉協力関係の発展
　　　①官民各部門の役割と責任
　　　②中央政府と地方自治体
　　＊伝統的家庭福祉制度の強化
　　　①家庭福祉体制に適した儒教社会
　　　②社会発展の過程での家庭の重要性
　　＊統一への準備
　　　①統一への期待
　　　②南北朝鮮で違う社会保険システム
　　　③統一への各段階
　　＊社会保険額の増加
　　　①低い税負担（20%ぐらい）
　　　②政府の社会福祉支出の増加が歳出の増加より1.2倍多いこと

　　　　　　第6節　均衡を保った福祉国家への新戦略

1　受益者重視の社会保険制度の確立
1) 普遍性、公正性、有効性の強化
　　　①範囲を広めることによる社会保険制度の普遍性

②社会保険の便益の公正と協調性
　　　　便益の水準を高める
　　　　便益の補完性
　　③社会保険制度の安定化
　　　　計画の困難さ
　　　　支出成長の期待
　　　　収入から控除される年金制度の見直し
　　④社会保険管理機関の再建
　　　　管理機関間の協調
　　　　情報の共有
　　⑤民間年金システムの発展
　　　　社会保険と民間保険間の協調
　　　　国家年金計画と民間健康保険の補充
2) 国家最低生活水準の維持
　　①最低生活水準の維持
　　　　収入の維持
　　　　補助救済制度の導入
　　②医療保険計画の改善
　　　　医療補助期間の延長
　　　　医療補助と医療保険間の整性のとれた支払い基準づくり
　　　　医療補助範囲の拡大
　　③教育支援計画の拡大と強化
　　　　貧困家庭への教育支援の強化
　　　　青年文化センターを通じて「良いきっかけ運動」を展開
　　④自主努力支援制度の創設
　　　　「自助努力支援センター」の役割
　　　　「自助努力基金」の確立
3) 広範囲な社会福祉サービスの拡大
　　①家庭及び地域社会福祉サービス計画の発展
　　　　家庭介護サービスの拡大
　　　　家庭介護のための金銭的援助

　　　　公的支援を中心とした扶養制度の導入
　　　　普通家庭のカウンセリング・サービスの導入
　　　　伝統的家庭のモデルの作成
　　　　福祉センターやその他の福祉施設の機能の拡大
　　②高齢者のための福祉の拡大
　　　　補助金の増加
　　　　就職機会促進
　　　　地域社会の高齢者用総合的福祉センターの創設
　　　　健康管理プログラムの提供
　　③身体障害者のための福祉の増額
　　　　補助金の促進
　　　　「便利な施設の設置法」の実行
　　　　就職機会の増加
　　　　リハビリサービス措置の強化
　　　　身体障害者の定義の見直し
　　④児童のための福祉支援の増強
　　　　学校での福祉活動
　　　　グループホームの導入
　　　　託児所の質的改善
　　⑤公的福祉供給制度の再建
　　　　福祉機関への金融支援
　　　　その他
４）官民両部門の協力関係の促進
　　①中央と地方自治体の役割と参加の促進
　　　　社会福祉投資の増額
　　　　　税制の改善
　　　　　脱税などの防止
　　②地方福祉予算の柔軟性を図ること
　　　　　地域社会福祉予算の増額
　　　　　地域社会への補助金の導入
　　③地域社会福祉保障制度運営コストの削減

　　　　福祉管理での不必要な支出の削減
　　　　年金制度運用利益回収の確保
④第三部門の参加
　　参加者への金融支援
　　　　貢献者の免税
　　　　福祉経営者の制限の緩和
⑤地域基金
　　　　ボランティア活動への支援
　　　　ボランティアセンターの確立
　　　　ボランティア活動への補助制度の確立

あとがき ——市民度指数・人権指数・ひとり当りGNP——

白鳥　令

1　政治と政治家は何をなすべきか

　本書は、非営利の学術研究団体（NPAO）である日本政治総合研究所が、1996年10月15日から16日にかけて東京のスウェーデン大使館講堂で開催した国際シンポジウム「福祉国家の再検討—スカンジナビアモデルとアジア—」を基礎として編集されている。

　このシンポジウム開催の目的は、以下のような点にあった。

　「スウェーデン、デンマーク、ノルウェー、フィンランドのスカンジナビア四カ国は、社会民主党政権のもとに福祉国家の先進モデルを発達させてきた国々として知られている。しかし、家族に代わって国家が市民生活の最低条件を保障しようとするスカンジナビア型の福祉国家は、1973年のオイルショック以後財政的な行き詰まりを見せ、高福祉よりも高負担の社会を形成するとして批判されることになっている。

　しかし、スカンジナビアの国々は、1990年代に入って、福祉国家の財政負担を減らすためにさまざまな政策努力を行ってきている。このことは、わが国でまだ余り知られていない。また、スカンジナビア諸国は、人権問題、環境問題、男女参画社会の推進などに積極的に取り組んでいることでも、有名である。この点も、福祉国家の思想と無関係ではない。スカンジナビア諸国の福祉国家の新しい姿を理解することが、このシンポジウムの第一の目的である。

　他方、韓国、タイ、フィリピンといったアジアの国々は、奇跡といわれた成長を遂げたものの、日本を除けば、福祉国家制度はまだ十分に発達していない。日本が、1960年代の高度成長から、70年代の前半に「成長から福祉へ」とのスローガンを掲げて福祉国家建設へと乗り出したように、アジアの国々も、社会のセイフティーネット（防護網）として今や本格的な福祉国家の建設にとりかかるべきだといえよう。スカンジナビア諸国の経験を踏まえながら、アジア諸国はどのような福祉国家を建設すべきか、それを検討しようというのが第二の目的である。」

結果から見れば、アジアの国々が福祉国家を十分に整備する以前に、アジア諸国の経済成長の方が先に崩壊してしまった。しかし、長期にわたる経済不況の中で学んだことは、アジア諸国も、単純に生産の拡大だけを求めて行けば良いということではないという点であった。経済が回復基調にあるアジアにとって現在必要なものは、むしろ市民の健康で文化的な生活を支え、持続的な成長を可能とする新しいタイプの福祉国家を建設することだといえよう。

この「持続的な成長を可能とする新しいタイプの福祉国家を建設することの必要性」は、同じように経済が回復過程にある現在の日本にとっても指摘できることだといえよう。

現在、日本では、経済の活力回復のために経済および社会の構造改革、特に経済領域における規制緩和政策の実施が強く叫ばれている。そして、「規制緩和」のスローガンの大合唱の中で、小さな政府の主張と「リストラ」という名の企業による人員削減政策とが無批判に横行している。

低迷する経済状況と国際的な競争の激化という環境の中で、私企業が効率性を求めて人員整理に向かうのは、好ましくはないとしても仕方のないことかも知れない。市場経済体制という前提に立てば、私企業がそのような防衛策をとることは、むしろ当然だということができるかも知れない。

だが、自由市場経済体制の中で私企業が生き延びるために人員整理を行う時に、整理された労働者の生活をまもるのは、自由市場経済体制における政治の任務であり、資本主義体制のもとにおける国家の義務である。1940年代初頭に英国で福祉国家の最初の理念が打ち出された時に、「ナショナルミニマム」という言葉で表現されたものは、まさにこの国家の最低限度の市民に対する義務であったといえよう。

自由市場経済体制が社会主義の計画経済を凌駕しえたのは、自由市場経済体制が同時に政治体制として福祉国家体制を発達させ、自己の有する負の側面をカバーし、「粗野な資本主義」から脱却することが出来たからであった。

自由市場経済体制においては、いうまでもなく私企業は利潤動機で行動するのであって、過酷な経済環境の中では、とかく利己的反社会的な方向に向かいがちである。そのような私企業の反社会的な行動を規制し、企業の行動から生じた社会的な犠牲を救済するのは政治の任務である。政治が十分にこの機能を果たさない時は、自由市場経済体制は弱肉強食の「モラルなき獣の世界」へと

堕落してしまう。自由市場経済体制（資本主義）において、政治はこのように経済体制に内在する弱点を補い、経済体制の社会性を担保する機能を有しているからこそ、自由市場経済体制において政治は経済から独立し、政治家は経済人とは別の判断基準と倫理とを持つ必要があるといえよう。

　日本の現状を見る時、政治家たちが、この政治の任務を十分に理解していないように思われる。現在の日本では、政治家たちは、経済人の主張と行動に追随するのみで、政治家として独立したモラルと判断基準とを有していない。この結果、政治が市場経済体制の負の側面をカバーするという本来の任務を果たしておらず、その結果として経済が効率性を追求する際に犠牲となった労働者を十分に支えることになっていない。日本の社会は「持てる者」（Have）と「持たざる者」（Have not）とに分裂し、社会的な貧富の差が増大し、弱者が一方的に犠牲になる傾向が顕著となっている。すでに現体制の中で確立した地位と生活を有する者たちが、その既存の利益とすでに獲得している地位にすがりつき、障害者や女性や老人などの社会的弱者の犠牲を省みることをせず、新たに社会に登場してくる若者や子供たちをまったく受け入れようとしない態度を示している現状は、社会と政治のモラルの根本的破壊を示唆していると言わざるを得ない。そのような状況に今日日本の社会を追い詰めているのは、まさに政治家が自己の任務に対して無自覚なことに原因があると、私は思う。

　政治が現在十分に機能していないのは、政治家たちが無自覚であるだけでなく、知識人と学問とが、有効な社会的セイフティーネットの理論を政治の側に提供していないことにも起因している。経済の進展に対して、政治の理論が立ち遅れているといってもよいし、新たな福祉国家論が欠落しているといってもよい。本書は、そのような欠落を克服しようとするひとつの試みである。

2　福祉国家論の政治的ディメンジョン

　1986年にオクスフォード大学出版会から *The Welfare State East and West*（Oxford University Press, 1986　邦訳：白鳥令・R.ローズ編著、木鳥賢・川口洋子訳『世界の福祉国家〔課題と将来〕』新評論、1990年）を出版した時、編者のローズ（Richard Rose）と私とは、その書物が国際的に経済学の書物として分類され、販売されたことに大いに不満であった。幸いにしてこの書物は

経済学者からかなり高い評価を得た（たとえば、ノーベル経済学賞を得たレオンチエフ（Wassily W. Leontief）は「福祉国家を学ぶものにとって必読の文献」という批評を寄せた）し、経済学の書物と分類されたことによって、おそらく政治学の書物として分類され販売された場合よりも多くの研究者によって読まれたのは事実だったと考えるのだが、それでもわれわれは、この書物が経済理論の書物として読まれることを好まなかった。

その理由は、われわれは福祉国家の問題を単に経済現象の問題としてではなく、もっと広く「社会全体のあり方の問題」として考えていたからであった。確かにわれわれは、この書物の中で福祉国家の財政問題を様々に論じたし、福祉国家の機能の分析に際して、福祉サービスの生産者と消費者といった分析枠組みを採用したりもしている。しかしそれでも、われわれはそれ迄の経済学者たちによる福祉国家の経済的側面だけの分析や、社会保障の専門家たちによる福祉サービスや年金問題に限定された福祉国家論に不満であり、批判的であった。われわれにとって福祉国家の問題は、所得の再分配から教育のあり方、年金・健康保険制度から環境問題や都市問題まで、社会のあらゆる側面を含み、それ故に社会全体のあり方の問題であった。

福祉国家の問題を考える際に、われわれがこのように福祉国家を「社会全体のあり方の問題」、別の言葉でいうならば「社会体制の問題」として把握すべきだという点に執着するのは、福祉国家体制の整備されたスカンジナビア諸国で、「人権の尊重」、「環境への社会的配慮」といった側面の社会的整備が、大きく進展している現実があるからである。福祉国家体制を特徴付けるものは、決して年金や社会保障システムの整備が進んでいることだけではない。

たとえば、福祉国家体制と人権の問題をここで少し考えてみよう。第1表は、1993年1月の時点での各国社会における人権の尊重、人権の享受の状況をあらわす指数（人権指数 Human right score）を計算した結果である[1]。

人権の問題は、その社会の有する価値の様態と関係するために、客観的に指数化するのが難しい。回教国で複数の妻を娶ることが文化的に許されているところでは、それを「女性の権利の侵害と考えてよいか」といった問題が生じる。このような文化的な差異から生ずる問題を極力回避するために、国際社会で認められている人権関係の条約を、各国がいくつ批准しているかを基礎として人権指数を算出した。この結果を見ると、第1位のフィンランドから、2位デン

第1表. 人権指数（Human Right Score）
（104ヶ国：1993年1月）

Country	Area	Human Right Score	GNP per Capita
Finland	Europe	99	18590
Denmark	Europe	98	18450
Germany	Europe	98	16570
Netherlands	Europe	98	14520
New Zealand	Oceania	98	10000
Sweden	Europe	98	19300
Czechoslovakia	Europe	97	5820
Hungary	Europe	97	2460
Norway	Europe	97	19990
Belgium	Europe	96	14490
Switzerland	Europe	96	27500
Austria	Europe	95	15470
Canada	North America	94	16960
France	Europe	94	16090
Irish Republic	Europe	94	7750
UK	Europe	93	12810
Portugal	Europe	92	3650
Australia	Oceania	91	12340
Benin	Africa	90	390
Costa Rica	North America	90	1690
Italy	Europe	90	13330
USA	North America	90	19840
Uruguay	Latin America	90	2470
Greece	Europe	87	4800
Spain	Europe	87	7740
Argentina	Latin America	84	2520
Trinidad	North America	84	3350
Bulgaria	Europe	83	4150
Ecuador	Latin America	83	1120
Poland	Europe	83	1860
Japan	Asia	82	21020
Romania	Europe	82	2560
Panama	North America	81	2120
Chile	Latin America	80	1510
Botswana	Africa	79	1010
Hong Kong	Asia	79	9220
Dominican Rep	North America	78	720
Israel	Asia	76	8650
Ivory Coast	Africa	75	770
Nicaragua	North America	75	830
Venezuela	Latin America	75	3250
Jamaica	North America	72	1070

Philippines	Asia		72	630
Bolivia	Latin America		71	570
Senegal	Africa		71	650
Kuwait	Asia		33	13400
Malawi	Africa		33	170
Cuba	North America		30	2000
Syria	Asia		30	1680
Saudi Arabia	Asia		29	6200
Afghanistan	Asia		28	200
Angola	Africa		27	870
Vietnam	Asia		27	220
Libya	Africa		24	5420
Iran	Asia		22	1800
China	Asia		21	330
Korea, North	Asia		20	1240
Sudan	Africa		18	480
Burma（Myanmar）	Asia		17	200
Iraq	Asia		17	3020

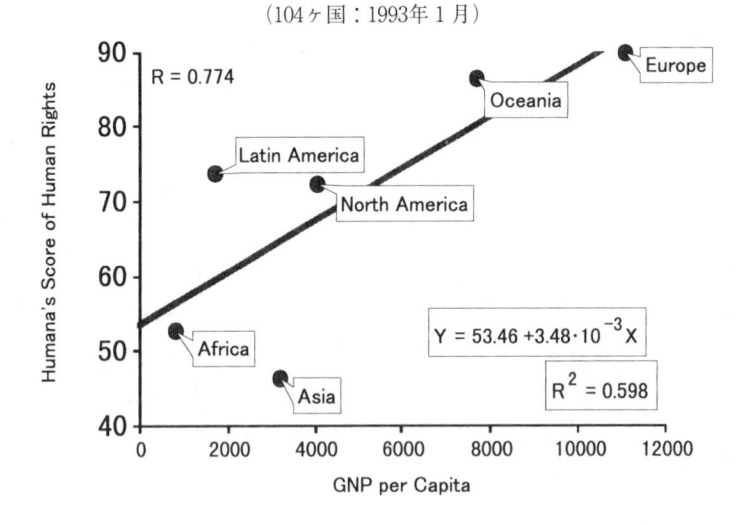

第1図　地域別人権指数
（104ヶ国：1993年1月）

$R = 0.774$

$Y = 53.46 + 3.48 \cdot 10^{-3} X$

$R^2 = 0.598$

(縦軸: Humana's Score of Human Rights、横軸: GNP per Capita)

マーク、6位スウェーデン、9位ノルウェーと、福祉国家で名高いスカンジナビアの4ヶ国がすべて10位以内に入っていることが分かる。

第1図は、この人権指数が、世界の地域でどのような関係になっているかを、一人あたりGNPとの関係で示したものである。ここでは、ヨーロッパ先進諸

国が一人あたりＧＮＰでも人権指数でも最も高い数値を示しているのは当然として、アジア諸国は生産力の大きさ（一人あたりＧＮＰ）に比較して人権の尊重で遅れている事実、ラテンアメリカ諸国は逆に生産力の大きさと比較して人権の尊重が進んでいる事実が表れていて、興味深い。

　福祉国家の進展と人権の尊重との関係をもう少し精確に見るために、第２表の26ヶ国について、第３表の40項目の社会経済統計をデータとして福祉国家の進展度を表す指標として市民度指数（Civil index）を1996年について計算してみた。計算についての考え方は、1986年に出版した先に引用した私とR. ローズとが共同で編集した書物 Welfare State East and West の第９章に私が書いたものと、基本的に同じ方式を採用している。

　計算の結果の市民度指数は第４表に示されている。ここでも、１位のスウェーデンを始めとして、２位デンマーク、５位ノールウエー、９位フィンランドと、当然ながら、一般に福祉国家の先進国と考えられているスカンジナビア諸国が上位を占めている。ここでは、生産の大きさをあらわす一人あたりＧＮＰと市民度指数が微妙に違っている点が、興味深い。一人あたり GNP ではスイス、スウェーデンに次いで３位の日本が、市民度指数では第14位に位置している。

　ここで計算した福祉国家の進展度を示す市民度指数と、人権の尊重・享受の

第２表　市民度指数を計算した26ヶ国

Australia	Mexico
Austria	Netherlands
Belgium	New Zeal
Canada	Norway
Denmark	Philippines
Finland	Poland
France	South Korea
Germany	Spain
Greece	Sweden
India	Switzerland
Israel	Thailand
Italy	United K
Japan	USA

第3表　市民度指数算出に用いたデータ40項目

POP.DENS	Population Density
BIRTH	Birth Rate
DEATH	Death Rate
INFANT	Infant Mortality
MARRIAGE	Marriage Rate
DIVORCE	Divorce Rate
M.LIFE	Average Life Span (male)
F.LIFE	Average Life Span (female)
HOUSEHLD	Average Number of Persons per Household
UNEMPLOY	Unemployment Rate
WORK.HR	Working Hours per Week for the Manufacturing Sector
ACCIDENT	Industrial Accident
DISPUTE	Labor Dispute
LOSTDAYS	Lost days in Industrial Disputes
GDP.GROW	GDP Growth Rate
ENERGY	Energy Consumption / Person
ROAD.KM	Length of Roads / Kilo Meter Square
CAR	Car／1000Persons
PHONE	Phone／1000Persons
FTD.IMP	Dependence on Foreign Trade Imports
FTD.EXP	Dependence on Foreign Trade Exports
CONSUMER	Consumer Price Index
CALORIE	Calorie Consumption / Day
SUICIDE	Suicide Ratio／1000Persons
TUBERCUL	Death Rate from Tuberculosis
HOSPITAL	Persons / Bed in Hospital
PHYSICN	Number of Physician／1000persons
TRAFC.AC	Traffic Accident
HOUSE	Housing-Number of Persons / Room
SOC.SEC	Social Security Disbursement / GNP
EDUCATN	Education Expenditure / GNP
ILLITRCY	Non-Literacy Rate
NEWS.PR	Number of Newspapers

NEWS.CRC	Number of Daily Newspapers in Circulation
NEWS.CSP	News Paper Consumption / Person
RADIO	Number of Radio／1000Persons
TV	Number of TV／1000Persons
TURNOUT	Turn Out Ratio
DEFENCE	Defense Budget / Total Budget
URBN.POP	Urban Population Ratio

第4表　国別市民度指数
（26ヶ国：1996年）

Country	Civic Index	GNP per Capita
Sweden	0.851	27440
Denmark	0.814	23707
Belgium	0.785	19780
Netherlands	0.661	18592
Norway	0.652	21632
USA	0.628	21014
Germany	0.617	24948
France	0.608	19908
Finland	0.570	16574
Switzerland	0.551	32735
Austria	0.542	20342
United K	0.524	16146
Canada	0.520	16895
Japan	0.409	24979
New Zeal	0.364	10452
Australia	0.339	1341
Italy	0.288	17490
Spain	0.067	12983
Greece	−0.145	6872
Israel	−0.240	11384
Poland	−0.280	1950
S. Korea	−1.066	6302
Mexico	−1.329	3257
Philippines	−1.844	770
Thailand	−1.881	1540
India	−3.004	275

第2図 市民度指数と人権指数
(26ヶ国、1996年)

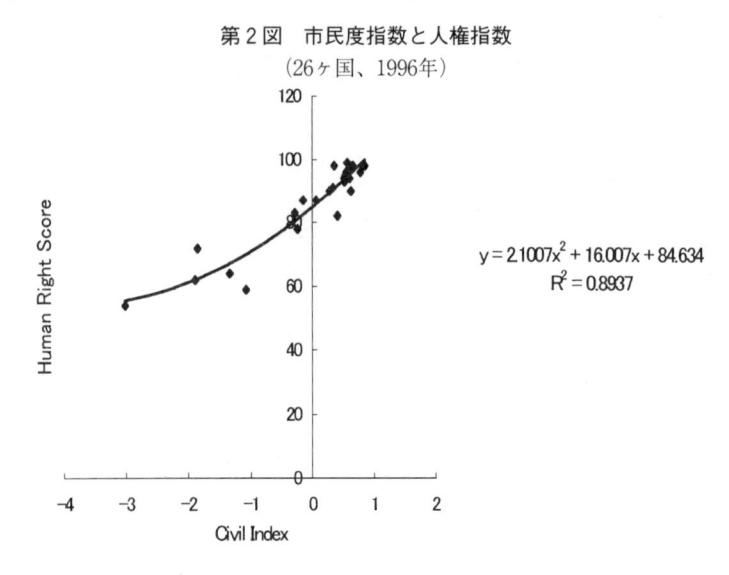

$y = 2.1007x^2 + 16.007x + 84.634$
$R^2 = 0.8937$

割合を示す人権指数との関係を示したのが、第2図である。この第2図には、市民度指数と人権指数とが相互に関係し合っている状況が見事にあらわれている。福祉国家体制は、人権を尊重する社会体制でもあるといえよう。こうして見れば、第5表に示されている開発途上国への政府開発援助の対GNP比で、福祉国家の先進国スカンジナビア諸国が上位を占めるのは、当然だといえよう。

福祉国家体制は、国家は異なっていても、その根底に、人権を尊重し、自然環境との調和を重んじ、男女平等の地位を実現しようとする共通の価値観が存在するのであって、ひとつの文明とさえ呼ぶことが出来よう。このような福祉国家の現実があるにもかかわらず、福祉国家の問題を単に経済的側面から、もしくは単に社会保障制度や年金の問題として考察するとすれば、それは、福祉国家の問題を矮小化してしまうことになるといえよう。

福祉国家の理論的な検討は、今後、福祉国家社会の全体的構造のディメンジョン、福祉国家社会が示す人権や環境問題に対する高い達成度といった政治的ディメンジョンにもっと目が向けられてよいと、私は考えている。

終わりに、原稿の完成の大幅な遅れにもかかわらず、寛容に出版を待っていただいた新評論社の二瓶一郎社長ならびに同社の編集スタッフの方々に深甚な感謝の意を表したい。

---

1) 福祉国家の政治的ディメンジョンに関するここで述べる量的な分析に関しては、私の次の英文

第5表　GNPに対するODAの割合
(20ヶ国、1996年)

Country	ODA (Million $)	ODA (% of GNP)
Denmark	1772	1.04
Norway	1311	0.85
Sweden	1999	0.84
Netherlands	3246	0.81
France	7451	0.48
Luxembourg	82	0.44
Belgium	913	0.34
Finland	408	0.34
Switzerland	1026	0.34
Germany	7601	0.33
Canada	1795	0.32
Ireland	179	0.31
Australia	1074	0.28
United Kingdom	3199	0.27
Austria	557	0.24
Spain	1251	0.22
New Zealand	122	0.21
Portugal	218	0.21
Italy	2416	0.2
Japan	9439	0.2
United States	9377	0.12
Total DAC	55438	0.25

論文を参照されたい。

Rei Shiratori, 'Political Dimensions of Welfare State', paper presented to the Research Symposium on *"Aging Society and the Welfare State –Japan and Europe"*, Tokai University European Center, Bedvaek, Denmark, August 20–21 1998.

人名索引

ア行

H・アイア　74
アナンダ・マヒドール　167
J・アルバー　25
E・エーヴェルビュ　74

カ行

F・クールター　34
L・コットリコフ　155

サ行

M・サッチャー　22, 83
白鳥令　148
B・シュルテ　28
S・スヴァルフォシュ　74

タ行

M・チャイルズ　91
R・ティットマス　82

ナ行

N・バー　34
F・ハイエク　83
パラヤ・マノパコーンナティーダー　164, 166
P・ピーブンソンガラム　163, 167, 168, 169
P・ピエルソン　134, 135
F・フクヤマ　105
M・フリードマン，83
プリディ・パノムヨン　163, 164, 165, 166
P・フローラ　29
P・A・ペッターセン　74
K・ポラニー　102

ハ行

S・ライプフリード　33
P・リッポネン　117
W・W・レオンチェフ　218
R・レーガン　83
R・ローズ　6, 148, 217

事項索引

ア行

天下り　148
移転国家　97
医療保険　143
EOS報告　92, 93
インホーマルセクター　186, 200
NGO　188, 194
エンパワーメント　185, 189, 192, 194, 196, 201
欧州福祉国家　18, 19, 21, 23, 30, 45

カ行

介護保険　37
介護保険制度　144
規制緩和　202
基礎教育　187
共産主義モデル　20
キリスト教失業基金　65
近代化　163
軍事政権　171, 172
経済社会計画　193, 184
ケインズ主義　141
権威主義的軍事政権　172
合意政治　59
合意点　77
貢献主義　171
厚生年金保険　142
コーポラティズム　59
国粋主義者　167
国民健康保険　142
国民年金　61, 64, 67, 142
国民年金基金　142
国立健康福祉開発研究センター　124, 133
個人福祉モデル　103
国家建設　168
国家住宅計画　188
国家生計計画　189
国家和平維持計画　174
混合福祉　6, 7, 141, 149

サ行

サービス・アプローチ　91
最低限の基礎的ニーズ　189, 191, 192
サリット・タナラット　169, 170, 172
三角形の社会　10, 12
残余モデル　177
自衛援助計画　193
識字率　186, 200
市場の失敗　147
失業（保険）基金　65, 70, 71
失業保険法　60
疾病保険法　60
ジニ係数　130
市民社会　23
市民的権利　90
市民度指数　8, 221-24
社会改良計画　190
社会経済発展モデル　163
社会支援　132
社会支援法　61, 64
社会的市民権　20
社会的スウェーデン　82
社会福祉開発省　187, 189
社会福祉不服審査委員会　72
社会福祉不服審査庁　72
社会扶助　187, 190
社会保障機構　187, 200
社会保障システム　28, 44
社会保障制度　58
社会保障法　168
社会民社主義　90
社会民主主義モデル　57
自由タイ　167
消費の貧困　131
職業斡旋法　168
所得の貧困　131
所得配分　202
新救貧法　60
新自由主義　199, 202, 204

人権指数　　218, 219, 220, 224
人民委員会　　164
スウェーデン・モデル　　81, 83, 84, 85, 96, 100, 102, 103, 108
スウェーデン病　　153
スウェーデンモデル　　37
スカンジナビアモデル　　20
スタインケ社会改革　　61
すべての人々に教育を　　188
スメーディング　　126
西欧民主主義　　164
政治的排斥　　171, 172, 173
制度的福祉国家モデル　　57
政府職員保険機構　　187, 200
政府の失敗　　147
セーフティーネット　　190
租税国家　　97

タ行

第3のセクター　　23, 34
胎児期の福祉国家　　199
退出の選択　　99
代表民主主義　　90
タイ文化評議会　　168
タイ文化法　　168
ダイヤモンド型社会　　11, 12
タイ国家最高評議会　　173
タマサート大学　　168
地域社会　　189
地域の薬局　　188
地方行政単位　　190, 195
中間の道　　105
チリモデルの社会保障　　202
デンマーク労働組合全国組織　　68

ナ行

ナショナル・ミニマム　　92, 93
南欧モデル　　21
日本政治総合研究所　　5, 148, 215

ハ行

博愛主義　　177
反王政主義　　167
ビスマルクモデル　　20
ビバリッジモデル　　20, 83
ピブセリ・マナングカーシラ党　　170
貧困緩和基金　　192
貧困率　　185, 186, 191
フィリピン2000　　190
フィリピン食料・栄養摂取計画　　188
フィリピン中期開発計画　　201
福祉国家　　17, 18, 23, 35, 36, 44, 45, 57, 59, 76, 77, 94, 97, 109, 113, 114, 123, 133, 134, 141, 142, 145, 178, 201
福祉国家の危機　　82
福祉多元主義　　23, 141
仏教哲学　　177
プライマリーヘルスケア　　187, 188
北欧モデル　　57, 76
保健省　　187

マ行

マキシマリスト　　27
マルコス　　201, 202
ミーンズ・テスト　　19, 23, 61
ミニマリスト　　27, 29
民営化　　202
民間活力　　201
メディケア　　188

ラ行

立憲君主制　　164
リハビリテーション・年金委員会　　66
ルクセンブルク・インカム・スタディ　　126
レインウォーター　　126
労働災害保険法　　60
労働市場付加年金　　61, 63
老齢年金法　　60

著者紹介

編者および [序章] [あとがき]

白鳥 令［日本政治総合研究所会長、東海大学政治経済学部教授］
主要著作：白鳥令著『政治発展論』（東洋経済新報社、1968年）。R. Rose and Rei Shiratori ed., *The Welfare State East and West*, London : Oxford University Press, 1983（邦訳、木島賢他訳『世界の福祉国家』新評論、1990年）。白鳥令編『政策決定の理論』（東海大学出版会、1990年）。白鳥令編『政治制度論』（新評論、1999年）。

第1部　北欧

[第1章　欧州福祉国家の政治的再建]
シュタイン・クーンレ（Stein Kuhnle）［ベルゲン大学比較政治学部教授］
主要著作：Stein Kuhnle (ed.), *The Survival of the European Welfare State*, London : Routledge, 2000 ; Stein Kuhnle et. al. (eds.), *State Formation, Nation Building, and Mass Politics in Europe : The Theory of Stein Rokkan*, London : Oxford U. P., 1999.

[第2章　デンマーク　デンマークにおける福祉国家の発展と現状]
ニールス・プロウ（Niels Ploug）［デンマーク国立社会問題研究所研究主任（博士）］
主要著作：Niels Ploug et. al. (eds.), *Nordic Social Policy*, London : Routledge, 1999 ; Niels Ploug, "The Welfare State in Liquidation?", *International Social Secrurity Review*, vol. 48-2, 1995.

ヨーウェン・セナーゴ（Jφrgen Sφndergaard）［デンマーク国立社会問題研究所所長（博士）］
主要著作：Jφrgen Sφndergaard, "The Welfare State and Economic Incentives", in T. M. Andersen, S. E. H. Jensen and O. Risager (eds.), *Macroeconomic Perspectives on the Danish Economy*, London : Macmillan Press, 1999.

[第3章　スウェーデン（1）　スウェーデン福祉国家の現在の諸問題と将来]
スヴェン・E・オルソン＝ホート（Sven E. Olsson Hort）［ストックホルム、ソダートルンカレッジ（Sodertorn College）社会学部準教授、社会学部長］
主要著作：Sven E. Olsson Hort, *Social Policy and Welfare State in Sweden*, Lund : Arkiv Publication, 3 rd ed., 2000 ; Sven E. Olsson Hort, *Social Security in Sweden and Other European Countries*, Stockholm : Liber, 1993.

[第4章　スウェーデン（2）　大量失業・高齢化時代へのスウェーデン的戦略]

グン・フランーセン・ユング（**Gunn Franzén Ljung**）［スウェーデン厚生省総務企画局長］
主要著作："Din Social Trygghent Enligt lag Och Avtal (Your Social Security Under Laws and Agreements)", "Trygga barn jämställda föräldrar (Security for children, equality for parents)"等の政府刊行物

［第5章 フィンランド 1990年代におけるフィンランドの経済危機と社会政策］
ハンヌ・ウーシタロ（**Hannu Uusitalo**）［フィンランド厚生省国立福祉健康研究開発センター（STAKES）教授兼副所長（博士）］
主要著作：Mattj Heikkilä and Hannu Uusitalo (eds.), *The Cost of Cuts-Studies on Cutbacks in social security and their effects in the Finland of the 1990 s,* Helsinki : Stakes, 1997 ; Hannu Uusitalo, *The Study of Welfare State Regimes*, London : M. E. Sharpe Inc., 1992.

第2部 アジア

［第6章 日本 21世紀における新しい福祉国家のモデルに向かって］
丸尾 直美［日本大学総合科学研究所教授、経済学博士、総理府社会保障制度審議会委員］
主要著作：丸尾直美著『日本型福祉社会』（NHK出版、1984年）。丸尾直美著『市場指向の福祉改革』（日本経済新聞社、1996年）。

［第7章 タイ（1） タイにおける現代福祉制度の出現］
デチャ・サングカワン（**Decha Sungkawan**）［タマサト大学教授、社会行政学部長］
主要著作：Decha Sungkawan, "Social Ecxclusion and Social Welfare Policy in Thailand", *Thammasat Journal of Social Science,* 1996 ; Decha Sungkawan, "Enhancement of the Social Provisions in the Contemporary Thai Social Welfare", *Social Work Research Institute Journal,* Japan College of Social Work, 2000.

［第8章 タイ（2） タイにおける社会福祉］
プラチュアブ・ナムチィプ（**Prachuab Namtip**）［タイ厚生省社会研究計画局長］
主要著作：タイ語による政策提言が多数厚生省出版物として刊行されている。

［第9章 フィリピン（1） 住民のエンパワーメント—代替的社会福祉計画—］
ミラグロス・I・イアネス（**Milagros I. Llanes**）［元フィリピン社会福祉開発省次官］
主要著作：『フィリピン社会福祉事典』（Philippine Encyclopedia of Social Work）に「Displaced Person」「Public Assistance」等の項目を執筆。

[第10章　フィリピン（2）　胎児期の福祉国家は死産へと向かうのか？]
アルフレド・C・ロブレス・ジュニア（**Alfredo C. Robles, Jr.**）[フィリピン大学政治学部準教授（博士）]
主要著作：Alfredo C. Robles, *French Theories of Regulation and Conceptions of the International Division of Labour,* Oxford : Macmillan, 1994 (International Political Economy Series, edited by Professor Timothy Shaw) ; Alfredo C. Robles, "Global Governance and Political Economy : German and French Perspectives", *Global Governance,* vol. 1, no.1(January 1995).

[付章　韓国　均衡福祉国家への新戦略]
鄭 基源（**Keywon Cheong**）[Taegu–Hyosung カソリック大学教授、前韓国保健社會研究院社会福祉研究室長（博士）]
主要著作：Keywon Cheong, *Comparative Studies on Population, Health, and Social Security in South and North Korea,* Seoul : Korea Institute for Health and Social Affairs, 1995 等、韓国語による著作多数。

訳者紹介

序　章　五味　太始　[日本政治総合研究所研究員]
第1章　白鳥　浩　[静岡大学人文学部助教授]
第2章　吉武　信彦　[高崎経済大学地域政策学部助教授]
第3章　小川　有美　[千葉大学法経学部助教授]
第4章　小川　有美　[千葉大学法経学部助教授]
第5章　佐藤　陵一　[東海大学大学院政治学研究科博士課程後期在籍]
第6章　五味　太始　[日本政治総合研究所研究員]
第7章　齋藤　友之　[地方自治研究機構主任研究員]
第8章　齋藤　友之　[地方自治研究機構主任研究員]
第9章　菅谷　広宣　[岐阜経済大学経済学部助教授]
第10章　菅谷　広宣　[岐阜経済大学経済学部助教授]
付　章　孫　尚仁　[東海大学大学院政治学研究科博士課程後期在籍]

日本政治総合研究所設立趣意書（昭和50年10月）

〔設立の目的〕

　政治は「未来の選択」の行為であり、議会制民主政治が健全なかたちで運営できるかどうかは、わが国の将来を左右する重大事だといえましょう。幸いにして、戦後30年間、われわれは日本における議会制民主政治を育成してくることに成功いたしました。

　しかし、日本の議会制民主政治は、政党間の政権交替の欠如から生じた政党の責任感の希薄性、政党の政策立案能力の不足等、いくつかの弱点も保持しております。

　しかも、わが国は、高度成長から福祉充実への政策的転換、生活環境の悪化から都市住民を守る都市政策の確立、民主政治の将来を形成する選挙制度の改善等、緊急に解決しなければならない数多くの問題に直面しており、これらの問題の解決のためには、一層高度な政策形成力と責任性を議会政治が示すよう要求されております。

　このような状況の中で、わが国に政党、選挙、地方自治等、議会政治の根本問題を真面目に研究する独立機関の存在しないのを残念に思い、「日本政治総合研究所」設立が企図されました。

　「日本政治総合研究所」は、この設立の趣旨にそって、現実政治と学問との間にたって、非営利的、純学問的研究機関として、日本の議会制民主政治の研究を目指す所存であります。

　また、わが国議会制民主政治の研究の立ち遅れは、同時に、わが国議会政治が世界各国に充分理解されていない原因ともなっていることを考慮して、「日本政治総合研究所」は、日本の議会制民主政治の正しい姿をできる限り広く諸外国に伝えるよう国際交流にも努力いたします。

　「日本政治総合研究所」は、このような活動を通して、日本の議会政治発達に貢献できれば幸いだと考えます。

日本政治総合研究所（ＩＰＳＪ）
〒151-0066　東京都渋谷区西原1-35-15-304
Tel 03-3460-2392, Fax 03-3465-4942, E–mail ipsj@mxd. mesh. ne. jp

福祉国家の再検討		
日本政治総合研究所叢書　4		（検印廃止）

2000年3月25日　初版第1刷発行

編　者	白　鳥　　　令	
発 行 者	二　瓶　一　郎	
発 行 所	株式会社　新評論	

〒 169-0051　東京都新宿区西早稲田3-16-28
電話03(3202)7391番
振替00160-1-113487

定価はカバーに表示してあります　　印刷　新栄堂
落丁・乱丁本はお取り替えします　　製本　桂川製本所

Ⓒ 白鳥令 2000　　　　　　　Printed in japan
ISBN4-7948-0469-5 C3031

日本政治総合研究所叢書

1　白鳥　令　阪上順夫編　河野武司　90年代初頭の政治潮流と選挙

2　飯塚繁太郎　片岡寛光　阪上順夫編　富田信男　政治理論と公共政策

3　飯塚繁太郎　片岡寛光　阪上順夫編　富田信男　民意・政党・選挙

3,500円　3,500円　3,500円